맨처음
수능 영문법

개념이해책

저자

이건희

쥬기스(http://jugis.co.kr) 대표
맨처음 수능 영어 시리즈
내공(중학영문법, 중학구문, 중학듣기, 중학단어) (다락원)
체크체크(천재교육) Grammar in(비상) 외
instagram@gunee27

도움 주신 선생님들

김경민 여의도 마포	**김소원** 경기 안양	**서재교** 대전 중구	**안치현** 대전 서구/세종	**이상미** 중계/남양주
이소영 서울 동대문	**이송현** 서울 강남구	**이연홍** 창원/김해	**이원주** 대전 서구	**정담서** 인천 송도

사전 검토 선생님들

강해천 대구 수성구	**공진숙** 서울 강동구	**권다래** 경기 부천	**김광민** 경남 김해	**김광수** 경기 수원
김동원 서울 강동구	**김선영** 경기 파주	**김수인** 광주 서구	**김은정** 서울 관악구	**김택수** 인천 부평구
박병선 서울 강남구	**박선희** 경기 분당구	**박준호** 서울 동작구	**박철웅** 제주 제주시	**박희진** 충남 태안
배명희 경남 창원	**배지은** 서울 성북구	**손아미** 광주 서구	**송미선** 광주 북구	**송혜진** 대구 동구
안지은 전북 군산	**양희영** 전북 익산	**오현숙** 수원 장안구	**유경미** 서울 중랑구	**유연수** 충북 진천
윤준섭 경기 남양주	**윤지영** 대전 서구	**이기수** 대전 대덕구	**이동호** 경북 구미	**이명순** 서울 강동구
이선미 충북 청주	**이선아** 경기 용인	**이연경** 경기 포천	**이지은** 대구 달서구	**이태** 경기 평택
이한별 충남 금산	**이현정** 경북 칠곡	**이현주** 경남 진주	**이혜란** 광주 남구	**임별이** 경기 부천
임아영 인천 서구	**정상원** 대구 중구	**정지윤** 경기 김포	**조민재** 서울 성북구	**조소을** 전남 나주
조숙현 경기 수원	**조예선** 인천 연수구	**조치환** 세종	**조혜정** 경기 평택	**주성아** 경남 창원
지영주 대전 서구	**채승준** 광주 북구	**채유정** 경북 칠곡	**최인희** 인천 서구	**최현진** 경기 파주
홍은지 광주 광산구	**황주혜** 서울 강남구	Clara Choi 경기 분당구		

맨처음 수능 영문법

개념이해책

지은이 이건희
펴낸이 정규도
펴낸곳 (주)다락원

초판 1쇄 인쇄 2020년 8월 28일
초판 3쇄 발행 2023년 1월 24일

편집 정지인, 이동호
디자인 김나경, 조영남
영문 감수 Michael A. Putlack

다락원 경기도 파주시 문발로 211
내용문의 (02)736-2031 내선 504
구입문의 (02)736-2031 내선 250~252
Fax (02)732-2037
출판등록 1977년 9월 16일 제 406-2008-000007호

값 13,000원

ISBN 978-89-277-8001-4 54740
      978-89-277-8000-7 54740 (set)

http://www.darakwon.co.kr

다락원 홈페이지를 방문하시면 상세한 출판정보와 함께
동영상강좌, MP3 자료 등 다양한 어학 정보를 얻으실 수 있습니다.

수능 영어를 향한 가벼운 발걸음

맨처음 수능영문법

개념이해책

다락원

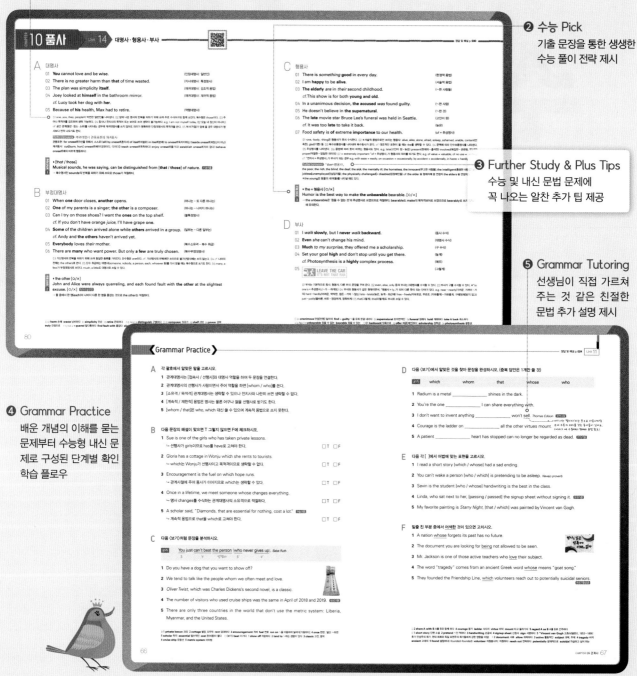

맨처음 수능 영문법만의 장점!

♦ 쉬운 난이도의 교육청 모의고사 및 수능 기출 문제로 공부할 수 있어요!

♦ 생생한 수능 풀이 전략으로 수능 유형 및 수능 기반 내신 유형과 친해질 수 있어요!

♦ 개념이해책과 문제풀이책의 연계 학습으로 개념은 쉽게 문제는 집중적으로 학습할 수 있어요!

❶ 문법 개념 설명
쉬운 난이도로 구성된 흥미로운 예문 중심의 문법 개념 설명

❷ 수능 Pick
기출 문장을 통한 생생한 수능 풀이 전략 제시

❸ Further Study & Plus Tips
수능 및 내신 문법 문제에 꼭 나오는 알찬 추가 팁 제공

❺ Grammar Tutoring
선생님이 직접 가르쳐 주는 것 같은 친절한 문법 추가 설명 제시

❹ Grammar Practice
배운 개념의 이해를 묻는 문제부터 수능형 내신 문제로 구성된 단계별 확인 학습 플로우

❻ **Review Test**

기출 문장과 지문으로 구성된 수능형 어법 문제를 통한 실전 대비 훈련

❼ **정답 및 해설**

보기 편한 디자인을 통해 포인트를 자세히 짚어주는 친절한 문제 해설 제공

❽ **막강한 온라인 학습 자료**

단계별 워크시트 10종을 비롯한 풍부한 온라인 부가자료 제공

문제출제프로그램 (voca.darakwon.co.kr)

차 례

책 속의 책
정답 및 해설

A 자동사 목적어를 필요로 하지 않는 동사이다.

01 Stars shine in darkness. (S V)
     S   V

   cf. There is no "I" in team.
        V S

02 A sunset on Mars is blue. (S V C)
     S   V C

   cf. Her mother died young.
       S   V C

03 His passion is in his DNA. (S V A)
     S   V   A

01 주어로 쓰이는 것은 (대)명사, 명사구, 명사절 등이며, 주어와 동사만으로도 문장이 성립되지만 충분한 의미 전달을 위해서 수식어구가 온다. ※수식어구로 쓰이는 것은 형용사, 부사, 구(형용사구, 부사구)와 형용사절 등이다. *cf.* 「There is ~」 구문에서 주어는 be동사 다음에 온다. 02 보어로 쓰이는 것은 주어로 쓰일 수 있는 것 외에 형용사가 있다. *cf.* 유사보어: 자동사 다음에 명사 또는 형용사가 주어를 설명하는 보어 역할을 하는 경우가 있다. 03 필수부사구(Adverbials): 부사구가 없으면 문장의 의미가 불명확해지는 경우가 있다.

Further Study 주의해야 할 자동사

뜻에 유의해야 할 동사
Every point matters[counts].
(모든 점수가 중요하다.)
It worked wonders.
(그것은 기적 같은 효과가 있었다.)

The mouse isn't working.
(마우스가 작동하지 않는다.)
My job pays well.
(내 직업은 매우 이익이 된다[수지가 맞다].)

That'll do.
(그것은 충분하다.)

보어를 취하는 주의해야 할 동사
go bad(상하다) come true(실현되다)
run dry/short(마르다/부족해지다)
fall asleep(잠들다)
turn red/pale(빨개지다/창백해지다)
remain single/silent
(여전히 싱글로 남아 있다/조용히 있다)

keep quiet/waiting(조용히 있다/계속 기다리다)
lie dead/awake(죽어 있다/깨어 있다)
hold true/still(진실이다, 유효하다/가만히 있다)
stay open/put[still](열려 있다/가만히 있다)
appear[seem] normal/rich
(보통처럼 보이다/부자처럼 보이다)

prove[turn out] guilty/fruitless
(무죄로/무익한 것으로 판명되다[드러나다]),
「감각동사(look, sound, smell, feel, taste) +
good」(좋아 보인다, 좋은 소리처럼 들린다, 좋은
냄새가 난다, 좋은 느낌이 난다, 좋은 맛이 난다)
cf. 「감각동사 + 부사(×), 감각동사 + like + 명사」

타동사로 착각하기 쉬운 자동사
apologize to him(그에게 사과하다)
compete with a player
(선수와 경쟁하다)

complain about the food
(음식에 대해 불평하다)
interfere with digestion(소화를 방해하다)

reply to me(나에게 응답하다)
sympathize with her anger
(그녀의 분노에 공감하다)

유사보어를 취하는 동사
be born blind(장님으로 태어나다)
die a poor man(가난한 사람으로 죽다)
marry young(어려서 결혼하다)
go hungry(굶주리다)

stand innocent(결백하다)
return home a beggar(거지로 집에 돌아오다)
leave her hometown rich
(부자로 고향을 떠나다)

※유사보어는 자동사만 취하지 않으며 분사구문의
한 형태로 이해할 수 있다.
e.g. He died young.
(← He died when he was young.)

B 타동사 목적어가 필요한 동사이다.

01 Love changes everything. (S V O)
     S   V   O

02 Online shopping brings me joy. (S V IO DO)
        S   V IO DO

  → Online shopping brings joy to me.
          S   V   O

A 01 **darkness** 어둠 02 **sunset** 일몰 **Mars** 화성 03 **passion** 열정

03 <u>Nobody</u> <u>calls</u> <u>me</u> <u>chicken</u>! *from Back to the Future*   (S V O OC)
        S   V   O   OC

04 <u>He</u> <u>put</u> <u>his chin</u> <u>on my head</u>.   (S V O A)
    S   V   O   A

01 목적어로 쓰이는 것은 (대)명사, 준동사(to부정사, 동명사), 명사절 등이다. 02 「간접목적어 + 직접목적어」 두 개를 취하는 동사(수여동사)가 있으며 「직접목적어 + 전치사 + 간접목적어」로 바꿔 쓸 수도 있다. e.g. bring, give, hand, lend, sell, show 등(→ to) | buy, call, find, leave, make, sing 등(→ for) | ask, inquire(→ of) 03 목적어와 목적격보어는 주술관계이며, 명사, 형용사, to부정사, 현재분사, 과거분사가 목적격보어로 올 수 있다. 04 목적어로만은 의미 전달이 충분하지 않아 필수부사어구를 넣어야 할 때도 있다.

Further Study 주의해야 할 타동사

자동사로 착각하기 쉬운 타동사

mention ~~about~~ it(그것에 대해 언급하다) discuss ~~about~~ the topic(그 주제에 대해 토론하다) answer ~~to~~ me(나에게 대답하다) approach ~~to~~ the corner(모퉁이에 접근하다) resemble ~~with~~ her(그녀와 닮다) survive ~~than~~ her husband(그녀의 남편보다 오래 살다) accompany ~~with~~ your parents(부모와 동반하다) inhabit ~~in~~ a cave(동굴에 거주하다) contact ~~with~~ the outside world(외부 세계와 연락하다, 접촉하다) reach ~~to~~ the border(국경에 도달하다) enter ~~into~~ a room(방에 들어가다) *cf.* enter into conversation(대화를 시작하다) attend ~~at~~ the wedding(결혼식에 참석하다) *cf.* attend to the kid(아이를 돌보다, 주의를 기울이다) tend ~~on~~ sheep(양을 돌보다[지키다]) *cf.* tend to a patient(환자를 돌보다) tend to forget(잊는 경향이 있다)

현재분사를 목적격보어로 취하는 동사

「keep, leave, set, catch, get, imagine, have + O + -ing」 (진행, 계속, 반복)

e.g. keep me waiting(나를 기다리게 하다) leave him crying(그를 울게 내버려두다) get a system running(그 시스템을 돌아가게 하다) catch her snoring(그녀가 코고는 것을 발견하다) get the car going(차를 가게 하다) imagine him coming(그가 오는 것을 상상하다) have them laughing(그들을 웃게 하다)

※지각동사와 사역동사는 목적어와 목적보어의 관계에 따라 각각 동사원형, -ing, -ed를 목적격보어로 취할 수 있다. (▶Unit 06 부정사의 다양한 형태 참조)

C 군동사 두 단어 이상이 하나의 동사처럼 사용되는 것을 말한다.

01 Puppy: How will you **look after** me?   (동사 + 전치사)

02 A: You can't **turn down** this offer.   (동사 + 부사 + 명사)

    B: No, I have to **turn** it **down**.   (동사 + 대명사 + 부사)

03 We are **looking forward to** meeting you there.   (동사 + 부사 + 전치사)

04 It's great that anybody can **take part in** voting.   (동사 + 명사 + 전치사)

01~04 군동사는 숙어처럼 외워야 한다. 02 대명사는 동사와 부사 사이에 와야 한다.

Further Study 주요 군동사

bring about ~을 초래하다	carry on 계속하다, 인내하다	do away with 없애다
come about 발생하다	deal with ~을 다루다, 처리하다	catch up with 따라잡다
come[run] across 우연히 마주치다, 발견하다	interfere with ~을 방해하다	come up with 생각해 내다
set out 시작하다, 의도하다	feed on ~을 먹고 살다	put up with 견디다
build up 점점 커지다, 강력해지다	take on ~을 떠맡다, (특질, 모습을) 띠다	live up to 부응하다
carry out 수행하다	leave out ~을 빼다, 배제시키다	work out 잘 되어 가다, 해결하다, 운동하다
figure out 계산하다, 이해하다	cling[stick, adhere] to ~을 고수하다	come down with 병에 걸리다
fall apart 부서지다, (계획이) 흐트러지다	count[depend, rely, rest] on ~에 의존하다, ~에 달려 있다	burst into 갑자기 ~하다
wear out 마모되다, 지치게 하다		pay attention to ~에 주의를 기울이다
take in 섭취하다, 흡수하다	attend to ~을 돌보다 (cf. ⓣ 참석하다)	take advantage of ~을 이용하다, 속이다
settle down 정착하다	tend to ~하는 경향이 있다(cf. ⓣ 돌보다)	
account for 차지하다, 설명하다	end[wind, finish] up (-ing) 결국 (~하게, ~가) 되다	
abound in/with ~가 풍부하다		

B 03 **chicken** (구어) 겁쟁이 04 **chin** 턱   C 01 **look after** 돌보다 02 **turn down** 거절하다, 소리를 줄이다 03 **look forward to** 기대하다 04 **take part in** 참여하다

CHAPTER 01 동사 9

A 각 괄호에서 알맞은 말을 고르시오.

1 목적어를 필요로 하는 동사를 [자동사 / 타동사]라고 한다.

2 matter가 [자동사 / 타동사]로 쓰이면 '중요하다'란 뜻이다.

3 [감각동사 + 「형용사 / 부사」], 「감각동사 + like + [명사 / 형용사]」로 쓰인다.

4 목적어를 두 개 취하는 동사를 [수여동사 / 지각동사]라 부른다.

5 두 단어 이상이 하나의 동사처럼 사용되는 것을 [군동사 / 사역동사]라 부른다.

B 다음 문장의 해설이 맞으면 T 그렇지 않으면 F에 체크하시오.

1 Show me respect.

↳ Show respect for me.로 전환할 수 있다. ☐ T ☐ F

2 I'm going to make the rest of my life the best of my life.

↳ the best of my life는 make의 간접목적어이다. ☐ T ☐ F

3 You hurt me. Are you happy now?

↳ 각각 「주어 + 동사 + 보어」, 「동사 + 주어 + 보어 + 수식어」로 이루어져 있다. ☐ T ☐ F

4 Opportunity lies in the middle of difficulty.

↳ in the middle of difficulty는 문장의 의미 전달에 필요한 부사구이다. ☐ T ☐ F

5 They parted friends and returned enemies.

↳ part와 return은 자동사이며 friends와 enemies가 유사보어 역할을 하고 있다. ☐ T ☐ F

C 밑줄 친 부분에서 동사를 찾아 자동사(vi.)인지 타동사(vt.)인지 구분하고, 각각의 문장 성분을 기호로 쓰시오.

주어=S	동사=V	목적어=O	보어=C	간접목적어=IO	직접목적어=DO	목적격보어=OC	부사(구)=A

1 The days are long, but the years are short.

2 A negative mind will never give you a positive life.

3 Don't count the days. Make the days count. *Muhammad Ali*

4 There are three responses to design: yes, no, and wow!

5 South Africa has three capitals: Cape Town, Bloemfontein, and Pretoria.

B **1** respect 존경(심) **2** the rest 나머지 **4** opportunity 기회 lie in ~에 있다 **5** part 헤어지다 enemy 적　C **2** negative 부정적인 mind 마음 positive 긍정적인
4 response 반응 **5** capital 수도

D 다음 〈보기〉에서 알맞은 것을 찾아 문장을 완성하시오.

| 보기 | burst into | come true | came down with | live up to | came across |

1 Dream until your dreams _____.

2 The film version didn't _____ the original novel.

3 Then one day, she _____ a bad fever. EBS수능특강

4 Rachel took a step back and _____ a shrill laugh. 모의기출

5 He _____ some bones with stone spearpoints beside them. EBS영어독해연습

E 다음 주어진 (A), (B) 주어진 어구를 연결하여 의미가 잘 통하는 문장을 만드시오.

(A)		(B)
1 I saw you dancing,	•	ⓐ and apologized. EBS수능완성
2 He lived a millionaire	•	ⓑ and you did just fine!
3 The angry man settled down	•	ⓒ and died a beggar.
4 Show me your friends,	•	ⓓ but its memory lasts a lifetime.
5 A smile happens in a flash,	•	ⓔ and I will show you your character.

F 밑줄 친 부분 중에서 어색한 것이 있으면 고치시오.

1 The cashier looked close at the child. 모의기출

2 Apparently, trivial clues may turn out quite importantly.

3 Just answer to me this question: Are you going to stay or go?

4 Stop complaining about your problem. Instead, find a solution to it.

5 I successfully persuaded Jane, my elder sister, to accompany with me. EBS10주완성

D 1 come true 실현되다 2 version 버전, 판 live up to ~에 부응하다 original 원래의 4 burst into 갑자기 ~하다 shrill 날카로운 5 come across 우연히 발견하다,
만나다 bone 뼈 spearpoint 창끝 E 1 do fine 잘하다 2 millionaire 백만장자 beggar 거지 3 settle down 진정하다 apologize 사과하다 5 in a flash 순식간에
last 지속하다 F 1 closely 자세히 2 apparently 명백히 turn out ~임이 판명되다 quite 꽤 4 complain 불평하다 instead 대신에 solution 해결책
5 persuade 설득시키다 accompany ~와 동행하다, ~을 수반하다

A 다음 각 [ ]에서 어법에 맞는 표현을 고르시오.

1 How did he [catch / come] up with the idea? `모의기출`

2 If you appear [softly / soft], people will take advantage of you.

3 Friends buy [for you / you] lunch, but best friends eat your lunch.

4 He [figured / carried] out lengthy studies on the effects of fasting on animal life. `EBS수능완성`

5 I constantly catch myself [being / to be] a perfectionist as a parent and in my career. `EBS수능특강`

6 Sir Edward, a well-trained grandfather, did not [interfere / interfere with] his grandchild's training. `모의기출`

7 I believe many writing difficulties [bring / come] about because people think writing is a neat and clean endeavor. `모의기출`

8 Everyone followed him gladly, for they felt that he never [left / set] out to govern but only to serve. `수능기출`
   └ for가 접속사로 쓰이면 이유를 나타내요. (▶Unit 13 A 등위접속사 참조)

B 밑줄 친 부분 중에서 어색한 것이 있으면 고치시오. (정답 최대 2개)

1 Being born poor is not your fault, but dying poor is yours.

2 I have even gotten my 14-year-old son playing Led Zeppelin and the Beatles. `EBS수능완성`

3 Roses are red. Violets are blue. God made me prettily. What happened to you?

4 Last Christmas, I gave to you my heart. But the very next day, you gave away it. *Last Christmas by Wham*

5 Let your smile changing the world, but don't let the world changing your smile.

6 A farmer at heart, he encouraged his children to help tend to the family garden. `EBS영어독해연습`

7 We will match you with a perfect tutor and contact with you to arrange your schedule. `수능기출`

8 People may inhabit in very different worlds, even in the same city, according to its wealth or poverty. `모의기출`

A **2 take advantage of** ~을 이용하다 **4 lengthy** (시간·길이가) 매우 긴 **study** 연구 **effect** 영향 **fast** 단식하다 **5 constantly** 끊임없이 **perfectionist** 완벽주의자 **career** 직업 **6 well-trained** 교양 있는 **7 endeavor** 노력, 시도 **8 gladly** 기꺼이 **for** (접) 왜냐하면 **govern** 지배하다, 다스리다 **serve** 봉사하다 B **1 fault** 잘못 **3 violet** 제비꽃 **4 give away** 버리다 **6 at heart** 마음속으로 **encourage** 격려하다 **tend** 돌보다; ~하는 경향이 있다 **7 match A with B** A와 B를 연결시키다 **arrange** 정하다, 주선하다 **8 inhabit** ~에 살다[거주하다] **according to** ~에 따라 **wealth** 부 **poverty** 빈곤

C 다음 밑줄 친 부분의 설명이 틀린 것을 모두 고르시오. (정답 최대 3개)

1 If **(a) there's one thing** koalas are good at, it's sleeping. For a long time, many scientists suspected that koalas were so lethargic because the compounds in eucalyptus leaves kept the cute little animals **(b) in a drugged-out state**. But more recent research has shown that the leaves are simply so **(c) low** in nutrients that koalas have almost no energy. Therefore, they tend to move as little as possible, and when they do move, they often look as though **(d) they're in slow motion**. They rest sixteen to eighteen hours a day and spend most of that time **(e) unconscious**. In fact, koalas spend little time thinking; their brains actually appear to have shrunk over the last few centuries. The koala is the only known animal whose brain only fills half of its skull. 모의기출

*lethargic: having little energy **drugged-out: under the influence of a drug

① (a) 「There be ~」 구문으로 주어는 one thing이다.

② (b) the cute little animals를 수식하는 목적격보어로 쓰였다.

③ (c) low가 부사로 쓰여 are를 수식하고 있다.

④ (d) 「주어 + 동사 + 필수부사어구」로 이루어진 구문이다.

⑤ (e) They(Koalas)를 수식하는 유사보어로 쓰였다.

2 Finnish filmmaker Timo Vuorensola **(a) came up with** the idea for his movie *Star Wreck*, whose original title was *Star Trek*. He knew **(b) that looking for conventional distribution would be almost impossible**. An amateur science-fiction comedy with an extremely small budget would hardly be attractive to mainstream studios. So Vuorensola took matters **(c) into his own hands**: he used a social networking site to build up an online fan base, who contributed to the storyline and even **(d) offered their acting skills**. In return for the help, Vuorensola released *Star Wreck* online for free in 2005. Seven hundred thousand copies were downloaded in the first week alone, **(e) reaching** 9 million today. 모의기출

① (a) suggest 또는 think of an idea or plan의 뜻이다.

② (b) 주어를 보충 설명하는 목적어 역할을 하고 있다.

③ (c) took matters로는 의미 전달이 불충분하여 더해진 부사구이다.

④ (d) 「offer + IO + DO」 구문으로 their가 간접목적어이다.

⑤ (e) 여기서 reach는 '~에 도달하다'라는 의미로 타동사로 쓰였다.

C **1** suspect 의심하다 lethargic 무기력한 compound 화합물 drugged-out 몽롱한 state 상태 recent 최근의 research 연구 low 낮은 nutrient 영양분 tend to ~하는 경향이 있다 slow motion 느린 동작 rest 휴식하다 spend 사용하다, 소비하다 unconscious 의식이 없는 brain 뇌 actually 실제로 appear ~처럼 보이다 shrink 줄어들다 fill 채우다 skull 두개골 **2** filmmaker 영화제작자 come up with 생각해 내다 original 원작, 원래의 conventional 전통적인 distribution 배급, 분배 science-fiction 공상 과학 extremely 극단적으로 budget 예산 hardly 거의 ~않는 attractive 매력적인 mainstream 주류 studio 영화사, 작업실 take matters into one's hand 일을 독자적으로 하다 social 사회의 site 사이트, 장소 build up 확보하다 base 기반 contribute to 기여하다 offer 제안하다 acting 연기 skill 기술 in return for ~에 대한 보답으로 release 개봉하다 for free 무료로 copy 사본

A   현재시제·과거시제·미래표현

01   I **am** beautiful. You**'re** beautiful. We**'re** beautiful.   (현재시제 – 현재 사실)

02   Donna always **forgets** her password.   (현재시제 – 습관, 반복)

03   Humans **share** 50% of their DNA with bananas.   (현재시제 – 일반적 진리)

04   She **caught** my sleeve and **stopped** me.   (과거시제 – 과거 사실)

05   Yi Seong-gye **founded** the Joseon Dynasty in 1392.   (과거시제 – 역사적 사실)

06   Everything **will** be okay in the end.   (미래 표현 – will)

07   I **am going to** rattle the stars.   (미래 표현 – be going to)

02 흔히 빈도부사와 함께 쓰인다. 03 일반적 진리, 격언 등을 표현한다. 05 역사적 사실은 늘 과거형으로 쓴다. 07 현재형이지만 미래를 나타낸다. *cf.* be to, be about to(막 ~하려 하다), be scheduled[bound] to(~할 예정이다)

Further Study 시간(time)과 시제(tense)

현실 세계의 시간은 과거, 현재, 미래로 나뉘지만, 문법의 시제는 동사의 형태로 구분하여 현재시제(현재형)와 과거시제(과거형) 두 가지로 나뉜다. 영어는 미래를 동사의 형태로 나타낼 수 없어서 will(현재형)이나 be going to 등의 요소를 더하여 표현한다. 시제와 시간은 달라서 현재시제(현재형)가 과거, 현재, 미래를, 과거시제(과거형) 가 현재나 대과거를 나타내기도 한다. (▶본 Unit의 D 참조)

B   완료형

01   He **has** just **returned** from a one-month trip.   (현재완료 – 동작의 완료)

02   **Have** you ever **been** alone in a crowded room?   (현재완료 – 경험)

03   The boy **has searched** for his mother for over 1 hour.   (현재완료 – 계속)

    cf. You **looked** pretty upset just now.

04   Chris **had** never **been** to an opera before last night.   (과거완료)

05   They **will have left** by the time you get there.   (미래완료)

06   When everyone **has arrived**, we will start our climb.   (현재완료 – 미래완료 대용)

01~03 현재완료시제는 과거의 사건이 현재까지 영향을 미칠 때 사용하므로 명백한 과거를 나타내는 표현과 함께 쓸 수 없다. 01 현재를 시점으로 동작이 완료된 것을 나타내며, just, already, yet, now 등과 함께 쓰인다. 02 현재를 시점으로 과거의 경험을 나타내며, ever, never, before, often 등과 함께 사용된다. 03 현재 시점 까지 계속되는 동작이나 상태를 나타내며, since, for 등과 함께 쓰인다. *cf.* 명백한 과거를 나타내는 표현은 과거시제로 쓴다. ※just는 현재완료시제와 과거시제에 다 쓰이지만 just now(방금, 지금은)는 현재완료시제에 쓰이지 않는다. 04 과거의 특정 시점보다 앞서 일어난 일을 나타낸다. 05 미래의 특정 시점까지 일어날 일을 나타 낸다. 06 시간·조건 부사절의 현재완료는 미래완료(will have p.p.) 대신 쓰인다.

PLUS 현재완료와 과거시제

He **lived** in Boston for 2 years. (과거시제) – 과거정보 ○ 현재정보 ?

He **has lived** in Boston for 2 years. (현재완료) – 과거정보 ○ 현재정보 ○

→ 과거시제는 과거의 정보만 알 수 있고, 현재완료시제는 과거와 현재의 정보 다 알 수 있다. 따라서 1번 문장은 과거에 2년 동안 보스턴에 살았지만 지금은 그곳에 사 는지 아닌지 알 수 없고, 2번 문장은 2년 전에 보스턴에 살기 시작해서 지금도 그곳에 살고 있다는 것을 알 수 있다.

수능 pick 1

◆ [has / had] p.p.

It turned out that the heart of the fire [**has** / **had**] not been in the kitchen but in the basement below. **모의기출**

→ 주절보다 앞서 일어난 것이므로 과거완료인 had not been의 had가 적절하다. 과거를 기준으로 더 앞서 발생하면 과거완료를, 과거에 발생해서 현재 까지 영향을 미치면 현재완료를 쓴다.

A 03 **share** 공유하다   04 **sleeve** 소매   05 **found** 설립하다(-founded-founded)   **dynasty** 왕조   06 **in the end** 결국   07 **rattle** 달랑달랑[달그락달그락] 소리를 내다

B 02 **crowded** 붐비는   03 **search** 찾다   수능 Pick 1 ◆ **turn out** ~임이 밝혀지다   **heart** 중심   **basement** 지하실

C 진행형

01 Do you know what you **are doing**? (현재진행 – 현재)

02 He **is meeting** some friends after work. (현재진행 – 미래)

03 My wife **was practicing** zumba when I got home. (과거진행)

04 I **will be** right here **waiting** for you. (미래진행)

05 It's **been snowing** since last night. (현재완료진행)

01 말하고 있는 시점보다 앞서 동작이 시작되어 지금 진행 중이며 언젠가는 끝나는 일에 쓴다. 02 가까운 미래를 나타내고 또는 비교적 긴 시간을 나타내기도 한다. 03 과거의 한 시점에 진행 중이었던 일에 쓴다. 04 미래의 한 시점에 진행 중일 일에 쓴다. 05 과거에 발생한 사건이 지금도 계속 중임을 나타낼 때 쓴다. 현재완료의 계속 용법에 진행의 의미를 더한 것이다. ※이외 과거완료진행(had been doing)도 있다.

PLUS 진행형 불가 동사
상태동사: belong, resemble, own, have(소유하다), lack(~이 부족하다), contain(함유하다), consist(구성되다, ~에 있다) 등
심리동사: like, love, think, believe, remember, know, understand, want, hope, wish 등
무의지적 지각동사: see, hear, smell, taste, feel 등
진행형으로 쓸 수 있는 동사들의 일반적인 특징은 잠시 멈췄다가 다시 시작할 수 있는 특징을 가지고 있다. 반면에 진행형으로 쓸 수 없는 동사들은 대체로 이러한 특징이 없다. 예를 들어 know는 잠시 알았다가 몰랐다가 다시 알 수 없다. 그러나 have가 '즐기다, 먹다', smell이 '냄새를 맡다', taste가 '맛을 보다', think가 '일시적으로 생각하다'인 경우에는 진행형이 가능하고, feel은 무의지 동사지만 예외로 진행형이 가능한 경우가 있음에 유의한다.

D 시제와 시간(때)이 다른 경우

01 The flight for San Jose **leaves** at noon. (현재시제 → 미래)

02 You will never know unless you **ask**. (현재시제 → 미래)

cf. If you **will come** this way, I'll show you your room.

03 I was walking alone when suddenly, this man **comes up**. (현재시제 → 과거)

04 I **hear** that you're moving to Toronto. (현재시제 → 과거 또는 현재완료)

05 *If* we **had** no winter, spring would not be so pleasant. (과거시제 → 현재)

06 They luckily got out before the earthquake **hit**. (과거시제 → 대과거)

01 이미 정해진 것일 경우, 왕래·발착·시작·종료를 나타내는 표현이나 미래 부사와 함께 쓰인다. 02 시간·조건 부사절에서 현재시제가 미래를 대신한다. *cf.* 정중한 부탁이나 주어의 의지를 표현할 때는 will을 쓰기도 한다. (▶Unit 19 부사절 접속사 참조) 03 극적인[역사적] 현재시제: 과거의 일을 현재에 일어나고 있는 것처럼 생생하게 표현할 때 사용한다. e.g. 꿈 이야기 (황원순의 '소나기') ※참고: 「진행형 + when + 주어 + 동사」의 경우 '~할 때'를 진행형에 붙여서 해석하면 자연스러운 경우가 있다. e.g. I was sleeping when you called me. (내가 자고 있을 때 네가 전화했어.) 04 = (have) heard 05 가정법 과거시제가 현재를 나타낸다. 또한 가정법 과거완료시제는 과거를 나타낸다. (▶Unit 09 if 가정법 참조) 06 = had hit 문맥상 전후관계가 명백할 때는 과거완료형 대신 과거형이 쓰인다.

C 03 **practice** 연습하다 04 **right** 바로 D 01 **flight** 항공기, 비행 03 **come up** 나타나다 05 **pleasant** 상쾌한 06 **earthquake** 지진 **hit** 강타하다

‹Grammar Practice›

A 각 괄호에서 알맞은 말을 고르시오.

1 [현재 / 과거] 시제는 일반적 진리를 기술할 때 쓴다.

2 역사적 사실은 [과거 / 과거완료]로 표현해야 한다.

3 현재완료는 과거의 정보와 [현재 / 미래]의 정보를 담고 있다.

4 말하고 있는 시점의 동작을 강조할 때는 [진행형 / 완료형]을 쓴다.

5 현재시제는 현재가 아니고 과거시제는 [대과거 / 과거]가 아닐 수도 있다.

B 다음 문장의 밑줄 친 부분의 해설이 맞으면 T 그렇지 않으면 F에 체크하시오.

1 I couldn't take back what I have done.

　↳ 주절보다 앞선 과거를 나타내므로 적절하다.　　　　　　　　　　　□ T　□ F

2 Lou doesn't do the dishes on weekdays.

　↳ 현재의 반복적, 습관적 동작은 현재시제로 표현한다.　　　　　　　□ T　□ F

3 A bee is smelling a purple flower in a botanical garden.

　↳ smell은 상태동사이므로 진행형을 쓸 수 없다.　　　　　　　　　　□ T　□ F

4 A week ago, Jennie drives back home and witnesses a traffic accident.

　↳ 지금 일어나고 있는 것처럼 생생한 표현을 위해 현재시제가 사용되었다.　□ T　□ F

5 Dosan established the Young Korean Academy in San Francisco in 1913.

　↳ 명백한 과거 표현이 있으므로 과거완료인 had established로 써야 한다.　□ T　□ F

C 우리말과 일치하도록 괄호 안의 말을 이용하여 문장을 완성하시오. (필요시 어형 변화할 것)

1 그리고 나서, 그들은 초를 켜고 불어서 껐다. (light, blow)

They then ＿＿＿＿＿ the candles and ＿＿＿＿＿ them out.

　↳「타동사+부사」의 동사구에서 대명사는 중간에 와요.

2 지구는 40억년 이상 동안 존재해 왔다. (exist)

The Earth ＿＿＿＿＿ ＿＿＿＿＿ for more than four billion years.

3 모든 것이 저만의 아름다움을 지니고 있으나 모든 이가 그것을 볼 수는 없다. (have, see)

Everything ＿＿＿＿＿ beauty, but not everyone ＿＿＿＿＿ it. *Confucius*

4 우리는 아침 식사가 제공되는 숙박 시설로 개조된 고택에서 머물고 있었다. (stay, convert)

We ＿＿＿＿＿ ＿＿＿＿＿ in an old house that ＿＿＿＿＿ ＿＿＿＿＿ ＿＿＿＿＿ into a bed-and-breakfast. EBS영어독해연습

5 1543년에, 코페르니쿠스는 태양이 사실 태양계의 중심에 있다고 주장했다. (propose, be)

In 1543, Copernicus ＿＿＿＿＿ that the sun ＿＿＿＿＿ actually at the center of the solar system.

B **1** take back 취소하다 **3** botanical 식물의 **4** witness 목격하다 **traffic** 교통 **accident** 사고 **5** establish 설립하다 ＊**Young Korean Academy** 흥사단(안창호가 창립한 무실, 역행, 충의, 용감을 지도 이념으로 하는 민족 부흥 운동 단체) C **1** blow out 불어서 끄다 **2** exist 존재하다 **billion** 10억 **4** convert 개조하다 **bed-and-breakfast** 아침 식사를 제공하는 숙박 시설 **5** propose 주장하다 **actually** 사실 **solar system** 태양계

D 다음 〈보기〉에서 알맞은 것을 찾아 문장을 완성하시오. (필요시 어형 변화할 것, 중복사용 가능)

보기	be	have	will	serve	water	go

1 You can't predict when something _____ wrong. 모의기출

2 I _____ ready for Halloween since last Halloween.

3 He _____ the plants when the deliveryman rang the bell.

4 He told me that no road _____ long with good company. *Turkish proverb*

5 Tommy knew that my dad _____ in the Marines during World War II. EBS수능완성

E 다음 각 [ ]에서 어법에 맞는 표현을 고르시오.

1 I'm sorry. I [am / was] thinking about something else.

2 The sound of rain [is needing / needs] no translation.

3 Bert [is / has been] a mentor since my first days at UCLA.

4 When I arrived home, my mother [had given / gave] me a big hug. EBS수능완성

5 According to scientists, coral reefs [will have disappeared / have disappeared] by 2050.

F 밑줄 친 부분 중에서 어색한 것이 있으면 고치시오.

1 All 7 baby pigs <u>were sleeping</u> just a while ago.

2 Yesterday evening, I <u>have been watching</u> a moon halo.

3 Over the last 5 years, we <u>experience</u> unmatched growth.

4 The average 4-year-old child <u>asked</u> almost 400 questions a day.

5 Cleopatra, the last queen of Egypt, <u>had been</u> not Egyptian but Greek.

D **1 predict** 예측하다 **3 water** 물을 주다 **deliveryman** 택배 기사 **4 company** 친구 **5 serve** 복무하다 **Marines** 해병대 E **2 translation** 번역 **3 mentor** 멘토 **4 hug** 포옹 **5 according to** ~에 따르면 **coral reef** 산호초 F **1 a while ago** 조금 전 **2 moon halo** 달무리 **3 experience** 경험하다 **unmatched** 필적할 수 없는 **growth** 성장 **4 average** 평균의

A 다음 각 [ ]에서 어법에 맞는 표현을 고르시오.

1 The next time I [will see / see / have seen] him, I'll teach him a lesson.

2 He saw a rainbow while he [is / was / has been] crossing the crosswalk.

3 My wife and I [have / had] lived happily for twenty years before we met.

4 Who says nothing [was / is] impossible? I [had / have] been doing nothing for years.

5 When he [has returned / returned], he was holding the little fishing pole I [gave / had given] him. EBS수능완성

6 In the old days, it [has been / was] quite common to pour hot tea from the cup into the saucer [cooled / to cool] it.

7 Halley theorized that comets [followed / had followed / follow] an orbit around the sun and thus can reappear periodically. EBS수능특강

8 There [were / have been] no real advances in locks since the invention of the pin tumbler lock, [it / which] was actually devised in ancient Egypt.

B 밑줄 친 부분 중에서 <u>어색한</u> 것이 있으면 고치시오. (정답 최대 2개)

1 When he came <u>to see</u> me, he <u>had been living</u> with back pain for several years. EBS수능특강

2 Over the past decade, Jim Rogers <u>has completely rebuilt</u> the company he <u>inherited</u>. EBS영어독해연습

3 Monet noticed that sunlight <u>changed</u> its position and intensity as the sun <u>traveled</u> overhead. EBS수능특강

4 Life <u>brings</u> tears, smiles, and memories. The tears <u>dry</u>, and the smiles <u>fade</u>, but the memories <u>last</u> forever.

5 Pottery is <u>manufactured</u> since the Neolithic Period, so it is the most common artifact <u>found</u> at sites. EBS영어독해연습

6 He <u>summed up</u> the lessons his parents <u>has taught</u> him with these three words: integrity, industry, and frugality. EBS10주완성

7 *The Lion King* <u>has originally been called</u> *King of the Jungle* before they <u>realized</u> that lions <u>don't actually live</u> in jungles.

8 The *Norwegian Gem* <u>leaves</u> New York yesterday morning before the U.S. government <u>banned</u> all cruise ships with more than 500 passengers.

A 1 teach ~ a lesson ~에게 본때를 보여주다 2 crosswalk 건널목 5 fishing pole 낚싯대 6 common 일반적인, 흔한 pour 따르다, 붓다 saucer 받침 접시 cool 식히다 7 theorize 이론을 세우다 orbit 궤도 thus 따라서 reappear 다시 나타나다 periodically 주기적으로 8 advance 발전 lock 자물쇠 invention 발명 pin tumbler lock 핀날름 자물쇠 devise 고안하다 B 1 back pain 허리 통증 2 decade 10년 completely 완벽하게 rebuild 재건하다 inherit 물려받다 3 notice 알아차리다 4 dry 마르다 fade 사라지다 last 지속되다 5 pottery 도자기 manufacture 제작하다 Neolithic 신석기의 period 시대 artifact 문화 유물, 인공물 site 유적지, 부지 6 sum up 요약하다 integrity 정직 industry 근면 frugality 절약 7 originally 원래 8 government 정부 ban 금지하다

C 다음 밑줄 친 부분의 설명이 **틀린** 것을 모두 고르시오. (정답 최대 3개)

1 The most persuasive speakers, marketers, and leaders always frame their messages first in **(a)** _____ to get the "buy-in" of the unconscious mind. Only after the immediate concerns of the unconscious  **(b)** <u>have been satisfied</u> can the conscious mind begin to be convinced of, or interested in, anything. Most politicians say, "I will do such and such if **(c)** <u>elected</u>." But we can't think about that type of an uncertain future; we can only process the "now." Similarly, marketers have found some phrases **(d)** <u>such as</u> "get started today" and "immediate delivery" to be very powerful. Telling someone, "It'll be ready in a month," or, "It usually takes eight weeks for delivery," will make the sale much more **(e)** [difficult / easy]. 모의기출

*buy-in: support or agreement

① (a) 들어갈 표현은 the present tense이다. ② (b) 시간부사절에서 미래완료대신 쓰였다.

③ (c) 과거 사실이므로 과거시제가 적절히 쓰였다. ④ (d) used to introduce an example의 의미이다.

⑤ (e) 흐름상 적절한 단어는 easy이다.

2 The villagers pair off quickly, and the whole hall is soon in motion. Apparently, nobody **(a)** <u>knows</u> how to waltz, but that is nothing of consequence. There is music, and they dance, each as he pleases, just as before they **(b)** <u>had sung</u>.  Most of them prefer the two-step, especially **(c)** <u>the young</u>, with whom it is the fashion. The older people have dances from home, strange and complicated steps which they execute with grave solemnity. Some do not dance anything at all but simply hold each other's hands and allow the joy of motion to express itself. Among these are Jokubas Szedvilas and his wife, Lucija; **(d)** <u>they are too fat to dance</u>, but they stand in the middle of the floor, holding **(e)** <u>each other</u> in their arms, rocking slowly from side to side, and grinning with delight. EBS수능특강응용 *solemnity: the state of being serious

① (a) 현재시제가 과거를 극적으로 묘사하고 있다.

② (b) 주절보다 먼저 일어난 일이므로 과거완료는 적절하다.

③ (c) 복수보통명사인 young people을 의미한다.

④ (d) they are so fat that they can't dance로 전환할 수 있다.

⑤ (e) Jokubas Szedvilas와 그의 아내를 가리킨다.

C 1 persuasive 설득력 있는 **frame** 구성하다 **tense** 시제 **buy-in** 지지 **unconscious** 무의식적인 **mind** 마음 **immediate** 즉각적인 **concern** 관심 **conscious** 의식적인 **convince ~ of...** ~에게 …를 확신시키다 **politician** 정치가 **such and such** 이러이러한 것 **elect** 선출하다 **uncertain** 불확실한 **process** 처리하다 **phrase** 문구, 어구 **delivery** 배달 **powerful** 강력한 **2** villager 마을 사람 **pair off** 짝을 짓다 **motion** 움직임 **apparently** 분명히 **consequence** 중요함, 결과 **as ~ please** ~가 좋아하는 대로 **home** 고향 **complicated** 복잡한 **execute** 실행하다 **grave** 진지한 **solemnity** 엄숙함 **express** 표현하다 **rock** 흔들다 **from side to side** 좌우로, 옆으로 **grin** 미소 짓다 **festive** 축제 같은 **solemn** 엄숙한 **sacred** 신성한 **adventurous** 모험심을 불러일으키는 **thrilling** 들뜨게 하는 **scary** 무서운 **depressing** 침울한

A 기본 조동사

01 Excuse me. Your head **is blocking** my view.   (진행형)

02 Yesterday's homeruns **don't win** today's games.   (부정문)

03 He **hasn't seasoned** the meat, and neither **have** I.   (현재완료/대동사)

04 Only you **can** control your future.   (능력)

05 A: **May** I ask you a personal question?   (허가)
   B: Well, it depends.

06 To earn more, you **must** learn more.   (의무)

07 You **should** not judge. You **should** understand.   (충고)

08 I **will** have my vengeance in this life or the next. *Gladiator*   (예정)

09 What time **shall** we make it?   (제안)

> 01 be동사는 진행형, 부정문, 의문문, 수동태에 쓰인다. 02 do는 부정문, 의문문, 동사 강조에 쓰인다. (▶Unit 21 강조와 도치 참조) 03 have는 현재완료에 쓰인다. 동사의 반복을 피하기 위해서 대동사로 사용되며 So do I. Nor am I. 등이 있으며 시제는 말하고자 하는 시제를 따르며 주절과 일치하지 않을 수도 있다. 04 능력·가능·허가 등을 나타낸다. 05 허가·추측·기원 등을 나타낸다. 기원: May the force be with you. (당신에게 포스가 함께 하기를.) 06 강한 의무·필요·추측을 나타낸다. 07 약한 의무·조언·충고 등을 나타낸다. 08 예정·고집 등을 나타낸다. e.g. The door won't open. (문이 안 열려요.) 09 1인칭 의문문에서 제안을, 2·3인칭 평서문에서 화자의 의사를 나타낸다.

수능 pick 1

♦ than [has / does]

A large earthquake has a lower probability of occurring than [**has / does**] a small one.

→ 일반동사 has 이하를 대신하므로 does가 적절하다. than이나 as 이하에 대동사가 쓰이는 경우 흔히 도치가 일어난다. (▶Unit 21 강조와 도치 참조)

B 「조동사 + have p.p.」

01 You **cannot have seen** Mike because he's in Gumi now.   (~였을[했을] 리가 없다)

02 She **may[might] have been** a minute or two late.   (~이었을[했을] 수도 있다)

03 It **must have been** love, but it's over now.   (~이었음[했음]에 틀림없다)
   cf. RULE: All entries **must have been drawn** by you!   (~이었어야 한다)

04 I **should've told** you what you meant to me.   (~했어야 했다)
   cf. They **should have heard** the noise.   (~했을 것이다)

05 She **needn't have sent** me maple syrup.   (~할 필요가 없었다)

> 01 과거 사실의 강한 부정적 추측을 나타낸다. = couldn't have p.p. ↔ could have p.p.(~했었을 수도 있다) 02 과거 사실에 대한 불확실한 추측을 나타낸다. ≒ might have p.p.(~이었을 지도 모른다) 03 과거 사실에 대한 강한 추측을 나타낸다. *cf.* 권고 사항 같은 경우에 '~했어야[~이었어야] 한다'의 의미를 나타내기도 한다. 04 과거 사실에 대한 후회나 유감을 나타낸다. = ought to have p.p. ↔ shouldn't have p.p.(하지 말았어야 했는데 했다) *cf.* 과거 사실에 대한 추측·가능성을 나타내기도 한다. 05 과거 행위에 대한 필요를 나타낸다. ↔ need to have p.p.(~할 필요가 있었다) ※dare도 조동사처럼 쓰인다. e.g. They dare not fight. = They don't dare to fight. (그들이 감히 싸우려 하지 않는다.)

수능 pick 2

♦ [must / should] have done

The early white settlers [**should / must**] have tried smoking and liked it.

→ 과거 사실에 대한 추측이므로 '~이었음에 틀림없다'의 구문인 must have p.p.의 must가 적절하다.

A 01 **block one's view** 시야를 가리다 03 **season** 양념하다 04 **control** 통제하다 05 **personal** 사적인, 개인의 **depend** 달려 있다 06 **earn** 벌다 07 **judge** 판단하다 08 **vengeance** 복수 09 **make it** 만나다   수능 Pick 1 ♦ **probability** 가능성 **occur** 일어나다   B 03 **entry** 출품작, 입장   수능 Pick 2 ♦ **settler** 정착민

C 기타 조동사

01 We **need not** destroy past. It's gone. (~할 필요가 없다)

02 Remember me? I **used to** be your best friend. (~하곤 했다, ~가 있곤 했다)

   cf. Sometimes she **would** sit alone at the window. (~하곤 했다)

03 Books **may[might] well** be the only true magic. (~할[일] 것 같다)

   cf. You **may[might] well** get angry with him. (~하는 것도 당연하다)

04 You **had better** be silent about what happened. (~하는 게 낫다)

05 If you're going to dream, you **may[might] as well** dream big. (~하는 편이 낫다)

06 I **would rather** go blind **than** see you walk away from me. (차라리 ~하다)

   cf. I **'d rather** (that) you *came* another time. (~라면 좋겠다)

01 부정문과 의문문에서 조동사처럼 쓰인다. 02 과거의 습관적 동작이나 상태를 나타내며 더 이상 그렇지 않다는 의미이다. *cf.* 주로 부사(구·절)와 함께 쓰여 과거의 습관적 동작을 나타낸다. *cf.* 「be used to + 동사원형」(~하기 위해 사용되다) 「be[get, become] used to -ing」(~에 익숙하다[해지다]) (▶Unit 17 전치사의 다양한 표현 참조) 03 추측·가능의 may에 well이 더해져 강조의 의미로 쓰인다. *cf.* '당연하다, 마땅히 해야 한다'라는 뜻도 있다. 04 하지 않으면 안 좋은 결과가 생긴다는 의미로 강한 권고를 나타낸다. 05 대안이 없어서 하지 않는 것보다 하는 게 낫다는 표현이다. 06 두 개의 선택 중 차라리 하나를 하겠다는 표현이다. would rather A than B의 병렬구조에 유의한다. *cf.* would rather (that)절에 가정법 구문이 오기도 한다. (▶Unit 10 I wish·as if 가정법 참조)

수능 pick 3
♦ [used / was used] to do
The term "multitasking" didn't exist until the 1960s. It [used / **was used**] to describe computers, not people. 수능기출
→ 내용상 멀티태스킹이란 단어가 컴퓨터를 기술하는데 쓰인 것이므로, '~하는데 사용되다'의 의미인 「be used to + 동사원형」 구문이 쓰여야 한다. 따라서 **was used**가 적절하다.

D should의 특별 용법

01 He *requested* that the door (**should**) **be** open 24 hours. (동사)

02 Have you seen my *suggestion* that work hours (**should**) **be reduced**? (명사)

03 His physician *advised* that he (**should**) **not return** to work yet. (부정문)

04 It is *essential* that the goods (**should**) **be delivered** on time. (형용사)

01~04 주절에 주장, 명령, 요구, 충고, 제안 등의 표현이 나오면 종속절에 당위성을 나타내는 should가 생략되어 동사원형이 온다. ※ask, request, demand(요구하다), insist(주장하다), suggest, propose(제안하다), advise(충고하다), recommend(권유하다), command, order(명령하다)의 동사뿐만 아니라 necessary, essential, vital(필수적인), advisable(바람직한), urgent(긴급한) 등의 형용사 그리고 suggestion, proposal(제안), requirement(요구) 등의 명사도 있다. 단, 당위성이 없는 경우에는 사실을 그대로 기술하므로 시제일치에 유의해야 한다.

수능 pick 4
♦ 당위성의 표현 that ~ do [O/×]
As an advocate of alternative medicine, I insist that the bill **not be passed**. [O/×] EBS수능특강
→ 주장, 명령, 충고, 제안 등의 표현이 나오면 that절에 should를 생략할 수 있으므로 **not be passed**는 적절하다.

Recently discovered evidence suggests that the weaving of cotton **originated** in India. [O/×]
→ 여기서 suggest는 '시사하다'의 의미로 당위성이 없으므로 시제일치를 해야 한다. 따라서 **originated**는 적절하다.

C 01 **destroy** 파괴하다 06 **go blind** 장님이 되다 수능 Pick 3 ♦ **exist** 존재하다 **describe** 기술하다 D 02 **reduce** 축소하다 03 **physician** (내과) 의사 04 **goods** 상품 **deliver** 배달하다 **on time** 정시에 수능 Pick 4 ♦ **advocate** 옹호자 **alternative medicine** 대체 의학 **bill** 법안 **evidence** 증거 **weaving** 짜기 **cotton** 면화 **originate in** ~에서 기원하다

A 각 괄호에서 알맞은 말을 고르시오.

1 [be / have]는 조동사로 쓰여 진행형을 만든다.

2 일반동사 현재형의 대동사는 [do / have]를 이용한다.

3 cannot have p.p.는 [현재 / 과거] 사실의 강한 부정적 추측을 나타낸다.

4 [used to / would]는 현재는 그렇지 않은 과거의 상태를 나타낸다.

5 주장, 명령, 충고, 제안 등의 표현이 오면 that절의 [would / should]는 생략 가능하다.

B 다음 문장의 밑줄 친 부분의 해설이 맞으면 T 그렇지 않으면 F에 체크하시오.

1 No one <u>has</u> ever said, "I <u>have</u> enough jewelry."

  ↳ has와 have는 둘 다 조동사로 현재완료형을 만들고 있다. ☐ T ☐ F

2 The Bhutanese <u>may well</u> think that they live happily.

  ↳ '~하는 것도 당연하다'의 의미로 may as well로 바꿔 쓸 수 있다. ☐ T ☐ F

3 Your picture <u>must have been taken</u> within the last 6 months. 모의기출

  ↳ 과거 사실에 대한 후회·유감을 나타내고 있다. ☐ T ☐ F

4 "My secret is hidden within me; my name no one <u>shall</u> know." 모의기출

  ↳ 평서문에서는 2·3인칭과 쓰여 말하는 사람의 의사(의지·명령)를 나타낸다. ☐ T ☐ F

5 I think I <u>should have kept</u> my mouth shut in January.

  ↳ 과거 사실에 대한 후회나 유감을 나타내며 ought to have p.p.로 바꿔 쓸 수 있다. ☐ T ☐ F

C 우리말과 일치하도록 문장을 완성하시오.

1 나는 요리하기보다는 차라리 청소를 하겠다.

  I _____ _____ clean than cook. 모의기출

2 내 마음을 바꾸기 전에 떠나는 게 좋을 거야.

  You _____ _____ leave before I change my mind.

3 가장 자격 있는 지원자가 고용되어야 한다.

  The most qualified applicant _____ _____ be hired. EBS영어독해연습

4 당신은 결코 당신의 얼굴을 본 적이 없다. 단지 사진이나 반사된 것일 뿐.

  You _____ never _____ your face, only pictures and reflections.

5 인간들에게, 혹시 당신이 잊어버렸을까 봐, 나는 당신들의 인터넷이곤 했어요. 진심으로, 도서관이

  > Dear Humans,
  >
  > In case you forgot, I _____ _____ be your Internet.
  >
  > Sincerely, The Library

B **1** jewelry 보석 **2** Bhutanese 부탄 사람 C **3** qualified 자격 있는 applicant 지원자 hire 고용하다 **4** reflection 반사 **5** in case 혹시 ~했을까 봐, ~의 경우에 **sincerely** 진심으로

D 다음 〈보기〉에서 알맞은 것을 찾아 문장을 완성하시오. (중복답안 없음)

보기	do	used to	needn't have	cannot have	may not have

1 I _____ be indecisive, but I'm not too sure now.

2 You _____ worried about dinner. It was tasty!

3 We usually expect others to see the world the way we _____ . `EBS파이널`
　　　　　　　　　　　　　　　　　　　　　　　　　　'~하는 대로[방식으로]'라고 해석해요. ▶Unit 13 관계부사 참조

4 They _____ escaped through this window. It's too small.

5 Your performance _____ been perfect, but it was great. `모의기출`

E 다음 각 [ ]에서 어법에 맞는 표현을 고르시오.

1 You should have listened. I might [stay / have stayed].

2 A new fossil suggests all dinosaurs [have / may have had] feathers.

3 He [needn't / can't] have bought the flowers today because the shops are closed.

4 I [was used / used] to think that the North Pole was a land of frost and snow. `수능기출`

5 I [may as well / would rather] walk with a friend in the dark than alone in the light. *Helen Keller*
　　　　　　　　　　　　　　　dark vs darkness 둘 다 명사로 '어둠'이란 뜻이지만
　　　　　　　　　　　　　　　으스스한 감정의 표현은 darkness(암흑세계)를 써요.

F 밑줄 친 부분 중에서 어색한 것이 있으면 고치시오.

1 They should have made such a hasty decision.

2 The police insisted that Rodney King resist arrest. `EBS영어독해연습`

3 People add details to their stories that may or may not have occurred. `모의기출`

4 I walked cautiously toward the only exit, and so was the other person.

5 She used to being a seamstress when she lived in her home country of Jamaica. `모의기출`

D 1 **indecisive** 우유부단한 3 **expect** 기대하다 4 **escape** 탈출하다 5 **performance** 공연　E 2 **fossil** 화석 **dinosaur** 공룡 **feather** 깃털 4 **North Pole** 북극
frost 성에　F 1 **hasty** 서두르는 **decision** 결정 2 **resist** 저항하다 **arrest** 체포 3 **add** 덧붙이다 **detail** 세부 사항 **occur** 일어나다 4 **cautiously** 조심스럽게 **exit** 출구
5 **seamstress** 재봉사

A 다음 각 [ ]에서 어법에 맞는 표현을 고르시오.

1 There is nothing interesting to do here. We might [well / as well] go home.

2 For instance, fried termites, a favorite in Zaire, have more protein than beef [has / does]. EBS수능특강

3 Colored flags are used to [give / giving] important signals to drivers during auto races. 모의기출

4 In my thirties, I did better, but I still wasn't as focused as I [must / should] have been. EBS영어독해연습

5 Every task brings on a burst of angry frustration, as [is / does] every confrontation or request. EBS수능완성

6 Our ancestors might [benefit / have benefited] from wisdom teeth when chewing and grinding raw food. 모의기출

7 Prahlad, the son of the king, refused his father's demand that he [worshiped / worship] the king rather than God.

8 One need not [be / to be] an expert in all the fundamentals, but one should know minimally what the other areas are about.

B 밑줄 친 부분 중에서 <u>어색한</u> 것이 있으면 고치시오. (정답 최대 2개)

1 I <u>should have never surrendered</u>. I <u>shouldn't have fought</u> until I was the last man alive.

2 Without the ice age, North America <u>might have remained unpopulated</u> for thousands of years more. 모의기출

3 Your recommendation <u>must have been persuaded</u> the scholarship committee <u>to take</u> a chance on me. 모의기출

4 As youths, we <u>needn't to feel ashamed</u> of making mistakes <u>in trying to find</u> or win our places in social groups. 수능기출

5 All parents <u>should have received</u> a copy of the information about the Westfield High School wildfire action plan. EBS수능특강

6 During her lifetime, she <u>may really feel like</u> a nobody, <u>for</u> few people knew her outside of her small hometown. 수능기출

7 *Emotional eating* is a popular term <u>was used to describe</u> eating that is influenced by emotions, both positive and negative. 모의기출

8 The washing machine not only cleans clothes, <u>but it is so</u> with far less water, detergent, and energy than washing by hand requires. 모의기출

A 2 termite 흰개미 protein 단백질 beef 소고기 3 signal 신호 auto 자동차 4 focused 집중한 5 burst 표출, 폭발 frustration 좌절 confrontation 대립 request 요청 6 ancestor 조상 benefit from ~에서 득을 보다 chew 씹다 grind 갈다 raw 날 것의 7 refuse 거절하다 worship 숭배하다 rather than ~라기 보다 8 expert 전문가 fundamental 기초 분야 minimally 최소한 area 분야 B 1 surrender 굴복하다 2 remain 남아 있다 unpopulated 사람이 살지 않는 3 recommendation 추천서 persuade 설득하다 scholarship 장학금 committee 위원회 take a chance on ~에게 기회를 주다, ~에게 모험을 걸다 4 youth 젊은이, 젊음 ashamed 부끄러운 6 nobody 보잘 것 없는 사람 7 emotional 감정적 popular 일반적인 term 용어 describe 설명하다, 묘사하다 influence 영향을 주다 positive 긍정적인 negative 부정적인 8 detergent 세제 require 요구하다

C　다음 밑줄 친 부분의 설명이 틀린 것을 모두 고르시오. (정답 최대 3개)

1　Early Native Americans **(a) had to** make everything they needed. The kinds of things each tribe **(b) used to** make tools, clothing, toys, shelter, and food **(c) depending** upon what they found around them. In addition, the things they made fit their lifestyles. **(d) [However / For example]**, the people of the plains, who traveled a lot, didn't make clay pots. Pots were too heavy and broke too easily when **(e) they** were moved, so they made containers from animal skins. 모의기출

① (a) must의 과거형 표현으로 조동사 역할을 한다.
② (b) '～하는 데 사용되다'의 의미로 사용되었다.
③ (c) tools ～ food를 수식하는 to depend로 고쳐야 한다.
④ (d) 적절한 표현은 For example이다.
⑤ (e) Early Native Americans를 지칭한다.

2　I **(a) have always taught** my children that politeness, learning, and order are good things and that something good is to be desired and developed for its own sake. But at school they learned, and very quickly, **(b) that** children earn Nature Trail tickets for running the quarter-mile track during lunch. They could also earn Lincoln dollars for picking up trash on the playground or for helping a young child find the bathroom. These are deeds that used to be called "good citizenship." Why is **(c) it** necessary to buy the minimal cooperation of children with rewards and treats? What disturbs me is the idea that good behavior must be reinforced with incentives. Children **(d) must** be taught to perform good deeds for their own sake, not **(e) in order to** receive stickers, stars, and candy bars. 수능기출

① (a) have가 조동사로 쓰여 현재완료를 나타내고 있다.
② (b) 계속적 용법의 관계대명사 which로 써야 한다.
③ (c) to buy 이하가 진주어인 가주어로 쓰였다.
④ (d) 강한 추측을 표현하는 조동사로 쓰였다.
⑤ (e) '～하기 위하여'라는 뜻으로 so as to로 바꿔 쓸 수 있다.

C 1 **native** 원주민 **tribe** 부족 **tool** 도구 **clothing** 옷 **shelter** 주거, 피난처 **depend upon** ～에 달려 있다 **fit** 적합한 **the plains** 대초원(로키 산맥 동부의 캐나다와 미국에 걸친 건조 지대) **clay** 점토 **pot** 그릇, 냄비 **container** 용기 **skin** 가죽 2 **politeness** 공손함 **learning** 학식 **order** 질서 **desire** 요구하다, 바라다 **develop** 발전시키다 **for one's own sake** 스스로[자신]를 위해 **earn** 획득하다 **Nature Trail** 자연 관찰 도로 **pick up** 줍다 **trash** 쓰레기 **deed** 행동 **minimal** 최소한의 **cooperation** 협동 **reward** 보상 **treat** 대접 **disturb** 혼란스럽게 하다 **behavior** 행동 **reinforce** 강화하다 **incentive** 자극, 유인책 **perform** 행하다

A 수동태의 기본 형태

01 Big fish **are caught** in a big river (by them). (← 3형식)

02 Every new arrival **was shown** to me. (← 4형식 직접목적어)
   cf. I **was shown** every new arrival. (← 4형식 간접목적어)

03 They **were kept** waiting for two hours. (← 5형식 현재분사 보어)

04 The gate **was left** closed by a security guard. (← 5형식 과거분사 보어)

05 I **was asked to** act when I couldn't act. *Audrey Hapburn* (← 5형식 to부정사 보어)

06 The ducklings **were seen crossing** the road. (← 5형식 지각동사)

07 He **was made to sign** the statement. (← 5형식 사역동사)

01~06 주어가 동작의 대상이 될 때 사용하며, 행위자가 불분명, 불필요, 불확실한 경우에는 생략하는 것이 자연스럽다. 02 to me와 *cf.*의 every new arrival이 더 중요한 정보일 때의 수동태이다. 03~04 5형식 동사의 목적격보어가 분사인 경우 수동태의 주어와 분사의 관계에 따라 능동·수동이 결정된다. ※keep, leave, find, catch, imagine 등 (▶Unit 01 동사의 종류 참고) 06 지각동사의 목적격보어는 수동태가 될 때 to 동사원형보다 -ing가 자연스럽다. 07 사역동사의 목적격보어는 수동태가 될 때 to를 쓴다. make 외의 사역동사는 수동태가 없어서 유사 표현으로 전환한다. *cf.* let → be allowed to, have → be asked to, get → be convinced to

PLUS 수동태 불가동사
자동사: appear, happen, seem, fall, emerge, belong to, consist of, result from[in]
   cf. 단, 「자동사 + 전치사」가 타동사처럼 사용될 때는 수동태가 가능하다. (▶ 본유닛 C 02번 참조)
상태동사: lack, contain, resemble, hold(수용하다)

수능pick 1
◆ be disappeared [○/×]
In most cases, birthmarks **are disappeared** before children reach puberty. [○/×] **모의기출**
→ disappear는 수동태로 전환할 수 없는 자동사이다. 따라서 are disappeared를 disappear로 고쳐야 한다. 우리말과 영어의 수동태와 헷갈리면 안 된다.

B 조동사, 완료, 진행 수동태

01 Coins **used to be made** of gold. (조동사의 수동태)

02 Another window **has been broken**. (현재완료형 수동태)

03 The banks **had been robbed** by an unidentified person. (과거완료형 수동태)

04 She has a scooter, but it **is being repaired**. (현재진행형 수동태)

05 He had no idea where he **was being taken**. (과거진행형 수동태)

02~03 have/had been p.p.는 수동태이고 have/had p.p. 또는 have/had been -ing는 능동태임에 유의한다. 04~05 be being p.p.는 「be + -ing」이므로 특정 시점에 동작이 진행되어지고 있음을 나타낸다.

수능pick 2
◆ have been [-ed / -ing]
His work has been internationally [**recognizing** / **recognized**]. **모의기출**
→ His work이 인정하는 주체가 아니라 대상이므로 수동형인 recognized가 적절하다.

A 02 **new arrival** 신상품 06 **duckling** 오리 새끼 07 **sign** 서명하다 **statement** 진술서   수능 Pick 1 ◆ **birthmark** 반점 **puberty** 사춘기   B 01 **coin** 동전
03 **rob** (장소·사람) 털다 04 **scooter** 스쿠터 **repair** 수리하다   수능 Pick 2 ◆ **work** 연구, 작품 **internationally** 국제적으로 **recognize** 인정하다

C 다양한 수동태

01 The sky is always **filled with** stars. (by 외의 전치사)

02 He **was looked after** by villagers and survived. (군동사: 자동사 + 전치사)

03 I **was paid no attention to** by her. (군동사: 동사 + 명사 + 전치사)

   cf. **No attention was paid to** me by her.

04 **To be trusted** is a greater compliment than **to be loved**. (to부정사)

   cf. Who **is to blame** for the rise in obesity? (능동형 → 수동 의미)

05 I appreciate **being invited** to your home. (동명사)

06 **It is said that** she has been very cooperative. (명사절)

   → **She is said to** have been very cooperative.

02~03 군동사는 하나의 동사처럼 수동태를 만든다. 02 「자동사 + 전치사」가 수동태가 되었을 때 전치사가 나란히 나올 수 있음에 유의한다. 03 「동사 + 명사 + 전치사」의 경우 명사를 주어로 수동태를 만들 수 있다. ← She paid no attention to me. ※make use of(이용하다) take advantage of((이익이 되도록) 이용하다) take *good* care of(잘 돌보다) take *little* notice of(거의 주목하지 않다) 04 *cf.* be to blame(비난 받다, 탓이다, 책임이 있다)은 능동형이지만 수동의 의미이다. 06 that절의 수동태는 두 가지 형태로 전환할 수 있다. ← They say that she has been very cooperative. ※say, think, consider, believe, expect, suppose 등

PLUS 「get + p.p.」와 「remain + p.p.」
You might **get stuck** after the first line of the song. 모의기출
During the final hour of the flight, passengers must **remain seated**. 모의기출
→ 동작 수동은 「get[become, grow] + p.p.」로 상태 수동은 「remain[lie, stand, stay] + p.p.」로 나타내는 경우가 있으며 상태 수동의 p.p.는 형용사처럼 인식되기도 한다. ※「get + p.p.」: get confused, get divorced, get hurt, get tired, get lost 등

중간태
The water-based ink **washes** easily.
→ 타동사이지만 자동사로 쓰여 수동의 의미를 갖는 동사들이 있다. 이런 동사들은 주로 부사 또는 전치사 like와 함께 쓰인다.
   e.g. sell, peel, bake, wash, read, catch(옷이 걸리다)

Further Expressions by 외의 전치사를 쓰는 수동태
be absorbed in(~에 열중하다) be addicted to(~에 중독되다) be based on(~로 기초하다) be composed of(~로 구성되다) be engaged in/to(~에 종사하다/~와 약혼 중이다) be covered with/in(~로 덮여있다) be involved in(~에 관련되다) be astonished[surprised] at(~에 놀라다) be (sick and) tired of(~에 지겹다) be pleased with(~로 기쁘다) be equipped with(~을 갖추고 있다)

♦ [doing / done] 전치사 [○/×]
Don't talk to a member of the royal family unless you're **speaking** to. [○/×]
→ you가 speak의 주체가 아니라 대상이므로 spoken으로 고쳐야 한다. unless 이하는 a member of the royal family speaks to you의 수동태인 you're spoken to by a member of the royal family에서 by 행위자가 불필요해서 생략된 형태이다. 태를 묻는 문제는 주체와의 관계를 따져야 한다.

C 02 **villager** 마을 사람 **survive** 살아남다 03 **pay attention to** 관심[주의]을 기울이다 04 **trust** 신뢰하다; 신뢰 **compliment** 칭찬 **rise** 증가 **obesity** 비만 05 **appreciate** 고맙게 생각하다 06 **cooperative** 협조적인 PLUS **get stuck** 꼼짝 못하게 되다 **line** 가사, 대사 **flight** 비행 **passenger** 승객 **seat** 앉히다 **water-based** 수용성 수능 Pick 3 ♦ **royal** 왕족의

A 각 괄호에서 알맞은 말을 고르시오.

1 수동태의 행위자가 [불필요 / 필요]하면 「by + 목적격(행위자)」을 생략할 수 있다.

2 지각동사의 수동태는 「be동사 + 지각동사의 과거분사 + [-ing / -ed]」이다.

3 [현재완료 / 현재진행]의 수동태는 have been p.p.이다.

4 They believe that의 수동태는 It is believed [to / that]이다.

5 sell, peel 등이 [자동사 / 타동사]로 쓰여 수동의 의미를 가질 수 있다.

B 다음 문장의 밑줄 친 부분의 해설이 맞으면 T 그렇지 않으면 F에 체크하시오.

1 I recently got hit in the head by a basketball.

↳ I가 hit의 동작의 대상이므로 got을 was로 고쳐야 한다. ☐ T ☐ F

2 Elsa doesn't like being looking by strangers.

↳ 동명사의 수동태로 looking을 looked로 고치면 된다. ☐ T ☐ F

3 Much learning occurs through trial and error. 모의기출

↳ Much learning이 occurs의 대상이므로 is occurred로 고쳐야 한다. ☐ T ☐ F

4 The victim was told to be waiting outside the café.

↳ The victim이 기다려지는 것이므로 waiting을 waited로 고쳐야 한다. ☐ T ☐ F

5 It is said that the present is pregnant with the future. *Voltaire*

↳ The present is said to be pregnant with the future.로 바꿔 쓸 수 있다. ☐ T ☐ F

C 우리말과 일치하도록 괄호 안의 말을 이용하여 문장을 완성하시오. (필요시 어형 변화할 것)

1 모든 것이 학교에서 가르쳐지지는 않는다. (teach)

Not everything _____ _____ at school. 모의기출

2 수동태는 Harold Evans에 의해 짜증나게 여겨졌다. (irritate)

The passive voice was found _____ by Harold Evans.

3 그녀는 우리의 노력에 만족하고 있는 것처럼 보인다. (appear, satisfy)

She _____ to _____ _____ _____ our efforts.

4 지금까지 며칠 동안, 나는 마치 미행당하고 있는 것처럼 느껴왔다. (follow)

For days now, I have felt as if I was _____.

　　as if 다음에는 가정법 또는 직설법 동사가 올 수 있어요.
　　(▶참고 Unit 10 I wish・as if 가정법 참조)

5 루머는 악플러에 의해서 옮겨지고, 바보들에 의해서 퍼지고, 얼간이들에 의해 받아들여진다. (carry, spread, accept)

Rumors _____ _____ _____ haters, _____ _____ fools, and _____ _____ idiots.

B **1 recently** 최근에 **3 occur** 일어나다　C **2 irritate** 짜증나게 하다 **3 effort** 노력 **5 hater** 악플러 **spread** 퍼지다[퍼뜨리다](-spread-spread) **accept** 받아들이다
***pssst**[pst] 잠깐만, 저기요(남의 관심을 끌기 위해 조용히 내는 소리)

D 다음 〈보기〉에서 알맞은 것을 찾아 문장을 완성하시오. (필요시 어형 변화할 것)

보기	put	release	bear	give	haunt

1 He has _____ in prison for life.

2 Most serial killers _____ in November.

3 The American hostages are expected to _____ today.

4 The academy is said to _____ by the ghost of a former landlord.

5 In school, you _____ the lesson and then the test. In life, you _____ the test and then the lesson.

E 다음 각 [ ]에서 어법에 맞는 표현을 고르시오.

1 What [did / was] I put on Earth for?

2 The distance between dream and reality [has / is] called action.

3 His skin was left badly [burning / burned] by the toxic chemical.

4 Soon after I got out of school, I was [offering / offered] a job. 모의기출

5 The Giza Pyramids are the largest, best preserved, and most [visiting / visited] of all the pyramids.

F 밑줄 친 부분 중에서 어색한 것이 있으면 고치시오.

1 He knew that to be left alone is not always to forsake.

2 In Cambodia, rats are being training to sniff out landmines.

3 In captivity, hagfish have observed attacking and killing other fish. EBS수능특강

4 _Homo sapiens_, "wise human," got tired of walking and invented the vehicle. EBS수능특강
  └ comma에 '즉'이란 뜻이 있어요.

5 When the referee was unable to see, we were responded by admitting violations. EBS만점마무리

D 1 **put ~ in prison** 수감시키다 2 **serial killer** 연쇄살인범 3 **hostage** 인질 **release** 풀어주다 4 **academy** 학원 **haunt** (귀신이) 출몰하다 **former** 이전의 **landlord** 건물주 E 1 **what ~ for** 무엇 때문에 2 **action** 행동 3 **skin** 피부 **badly** 심하게 **toxic** 독성의 **chemical** 화학 물질 4 **offer** 제공[제안]하다 5 **preserve** 보존하다 F 1 **forsake** (저)버리다 2 **sniff out** 냄새로 찾다 **landmine** 지뢰 3 **captivity** 포획 **hagfish** 먹장어 **attack** 공격하다 4 **invent** 고안하다 **vehicle** 탈 것 5 **referee** 심판 **respond** 반응을 보이다, 대응하다 **admit** 인정하다 **violation** 반칙

A 다음 각 [ ]에서 어법에 맞는 표현을 고르시오.

1 They should have been [paid / paying] [closely / closer] attention to fact-checking.

2 In one study, subjects [giving / given / were given] fresh or stale popcorn in different-sized bowls. EBS수능특강

3 People told the officers [that / what] the woman was seen [put / putting] a package on the front porch.

4 For people to remain [interesting / interested] in something, it has to appeal to [it / them] in some way. EBS수능특강

5 A professor [had / was] invited to speak at a military base and was [meeting / met] at the airport by a soldier named Ralph.

6 During the inspection, your bag and its contents [should / may] have [been searched / searched] for prohibited items. EBS수능특강

7 Newton enjoyed [being learned / learning] so much that he could be found behind bushes [studying / to study] from his books.

8 It usually took five weeks for Benjamin Franklin in Paris to [be received / receive] a letter [sending / sent] from Philadelphia. 수능기출

B 밑줄 친 부분 중에서 어색한 것이 있으면 고치시오. (정답 최대 2개)

1 It is no surprise <u>that</u> these creative gems <u>are selling</u> like hotcakes.

2 Trust is <u>alike</u> paper. Once it <u>is crumpled</u>, it can't be perfect again.

3 The baobab tree is <u>frequent</u> <u>referred to as</u> Africa's tree of life. EBS수능특강

4 If anyone <u>was caught to kill</u> a cat, the person could <u>be put</u> to death. 모의기출

5 Some mammoths still <u>were existed</u> when the Egyptian pyramids <u>were being built</u>.

6 The famous Greek philosopher Socrates <u>was sentencing</u> to death by an Athenian jury for corrupting the city's youth.

7 A comet <u>appearing</u> in 44 B.C. shortly after Julius Caesar was killed <u>thought</u> to be his soul returning to the Earth. EBS영어독해연습

8 By the sixteenth century, clocks <u>were chiming</u> on the quarter hour, and some <u>were constructing</u> with dials. EBS영어독해연습

A **1** fact-checking 사실 확인 **2** subject 피실험자 fresh 갓 튀긴 stale 신선하지 않은, (만든 지) 오래된 bowl 그릇 **3** package 상자 porch 현관
4 appeal to ~의 관심을 끌다 **5** professor 교수 military base 군사 기지 **6** inspection 검사 content 내용(물) prohibit 금지하다 **7** bush 덤불 B **1** gem 보석
sell like hotcakes 불난 듯이 팔리다 **2** crumple 구기다 **3** frequently 빈번하게 refer to A as B A를 B로 부르다 **4** put ~ to death 사형에 처하다 **5** mammoth 매머드
exist 존재하다 **6** philosopher 철학자 be sentenced to death 사형 선고 받다 jury 배심원 corrupt 타락시키다 youth 젊은이 **7** soul 영혼 **8** chime (종이) 울리다
construct 짓다, 건설하다 dial 문자반(시계, 계량기 등에 기호가 그려진 면)

C 다음 밑줄 친 부분의 설명이 **틀린** 것을 모두 고르시오. (정답 최대 3개)

1 The city of Pompeii is a **(a)** <u>partially</u> buried Roman town near modern Naples. Pompeii was destroyed and buried during a long eruption of the volcano Mount Vesuvius in 79 A.D. The eruption **(b)** <u>buried</u> Pompeii under 4 to 6 meters of ash and stone, and it **(c)** <u>lost</u> for over 1,500 years before its accidental rediscovery in 1599. Since then, its rediscovery **(d)** <u>is provided</u> detailed insight into life at the height of the Roman Empire. Today, this UNESCO World Heritage Site is one of Italy's most popular tourist attractions with about 2,500,000 people **(e)** <u>visiting</u> every year. 모의기출

① (a) 부사인 partially는 과거분사 buried를 수식하고 있다.

② (b) 폼페이가 묻힌 것이므로 was buried로 고쳐야 한다.

③ (c) Vesuvius 산이 잊혀진 것이므로 was lost로 고쳐야 한다.

④ (d) since then으로 보아 현재완료가 어울리므로 is를 has로 고쳐야 한다.

⑤ (e) 사람들이 방문하는 것이므로 visiting은 적절하다.

2 Mathematics definitely influenced Renaissance art. Renaissance art was different from art in the Middle Ages in **(a)** <u>many ways</u>. Prior to the Renaissance, objects in paintings were flat and symbolic rather than real in appearance. Artists during the Renaissance reformed painting. They wanted objects in paintings to **(b)** <u>be represented</u> with accuracy. Mathematics was used to **(c)** <u>portray</u> the essential forms of objects in perspective and as they **(d)** <u>appeared</u> to the human eye. Renaissance artists achieved perspective by using geometry, which resulted in a naturalistic, precise, three-dimensional representation of the real world. The application of mathematics to art, particularly in paintings, **(e)** <u>were</u> one of the primary characteristics of Renaissance art. 수능기출

*perspective: the art of creating an effect of depth and distance

① (a) 밑줄 친 예로 물체는 편평하고 상징적으로 그려졌다.

② (b) 물체가 나타나지는 것으로 be represented는 적절하다.

③ (c) 「be used to -ing」 구문으로 portraying으로 고쳐야 한다.

④ (d) they가 appear되는 것이므로 were appeared로 고쳐야 한다.

⑤ (e) 주어가 The application이므로 was로 고쳐야 한다.

C 1 **partially** 부분적으로 **bury** 묻다 **modern** 현재의 **destroy** 파괴하다 **eruption** 분출 **volcano** 화산 **ash** (화산)재 **accidental** 우연한 **rediscovery** 재발견 **provide** 제공하다 **detailed** 자세한 **insight** 통찰력 **height** 전성기, 키 **empire** 제국 **heritage** 유산 **site** 지역 **tourist attraction** 관광 명소 2 **definitely** 명확히 **the Middle Ages** 중세 **prior to** ~에 앞서 **object** 물건 **flat** 편평한 **symbolic** 상징적인 **appearance** 외관, 모습 **reform** 다시 만들다 **portray** 그리다 **essential** 본질적인 **represent** 나타나다 **accuracy** 정확성 **perspective** 원근법 **achieve** 성취하다 **geometry** 기하학 **result in** 결국 ~이 되다 **naturalistic** 사실적인, 자연주의적인 **precise** 정확한, 정밀한 **three-dimensional** 3차원의 **representation** 묘사, 표시 **application** 응용, 적용 **primary** 주요한, 첫째의 **characteristic** 등장인물, 성격, 특징

A 명사구 역할 주어, 목적어, 보어 역할을 한다.

01 **To meet** is the beginning of parting. (주어)

02 *It* is possible **to feel** homesick in your home. (진주어)

03 One of my dreams is **to have** my own island. (보어)

04 Sometimes I pretend **to forget** you. (목적어)

05 She thinks *it* easy **to build** a website. (진목적어)

01 to부정사가 주어로 쓰일 수 있으나, 02처럼 주로 「가주어 – 진주어」 구문으로 표현한다. 05 목적어가 to부정사일 경우 가목적어 it을 쓰고 진목적어를 뒤에 쓰며 이런 경우 it을 생략하면 안 된다. e.g. make, find, think, believe, consider

PLUS to부정사의 의미상의 주어와 부정

It is hard **for me** to say I'm sorry.

→ 부정사의 주체(의미상의 주어)를 밝힐 때는 주로 「for + 목적격」으로 쓴다.

It was stupid **of you not** to upset him.

→ 사람의 성품에 관한 형용사가 있는 경우 의미상의 주어는 「of + 목적격」으로 쓰고, to부정사의 부정은 「not[never] + 동사원형」 형태로 쓴다.

※성품 형용사: kind, foolish, polite(예의 바른), rude(예의 없는), generous(관대한), cruel(잔인한), wicked(사악한) 등

Further Expressions 「동사 + 목적어 + to 동사원형」 형태로 쓰는 동사들

ask A to B(요청하다) tell A to B(말하다) want A to B(원하다) expect A to B(기대하다) advise A to B(충고하다) encourage A to B(격려하다, 장려하다) enable A to B(가능하게 하다) require A to B(요구하다) allow A to B(허락하다) order A to B(명령하다) force A to B(명령하다) persuade A to B(설득하다) drive A to B(~하게 하다) cause A to B(~하게 하다, 야기하다) permit A to B(허락하다) remind A to B(상기하다) warn A to B(경고하다) recommend A to B(추천하다) help A (to) B(돕다) (to 생략은 ▶Unit 06 부정사의 다양한 형태 참조)

수능 pick 1

♦ made possible [○/×]

The meeting was **made possible** thanks to generous financial support. [○/×]

→ 「make + 목적어(the meeting) + possible」의 수동태 구문으로 가목적어 it이 필요 없는 구문으로 적절하다. made possible이 수동태의 일부일 수도 있다는 점에 유의한다.

The adoption of agriculture **made possible** new settled lifestyles. [○/×] **EBS영어독해연습**

→ made의 긴 목적어인 new settled lifestyles가 문장의 균형을 맞추기 위해서 목적격보어와 자리를 바꾼 것으로 적절하다. 이 경우 가목적어 it을 쓰지 않음에 유의한다. 가목적어 it은 to부정사나 절을 대신 할 때 사용한다.

B 형용사구 역할 명사를 한정적 또는 서술적으로 수식한다.

01 Yuri Gagarin was *the first man* **to travel** into space. (한정적: 의미상의 주어)

02 Taku has never had *anyone* **to talk to**. (한정적: 의미상의 목적어)

cf. The future will be *a better place* **to live (in)**. (한정적: 전치사 생략)

03 The queen **is to visit** Puerto Rico next month. (서술적: 예정·계획)

04 You **are to apologize** to him this instant! (서술적: 의무·명령)

05 If we **are to arrive** in time, we must start now. (서술적: 의도·조건)

06 Old stories often **turn out[prove]** (**to be**) true. (서술적: 보어)

01~02 to부정사가 명사를 한정적으로 꾸며 주는 역할을 한다. 01 수식 받는 명사가 to부정사의 의미상의 주어이다. 02 수식 받는 명사가 to부정사의 의미상의 목적어이다. talk to anyone에서 목적어가 앞으로 이동한 것으로 전치사가 필요하면 써야 한다. *cf.* place를 한정적으로 꾸며주는 to부정사에서 전치사는 생략해도 된다. 03~05 서술적 용법으로 예정(~할 예정이다), 의무(~해야 한다), 의도·조건(~하고자 하다) 외에 운명(~할 운명이다: e.g. He was never to return home. (그는 결코 집으로 돌아가지 못할 운명이었다.)) 가능성(~할 수 있다: e.g. One's memories are not to be trusted. (사람의 기억력은 믿을 만하지 않다.))를 나타내기도 한다. 06 「자동사 + to부정사」가 서술적 용법으로 보어 역할을 하며 to be는 생략될 수 있다. e.g. seem[appear] to(~처럼 보이다) come[get, grow] to(~하게 되다)

A 01 **part** 헤어지다 02 **feel homesick** 향수병에 걸리다 PLUS **upset** 화나게 하다 수능 Pick 1 ♦ **generous** 후한 **financial** 재정의 **support** 지원 **adoption** 채택 **agriculture** 농업 **settled** 정착의 B 04 **apologize** 사과하다 **instant** 즉각, 바로

C 부사구 역할

01 We make war (**in order**) **to live** in peace.   (목적: ~하기 위하여)

02 I am lucky **to have** you in my life.   (원인: ~하게 되어서)

03 The orphan grew up **to be** a brave soldier.   (결과: ~하게 되다)

    cf. Ralph ran to his mailbox **only to find** it empty.   (결과: ~했지만 결국 …하다)

04 Everybody would be glad **to hear** from you.   (조건: ~한다면)

05 He must be wise not **to believe** the witch.   (판단의 근거: ~하다니)

06 I am not that difficult **to work with**.   (한정: ~하기에)

07 I was **too** *young* **to join** the army.   (너무 ~해서 …할 수 없다)

    → I was **so** *young* (**that**) **I couldn't** join the army.

08 He ran *fast* **enough to** catch the thief.   (~하기에 충분히 …한)

    → He ran **so** *fast* (**that**) **he could** catch the thief.

01 목적의 의미를 더 명확하게 하기 위해 in order[so as] to로 쓴다. 02 to 이하가 감정의 원인을 나타낸다. 03 주로 자동사(구)를 수식하여 결과를 나타내며, only to 는 놀람이나 실망의 결과를 나타낸다. 04 조건이나 가정의 의미를 내포한다. 05 판단의 근거 또는 이유를 나타낸다. 07~08 각각 「so ~ that + 주어 + can't」와 「so ~ that + 주어 + can」으로 전환할 수 있다. 07 문맥에 따라서 '너무 ~해서 …할 수 없다' 또는 '~하기엔 너무 …하다'라고 해석한다. 08 enough는 형용사와 부사를 뒤에서 수식하고, 명사는 기본적으로 앞에서 수식한다. enough 자체가 형용사나 명사로도 쓰인다. e.g. One word is enough to destroy a relationship. (한마디 는 관계를 파괴시키기에 충분하다.) Enough is enough. (충분해.(그만해.))

PLUS too ~ to... / enough to ~ 문장 전환 시 유의할 점

The French fries were **too hot to eat** on the drive home.

⇄ The French fries were **so hot that** I[we] **couldn't** eat **them** on the drive home.

A heap of seaweed got close **enough for me to grab**.   EBS수능완성응용

⇄ A heap of seaweed got **so** close that **I could** grab **it**.

→ to부정사의 의미상의 주어가 문장 내에 없으면 문맥상 찾아내고, to부정사의 목적어가 문장의 주어이거나 목적어이면 that절에 대명사로 꼭 써야 한다.

수능 pick 2

♦ [To do / Do] ~

[**To become** / **Become**] a better leader, you have to step out of your comfort zone.   수능기출

→ you 이하가 주절이므로, 부사 역할을 할 수 있는 To become이 적절하다. to부정사가 문두에 오는 경우는 주어나 부사적 용법의 목적 용법일 가능성 이 높다.

C 01 **make war** 전쟁을 일으키다 **in peace** 평화롭게 03 **empty** 텅 빈 05 **witch** 마녀 08 **thief** 도둑   PLUS **on the drive** ~로 차를 타고 가는 길에 **a heap of** 한 무더기의 **seaweed** 해초 **grab** 붙잡다   수능 Pick 2 ♦ **comfort zone** 안전지대

A   각 괄호에서 알맞은 말을 고르시오.

1   to부정사는 [명사 / 대명사], 형용사, 부사 역할을 한다.

2   to부정사가 주어인 경우 주로 「[가주어 / 가목적어] – 진주어」 구문으로 쓴다.

3   의미상의 주어가 필요할 때는 「for 또는 of + [주격 / 목적격]」으로 쓴다.

4   to부정사의 부정은 to부정사 [앞 / 뒤]에 not이나 never를 쓴다.

5   [결과 / 목적]의 의미를 명확히 하기 위해서 in order to 형식으로 쓴다.

B   다음 문장의 해설이 맞으면 T 그렇지 않으면 F에 체크하시오.

1   I have a job as well as children to look after.

⤷ to부정사의 목적어가 문장의 목적어인 경우로 전치사 after를 삭제하면 안 된다.   ☐ T   ☐ F

2   A pet goldfish in England lived to be 43 years old.

⤷ 금붕어가 살아서 43살이 되었다는 의미로 부정사의 원인 용법에 해당한다.   ☐ T   ☐ F

3   It is okay to fall but not okay to stay on the ground.

⤷ It이 가목적어 to fall, to stay가 진목적어로 쓰였다.   ☐ T   ☐ F

4   The young mother appeared to be around nineteen years old.   모의기출

⤷ appeared to는 '~처럼 보였다'의 의미로 turned out to로 바꿔 쓸 수 있다.   ☐ T   ☐ F

5   The president is to make a further visit to Panmunjom next week.

⤷ 여기서 is to는 '~할 예정이다'라고 해석되는 것이 자연스럽다.   ☐ T   ☐ F

C   우리말과 일치하도록 괄호 안의 말을 이용하여 문장을 완성하시오.

1   무엇이 소비자가 소비하도록 만드는가? (consume)

What drives the consumer _____ _____ ?   수능기출

2   Rachel은 그녀의 약속 반지를 찾았지만, 또 잃어버렸다. (lose)

Rachel found her promise ring _____ _____ _____ it again.

3   고대에 의사들은 붕대를 만들기 위해 거미줄을 사용했다. (make bandages)

In ancient times, doctors used spiderwebs _____ _____ _____ .

4   안녕. 내 이름은 Louganis Lee야. 넌 나의 아버지를 죽였어. 죽을 준비해. (prepare, die)

Hello. My name is Louganis Lee. You killed my father. _____ _____ _____ .

5   매우 어린 나이 때부터, 아이들은 부모가 그들을 위해 무언가를 하도록 설득하려고 노력한다. (persuade, do)

From a very young age, kids try _____ _____ their parents _____ _____

things for them.   모의기출

B **2 pet** 애완동물 **5 further** 추가의   C **1 consume** 소비하다 **3 ancient** 고대의 **spiderweb** 거미줄 **bandage** 붕대

D 다음 주어진 단어를 어법에 맞게 배열하시오.

1 Lee Minchul was _____ the borderline.

(cross, to, enough, brave)

2 He tattooed her name on his finger _____.

(as, to, so, not, forget)

3 Everybody _____ to Heaven, but nobody _____.

(to, wants, go)   (die, to, wants)

4 If you make no effort to be nice, people may _____. [EBS파이널]

(you, to, grow, hate)

5 Zebra stripes actually _____ one another. [모의기출]

(recognize, zebras, to, easier, for, it, make)

E 다음 각 [ ]에서 어법에 맞는 표현을 고르시오.

1 The policy has proven [to be / be] a costly mistake.

2 Life is too short for us [dwelling / to dwell] on sadness.

3 I don't need any help, but it was kind [for / of] you to offer.

4 Some people try [to not / not to] take responsibility for their actions. [수능기출]

5 Be a good listener; encourage others [talking / to talk] about themselves.

F 밑줄 친 부분 중에서 어색한 것이 있으면 고치시오.

1 The dog might be <u>big too</u> to keep around a small child. [모의기출]

2 The lower class found <u>this</u> difficult to buy <u>even</u> the necessities. [모의기출]

↳ 부사가 (대)명사를 꾸밀 수도 있어요. ▶Unit 15 대명사·형용사·부사 참조

3 That old saying "money can't buy happiness" turns out <u>being</u> true. [모의기출]

4 One other tip for sound sleep is <u>drunk</u> some warm milk before bed. [수능기출]

5 To pass the civil service examination in ancient China <u>to be</u> no easy matter. [수능기출]

D 1 **brave** 용감한 2 **tattoo** 문신하다 4 **effort** 노력 5 **stripe** 줄무늬 **recognize** 인식하다 E 1 **policy** 정책 **costly** 값비싼 2 **dwell on** 곱씹다 3 **offer** 제안하다
4 **take responsibility** 책임을 지다 F 2 **lower class** 하위 계층 **necessities** 필수품 3 **old saying** 속담 4 **tip** 조언 **sound sleep** 숙면 5 **civil service** 공무원
examination 시험 **matter** 일, 문제

A 시제와 태

01 It's pretty nice **to be looking at** the aurora with you.   (진행형)

02 He wanted his slaves **to be sent** to Liberia.   (수동태)

03 I *am* sorry **to have kept** you waiting.   (현재동사 + 완료부정사)

   → I *am* sorry that I **(have) kept** you waiting.

04 They *felt* fortunate not **to have had** a mishap.   (과거동사 + 완료부정사)

   → They *felt* fortunate that they **hadn't had** a mishap.

01 진행의 느낌을 강조할 때 「to be + -ing」 형태로 쓴다. 02 to부정사와 주체와의 관계가 수동일 때 「to be + p.p.」 형태로 쓴다. 03 주절의 시제(현재)보다 앞선 시제(과거) 또는 문맥상 앞선 시제부터 주절의 시제까지(현재완료)를 나타낸다. 04 주절의 시제(과거)보다 앞선 시제(대과거)를 나타낸다. ※to have been p.p.는 현재완료 수동형으로 주절보다 앞선 시제이면서 수동의 의미일 때 쓰인다. e.g. The error seemed to have been fixed. (그 오류는 고쳐진 것처럼 보인다.)

PLUS seem to 문장 전환

He **seems to have lost** his sense of reality.

⇄ It **seems** that he **(has) lost** his sense of reality.

He **seemed to have lost** his sense of reality.

⇄ It **seemed** that he **had lost** his sense of reality.

→ 완료부정사는 주절의 시제보다 앞선 시제를 표현하는 것이 기본이며, 주절이 현재일 경우는 과거 또는 현재완료가 될 수도 있다.

B 「의문사 + to부정사」, 대부정사, 분리부정사

01 The only real problem in life is **what to do** next.   (의문사 + to부정사)

   → The only real problem in life is **what we should do** next.

02 He wanted to go home, but he wasn't able **to**.   (대부정사)

03 The security guard asked her **to quietly leave**.   (분리부정사)

   cf. The security guard **quietly** asked her **to leave**.

01 명사처럼 쓰여 주어, 목적어, 보어 역할을 할 수 있다. 「의문사 + 주어 + should[can] + 동사원형」으로 바꿔 쓸 수 있다. ※「why + to부정사」는 거의 쓰이지 않는다. 02 동일어구 반복을 피하기 위해서 to 동사원형에서 to만 쓰는 것을 말한다. 03 부사가 수식하는 의미를 명확히 하기 위해 to와 동사원형 사이에 부사를 넣어 분리시킬 수 있다.

PLUS 「접속사 + to부정사」

Whenever I don't know **whether to fight** or not, I fight.

→ whether I should fight에서 「의문사 + to부정사」의 전환처럼 I should가 생략된 구문이다.

The poodle stood there for a moment **as if to size up** the obstacle in front of him.   모의기출

→ as if he were to에서 he와 were가 생략된 구문이다. (▶Unit 19 부사절 접속사 참조)

C 원형부정사

01 I *heard* someone **scream** in the alley.   (지각동사 hear)

   cf. I *heard* my name **repeated** several times.   (지각동사 + 과거분사)

02 Everybody *saw* you **trip** on the curb.   (지각동사 see)

   cf. We *watched* the players **getting** off the bus.   (지각동사 + 현재분사)

A 01 **aurora** 오로라, 극광 02 **slave** 노예 04 **fortunate** 다행의 **mishap** 불행 PLUS **sense** 감각   B 03 **security guard** 보안 요원   PLUS **size up** 가늠하다 **obstacle** 장애물   C 01 **alley** 골목 02 **trip** 발을 헛디디다 **curb** 연석

03 She *felt* hot tears **run** down her cheeks. (지각동사 feel)

04 They *made* me **spy** on my friends. (사역동사 make: 강제)

05 Could you *have* her **copy** the document? (사역동사 have: 부탁)

   cf. I *had* my iPAD screen **shattered**. (사역동사 + 과거분사)

     We couldn't *get* him **to sign** the contract. (의미상 사역동사 get: 설득)

06 But first *let* me **take** a selfie. (사역동사 let: 허락)

07 The YouTuber *helped* an old lady (**to**) **find** her house. (형태상 사역동사 help: 도움)

   cf. The small class sizes *helped* (**to**) **make** learning easier. (help + 동사원형)

08 *All* you have to *do* is (**to**) **open** your heart. (강조 구문의 보어)

09 *Why* **hesitate**? *Why not* **start**? (why (not))

01 목적어와 목적 보어의 관계가 능동일 때는 동사원형을 쓰며 수동일 때는 과거분사를 쓴다. 02 사건·행위의 전부를 지각하는 경우는 동사원형을 이미 진행 중인 사건·행위를 지각하는 경우에는 현재분사를 쓴다. ※지각동사: see, watch, look at, hear, listen to, feel, smell, notice(보거나 들어서 알다), observe(관찰하다) 등 03~05 목적어와 목적격보어의 관계가 능동일 때는 동사원형을 쓴다. 05 *cf.* 목적어와 목적격보어의 관계가 수동일 때는 과거분사를 쓴다. get은 have와 의미가 거의 같으나 목적격보어 자리에 반드시 「to + 동사원형」을 써야 한다. 07 help는 의미상 사역은 아니나 형태상 사역동사처럼 쓰인다. *cf.* 목적어가 일반인이거나 명확한 경우에는 「help + (to) 동사원형」이 올 수도 있다. 08 주어 자리에 All, What, The (first, only) thing과 함께 do가 올 때 보어 자리의 to부정사의 to가 생략되기도 한다. 09 질문이나 제안을 표현할 때 쓴다.

PLUS 「have + 목적어 + -ing」
Unfortunately, our jobs now **have** us both **traveling** most weeks. 수능기출
→ 진행을 강조할 때 목적격보어 자리에 -ing를 쓰기도 한다. 한편 won't have ~ -ing는 '허락(allow)하지 않겠다'는 의미로 쓰인다.
  e.g. I won't have you shouting at me like that. (나에게 그렇게 소리 지르는 것을 허락하지 않겠다.)

D 관용표현

01 **Strange to say**, the figure went out of sight suddenly. (이상한 말이지만)

02 **To tell (you) the truth**, I usually forget what I'm looking for. (솔직히 말하면)

03 Ladies and gents, the show **is about to** begin. (막 ~하려 하다)

04 They **are willing to** die for the motherland. (기꺼이 ~하다)

05 I **am** just **anxious to** prevent injustice. (~을 몹시 하고 싶어 하다)

06 He **failed to** pay the taxi fare as well. (~하지 못하다)

07 What's **likely to** happen after this class? (~할 것 같다, ~하기 쉽다)

08 When you **let go**, you create space for something better. (놓아주다, 풀어주다)

04 ↔ be unwilling[reluctant] to(~하기를 꺼려하다) 05 = be eager to 07 = be liable[apt] to ↔ be unlikely to(~할 것 같지 않다)

Further Expressions 추가 관용표현
to be honest(정직히 말하자면) so to speak(말하자면) to put it another way(다른 말로 하자면) needless to say(말할 필요 없이) not to mention ~(~은 말할 나위 없이) make believe(~인체 하다) do nothing but(단지 ~하기만 하다) do anything but(~만 빼고는 다 하다) manage to(가까스로 ~하다) afford to(~할 여유가 있다)

C 03 **run** 흐르다 04 **spy on** ~을 염탐하다 05 **document** 서류 **shatter** 박살나다 06 **sign** 서명하다 **contract** 계약 07 **selfie** 셀카 10 **hesitate** 주저하다
D 01 **figure** 형체 **sight** 시야 03 **gent** 신사 04 **motherland** 모국 05 **prevent** 막다 **injustice** 부당성 06 **pay** 지불하다 **fare** 요금

A 각 괄호에서 알맞은 말을 고르시오.

1 「to [be / have] + p.p.」는 주절의 시제보다 앞선 시제를 나타낸다.

2 「의문사 + to부정사」는 명사 역할을 하여, [주어 / 가주어], 목적어, 보어 역할을 한다.

3 to와 동사원형 사이에 부사가 들어간 형태를 [대 / 분리] 부정사라고 한다.

4 지각동사의 목적격보어로 [to 동사원형 / 동사원형], 현재분사, 과거분사가 올 수 있다.

5 사역동사에서 목적어와 목적격보어의 관계가 수동이면 목적격보어는 [현재분사 / 과거분사]를 쓴다.

B 다음 문장의 해설이 맞으면 T 그렇지 않으면 F에 체크하시오.

1 He taught me how to love but not how to stop.

↳ how to love는 명사 역할을 하며 how I could love로 바꿔 쓸 수 있다. ☐ T ☐ F

2 She seems to have made a good impression.

↳ It seems that she had made a good impression.으로 바꿔 쓸 수 있다. ☐ T ☐ F

3 Don't make me laughing. I'm trying to be mad at you.

↳ 사역동사 make의 목적격보어로 내가 웃게 되는 것이므로 laughed로 고쳐야 한다. ☐ T ☐ F

4 Carmen smiled a mile when she heard her daughter to say, "Mom," for the first time.

↳ 지각동사 heard의 목적격보어로 쓰인 to say는 적절하다. ☐ T ☐ F

5 When I wake up, the first thing I do is check my day planner. 모의기출

↳ check 이하가 보어 자리이므로 명사 역할을 할 수 있는 to부정사 형태인 to check으로 꼭 고쳐야 옳다. ☐ T ☐ F

C 우리말과 일치하도록 빈칸에 알맞은 말을 써 넣으시오. (필요시 어형 변화할 것)

1 나의 지갑은 양파 같아. 그것을 여는 것은 내가 울게 해. (make, cry)

My wallet is like an onion. Opening it _____ me _____.

2 그는 나에게 계속 문자를 보낸다. 내가 그러지 말라고 했음에도. (not)

He keeps sending me messages though I told him _____ _____.

3 그는 자신의 예술품이 모든 종류의 사람들에 의해 수집되기를 원했다. (to, collect)

He wanted his art _____ _____ _____ by all kinds of people.

4 당신의 오래된 신발 또는 재킷을 길모퉁이에 있는 사람에게 주는 게 어떻겠습니까? (give)

_____ _____ _____ your old shoes or jacket to the guy on the street corner? 모의기출

5 너는 내가 몸부림치는 것을 볼 수 있겠지만, 내가 포기하는 것을 결코 보지 못할 것이다. (struggle, quit)

You may see me _____, but you'll never see me _____.

B **1** impression 인상 **3** mad at ~에게 화난 **4** smile a mile 함박 웃다 **5** day planner 일일 계획표 C **3** art 예술품 collect 모으다 **5** struggle 몸부림치다 quit 포기하다

D 다음 주어진 단어를 어법에 맞게 배열하시오.

1 It is also a victory to know _____.
(retreat, to, when)

2 Police officer: I'll _____ with a warning this time.
(you, let, go)

3 He was _____ what was wrong. [모의기출]
(found out, to, pleased, have)

4 This year, world grain production _____ historic records. [수능기출]
(set, is, to, likely)

5 All you have _____ courtesy in your heart. [모의기출]
(cultivate, is, do, to)

E 다음 각 [ ]에서 어법에 맞는 표현을 고르시오.

1 It appeared that she [had / has] become completely spiritless.

2 No cars seemed to be [come / coming], so I went through the red light.

3 What she said made Victoria [fall / falling] into deep thought for a while. [모의기출]

4 I saw Lucy [cross / crossed] the finish line, and I shouted, "You did it! You won!"

5 Just having one friend is enough to significantly [decrease / decreased] loneliness. [모의기출]

F 밑줄 친 부분 중에서 어색한 것이 있으면 고치시오.

1 Crocodiles swallow rocks to help them diving deeper.   비교 대상이 명확하면 than을 생략할 수 있어요.
↳ ▶Unit 16 비교구문의 관용표현 참조

2 It hurts to let go, but sometimes it hurts more to hold on.

3 Cyclists should know how to properly passing and be passed.

4 Susan advised him to routine frequent a local café near his apartment. [모의기출]

5 All you have to do is made posters and put them up around the school. [수능기출]

D **1 victory** 승리 **retreat** 후퇴하다 **2 warning** 경고 **3 find out** 알아내다 **4 grain** 곡물 **production** 생산 **set a record** 기록을 세우다 **historic** 역사적인
5 courtesy 예의 **cultivate** 함양하다   E **1 completely** 완전히 **spiritless** 활기가 없는 **3 deep** 깊은 **for a while** 잠시 **5 significantly** 상당히 **decrease** 줄이다
loneliness 외로움   F **1 swallow** 삼키다 **2 hold on** 붙잡다 **3 properly** 적절히 **4 routinely** 일상적으로 **frequent** 자주 방문하다

A 다음 각 [ ]에서 어법에 맞는 표현을 고르시오.

1 [Know / To know] the road ahead, ask those [to come / coming] back. *Chinese proverb*

2 [That / What] I decided to do was [written / write] a letter to my grandmother in New York. 모의기출

3 [This / It] is also important for a journalist to remember that his duty is [served / to serve] his readers. 수능기출

4 It is not enough [doing / to do] your best; you must know what to do and then [do / to do] your best.

5 Some species of prey have coloring that makes [them / it] very easy for predators to detect [themselves / them]. 모의기출

6 He got his name on an occasion when he had a carpenter [to work / worked / working] on the roof of his house. EBS수능특강

7 If your cat is shy and timid, he or she won't want to [dress / be dressed] up and [to display / displayed] in cat shows. 모의기출

8 Modern humans also tend to negatively [affecting / affect] ecosystems in ways that the earliest civilizations [were / did] not. 모의기출

B 밑줄 친 부분 중에서 어색한 것이 있으면 고치시오. (정답 최대 2개)

1 I am afraid <u>that</u> my second son will find it <u>awkwardly</u> to get accustomed to the new school.

2 Manufacturers have even invented items that <u>are meant</u> to be used once and then <u>discard</u>. 수능기출

3 He told me things <u>that he seemed not to have been shared</u> before, and I did the same.

4 All you have to do is <u>put</u> your unwanted shoes in the shoe collection boxes we <u>are provided</u>. 모의기출

5 For a long time, Jack's parents had been trying to get him <u>read</u>, but he never seemed to <u>want to</u>. 수능기출

6 <u>Make</u> it as easy as possible for you to act now, we've sent a reply card for you to <u>be complete</u>. 모의기출

7 You're too tall to <u>be walking</u> these halls and <u>not play</u> basketball. I'll see you in the gym at 3:30 today. 모의기출

8 The world is <u>big enough</u> to satisfy everyone's needs but will always be <u>too small</u> to satisfy everyone's greed. *Mahatma Gandhi*

A 2 **journalist** 기자 **duty** 임무 **serve** 봉사하다 4 **species** 종 **prey** 먹잇감 **coloring** 색채 **predator** 포식자 **detect** 발견하다 6 **occasion** 경우 **carpenter** 목수 **roof** 지붕 7 **shy** 수줍음을 타는 **timid** 겁이 많은 **cat show** 고양이 품평회 8 **modern** 현대의 **tend to** ~하는 경향이 있다 **affect** 영향을 주다 **ecosystem** 생태계 **civilization** 문명 B 1 **sophisticated** 정교한 2 **reply card** 회신용 카드 3 **hall** 복도 **gym** 체육관 4 **satisfy** 만족시키다 **greed** 탐욕 5 **manufacturer** 제조업자 **discard** 버리다 6 **share** 공유하다 7 **unwanted** 불필요한 **collection box** 수집 상자 **provide** 제공하다

C 다음 밑줄 친 부분의 설명이 틀린 것을 모두 고르시오. (정답 최대 3개)

1 In the late 1960s, a television producer, Joan Cooney, started an **(a)** <u>epidemic</u>. She targeted children between three and five. Her agent of infection was television, and the "virus" she wanted to spread was literacy. The show would be an hour long and run 5 days a week in the hope that it would become **(b)** <u>enough contagious</u> to improve education. Her aim was **(c)** <u>to spread</u> positive learning values to all children and even to their parents.

She also intended **(d)** <u>(to, for, give, it)</u> advantages to children with fewer opportunities once they began elementary school. What she wanted to do, in essence, was **(e)** <u>create</u> a learning epidemic to fight the widespread epidemics of poverty and illiteracy. She called her idea *Sesame Street*. 모의기출

*epidemic: an outbreak of disease that spreads quickly

① (a) epidemic을 퍼뜨린 궁극적인 이유는 literacy를 위해서였다.

② (b) contagious enough로 고쳐야 한다.

③ (c) Her aim을 보충 설명하는 to부정사이다.

④ (d) 어법에 맞게 배열하면 to give it for이다.

⑤ (e) 보어 자리이므로 to create로 고쳐야 한다.

2 People use coin tosses **(a)** <u>to break</u> ties or to make decisions. Nobody is certain whether it comes up heads or tails since each side is supposed to have an equal chance of winning. But does it really? **(b)** <u>For a coin toss to really flip</u> perfectly, the coin needs to spin in just the right way. **(c)** <u>[Therefore / However]</u>, in the real world, coins never spin perfectly. They will always wobble or tip in one direction while spinning. **(d)** <u>To see</u> how wobbling affects the rotation of the coin, the researchers videotaped actual coin tosses and measured the angle of the coin in the air. They found that 53 percent of the time, the coin landed on the side that it started from. So if you toss the coin heads up, there's a slightly greater chance that it will land heads rather than tails. **(e)** <u>It turns out that coin tosses</u> are never truly random. 모의기출

*wobble: to shake or move from side to side

① (a) '~하기 위해서'라는 뜻으로 부사처럼 사용되었다.

② (b) to really flip을 really flipping으로 써야 한다.

③ (c) 흐름상 적절한 어휘는 However이다.

④ (d) 문장의 주어 자리에 쓰인 to부정사이다.

⑤ (e) Coin tosses turn out never to be ~로 전환할 수 있다.

C 1 **epidemic** 전염병 **target** 대상으로 하다 **agent** 병원체 **infection** 감염 **spread** 퍼뜨리다 **literacy** 읽고 쓰는 능력 **run** 방송하다 **contagious** 전염성의 **improve** 향상시키다 **education** 교육 **aim** 목표 **positive** 긍정적인 **value** 가치 **intend** 의도하다 **advantage** 유리, 이점 **opportunity** 기회 **elementary** 초등의 **in essence** 본질적으로 **widespread** 만연한 **poverty** 가난 **illiteracy** 문맹 **sesame** 참깨 2 **coin toss** 동전 던지기 **break a tie** 승부를 가리다 **decision** 결정 **head or tail** 앞면 또는 뒷면 **flip** 살짝 던지다 **be supposed to** ~하기로 되어 있다, ~할 예정이다 **winning** 승률 **spin** 회전시키다 **wobble** 흔들리다 **tip** 기울다 **affect** 영향을 미치다 **rotation** 회전 **measure** 측정하다 **angle** 각도 **land** 떨어지다 **slightly** 약간

A 명사처럼 쓰이는 동명사

01 **Putting** sugar on a cut reduces pain. (주어)

02 It was nice **having** you with us today. (진주어)

03 Life is **drawing** without an eraser. (보어)

04 I don't recall *ever* **seeing** such a sleepy cat. (목적어)

05 Nothing will stop me from **reaching** my goals. (전치사의 목적어)

> 02 동명사의 「가주어 – 진주어」 구문은 to부정사만큼 자주 쓰이지 않고, 제한된 경우, 즉 주로 관용표현에 쓰인다. (▶D 동명사의 관용표현 참조) 04 동사와 동명사 목적어 사이에 부사가 오기도 한다. 05 '～가 …하는 것을 막다'라는 「stop[prevent, keep, prohibit] ～ from -ing」에서 전치사의 목적어로 쓰인다. 이때 stop[prevent] 은 from을 생략해도 같은 뜻이 된다. *cf.* 「keep -ing」(계속 ～하다) 「keep from -ing」(～하지 않다, 삼가다) 「keep A -ing」(A가 계속 ～하게 하다)

> **PLUS** 동명사의 의미상의 주어와 부정
> **Tanya's falling** asleep during the wedding was funny.
> → 동명사의 의미상의 주어를 밝힐 때는 소유격이 원칙이나 비격식체에는 목적격이 주로 쓰인다. 단, 인칭대명사가 주어 자리인 경우 소유격으로 쓴다.
>   e.g. [His / ~~Him~~] driving has improved since then. (그 이후로 그의 운전은 향상되었다.)
> **They** are considering **not heading** back to Miami.
> → 동명사의 부정은 「not[never] + -ing」 형태로 쓴다.

> **Further Expressions** 「전치사 to + 동명사」
> 「자동사 + to -ing」
> object to -ing(반대하다) admit (to) -ing(인정하다) confess to -ing(인정하다, 고백하다) contribute to -ing(기여하다) lead to -ing(결국 ～가 되다, ～로 이끌다) adjust[adapt] to -ing(적응하다) apply to -ing(적용되다) refer to -ing(말하다, 의미하다)

> 「타동사 + 목적어 + to -ing」
> dedicate[devote] O to -ing(헌신하다) subject O to -ing(복종시키다) attribute O to -ing(탓으로 돌리다) expose O to -ing(노출시키다) apply[devote] oneself to -ing(전념하다) limit oneself to -ing(제한하다)
> 특히, 이 표현들은 수동태가 되었을 때도 유의해야 한다. e.g. be dedicated to [~~do~~ / doing] (▶Unit 17 전치사의 다양한 표현 참조)

◆ 전치사 [명사 / 동명사] 목적어
Tools for [analysis / **analyzing**] information weren't even available until the early 1990s. 수능기출
→ 선택지 다음에 명사 information이 왔으므로 목적어를 취할 수 있는 동명사 analyzing이 적절하다.

B 동명사의 시제와 태

01 Are you ashamed of **being** an English teacher? (단순동명사)

02 The accused man denied **having met** her. (완료동명사)
   ≒ The accused man denied **meeting** her.

03 Nobody enjoys **being laughed at**. (동명사의 수동태)

04 He complained about **having been treated** unfairly. (동명사의 완료수동태)

05 All the curtains really **need cleaning**. (의미상 수동태)
   = All the curtains really **need to be cleaned**.

> 01 주절의 시제와 같은 시제를 나타낸다. 02 주절의 시제보다 앞선 시제를 나타내며, 전후관계가 명백할 때는 단순동명사로 써도 된다. 03 동명사의 주체와 수동의 관계일 때 쓴다. 04 동명사의 주체와 수동이면서 앞선 시제를 나타낸다. 05 「want, require, need, deserve + -ing」는 능동형이지만 수동의 의미(「to + be + p.p.」)이며, 이때 동명사의 의미상의 목적어는 문장의 주어이다. 단, 「want + 동명사」는 '필요하다'의 뜻이므로 want to be p.p.로 쓰지 않고 need to be p.p.로 쓴다.

A 01 **cut** 상처 **reduce** 줄이다 03 **eliminate** 없애다 **poverty** 가난 04 **recall** 기억하다 **sleepy** 조용한, 활기 없는 PLUS **head back** 돌아가다 수능 Pick 1 ◆ **tool** 도구 **analyze** 분석하다 **available** 구할 수 있는 B 01 **ashamed** 부끄러운 02 **the accused** 피고 **deny** 부인하다 04 **treat** 대우하다 **unfairly** 불공평하게

C 동명사와 to부정사를 목적어로 취할 때 뜻이 다른 동사

01 I dimly **remember visiting** Quebec.   (~했던 것을 기억하다)

     He **remembered to shout**, "Close, Sesame!"   (~할 것을 기억하다)

02 You keep **forgetting paying** my money back.   (~한 것을 잊다)

     I won't **forget to water** the plant this time.   (~할 것을 잊다)

03 He deeply **regretted losing** his temper.   (~한 것을 후회하다)

     We **regret to tell** you that tickets are already sold out. (~을 하게 되서 유감이다)

04 Can't you see I am **trying to sleep**?   (노력하다, 애쓰다)

     I've **tried changing** our address online multiple times. (시험 삼아 해보다, 애쓰다)

05 She **stopped working** when she won the lottery.   (~을 그만두다)

     They **stopped (in order) to look** at the far end of the street. (~하기 위해 하던 일을 멈추다)

01~05 동명사 vs to부정사: 대체적으로 동명사는 과거성, 객관성, 사실이 to부정사는 미래성, 주관성, 생각이 내포되어 있다. 04 '애쓰다'의 의미일 때 「try + -ing」와 try to는 차이가 거의 없다. 05 ※stop은 to부정사가 목적어가 아니라 부사적 용법이다. ※추가표현 「mean to + 동사원형」(~할 작정이다) 「mean + -ing」(의미하다)

수능 pick 2
♦ advise [to do / doing]
Due to the unpredictable Alaskan weather, Denali's Flightseeing advises [**to wear** / **wearing**] a light waterproof jacket. **모의기출**
→ advise는 목적어로 동명사를 취하고 목적격보어는 to부정사를 취한다. 따라서 wearing이 적절하다. 유사하게 쓰이는 단어로 advise, permit, forbid 등이 있다.

D 관용표현

01 Sometimes we **cannot help walking** away.   (~하지 않을 수 없다)

02 **There is no turning** back once you take the pill.   (~할 수 없다, 불가능하다)

03 **It is no use[good] trying** to escape from here.   (~은 소용없다)

     cf. It is *useless* **to try** to escape from here.

04 Today, I **feel like doing** something different.   (~하고 싶다)

05 I **spent the whole night posting** on my blog.   (~하느라 (시간·돈)을 소비하다)

06 Is it **worth being** an international lawyer?   (~할 가치 있는)

07 Why do you **have a hard time following** directions?   (~하는데 어려움을 겪다)

08 **Upon[On] getting** home, he set about carving a statue. (~하자마자)

01 = cannot ([help, choose]) but 동사원형 = have no choice but to 동사원형 02 → It is impossible to turn back. 03 = There is no point (in) -ing / 「진주어 – 가주어」 구문이며, use와 good은 '소용'이란 뜻이다. *cf.* useless[= of no use]는 to부정사와 어울린다. 05 ≒ 「waste 목적어 -ing」(~하는데 …을 낭비하다) 06 = worthy of -ing = worthwhile -ing 또는 to + 동사원형 07 = have trouble[difficulty] -ing ※전치사 to를 포함하는 관용표현 (▶Unit 17 전치사의 다양한 표현 참조) ※01~08 관용표현 다음에 동명사뿐만 아니라 (대)명사도 올 수 있다. e.g. I can't help it. (어쩔 수 없어.) Is it worth it? (그럴 가치가 있나?) 08 → As soon as he got home ※추가표현 「by + -ing」(~함으로써) 「in + -ing」(~함에 있어서, ~할 때)

C 01 **dimly** 어렴풋이 **sesame** 참깨 02 **pay back** (돈을) 갚다 **water** 물 주다 03 **deeply** 깊이 **lose one's temper** 화를 내다 **sold out** 매진의 05 **win the lottery** 복권에 당첨되다 **수능 Pick 2** ♦ **flightseeing** 비행 관광 **advise** 권하다, 조언하다 **waterproof** 방수의 D 01 **walk away** 떠나다 02 **turn back** 되돌리다 **pill** 알약 03 **escape** 탈출하다 06 **international lawyer** 국제 변호사 07 **follow** 따르다 **direction** 지시 사항 08 **set about** 시작하다 **carve** 조각하다 **statue** 조각상

A 각 괄호에서 알맞은 말을 고르시오.

1 동명사는 [동사 / 명사]처럼 쓰여 주어, 보어, 목적어, 전치사의 목적어로 쓰인다.

2 동명사의 의미상의 주어는 소유격 또는 [목적격 / 주격]으로 쓴다.

3 완료동명사의 수동태는 「having + [-ing / p.p.]」이다.

4 '～한 것을 후회하다'는 「regret + [-ing / to do]」로 쓴다.

5 「It is no use -ing」는 '[～할 수 없다 / ～은 소용없다]'의 뜻이다.

B 다음 문장의 해설이 맞으면 T 그렇지 않으면 F에 체크하시오.

1 Talking with him is like talking to myself.

　↳ like 뒤의 talking은 목적어로 to talk로 고쳐도 된다.　　□ T　□ F

2 You won't worry about your best friend knowing you too well. 모의기출

　↳ your best friend는 동명사 knowing의 의미상의 주어로 쓰였다.　　□ T　□ F

3 Your scientific criticism deserves being recommending.

　↳ Your scientific criticism이 추천받는 것이므로 being recommending은 적절하다.　　□ T　□ F

4 Blaine attempted to break the world record for breathing not underwater.

　↳ breathing not은 동명사의 부정형으로 적절하다.　　□ T　□ F

EBS영어독해연습

5 Some people have difficulty to get to sleep while others wake up too early in the morning.

　↳ difficulty를 trouble로 바꿔 써도 되며, to get은 difficulty를 수식하므로 옳은 표현이다.　　□ T　□ F

C 우리말과 일치하도록 괄호 안의 말을 이용하여 문장을 완성하시오. (필요시 어형 변화할 것)

1 인간은 4세 즈음부터 거짓말을 하기 시작한다. (lie)

　Humans start _____ by the age of 4.

2 소개 받자마자, 그는 물 한 컵을 간청했다. (introduce)

　On _____ _____, he begged for a cup of water.

3 앞으로 나아가는 것의 비결은 시작하는 것이나. (get)

　The secret to _____ ahead is _____ started. *Mark Twain*

4 그 참전 용사들은 총성을 들었던 것을 기억했다. (hear)

　The veterans remembered _____ gunshots.

5 운동은 여러분에게 더 많은 에너지를 주고 여러분이 지치게 느끼는 것을 막아 줍니다. (feel)

　Exercising gives you more energy and keeps you _____ _____ exhausted. 모의기출

B **3 criticism** 비평 **recommend** 추천하다 **4 attempt** 시도하다 **breathe** 숨을 쉬다　C **2 beg** 간청하다 **3 get ahead** 앞으로 나아가다 **4 veteran** 참전용사
5 exhausted 지친

D 다음 〈보기〉에서 알맞은 것을 찾아 문장을 완성하시오. (필요시 어형 변화할 것)

보기	not	chew	break	receive	good	place

1 _____ gum burns about 11 calories per hour.

2 You can't make an omelet without _____ eggs.

3 It is no _____ trying to explain. I am not interested.

4 While you're conversing, don't forget _____ your order. `EBS수능특강`

5 I must say that I felt quite distressed at _____ an invitation.

E 다음 각 [ ]에서 어법에 맞는 표현을 고르시오.

1 [Be / Being] busy is not always productive.

2 Moral decisions require [to take / taking] other people into account. `EBS영어독해연습`

3 It's of no use [talking / to talk] unless people understand what you say.

4 She kept [from telling / telling] herself that she would scold her son when he came in. `수능기출`

5 Mr. Gonzales has devoted himself to [provide / providing] people with more access to literature. `수능기출`

F 밑줄 친 부분 중에서 어색한 것이 있으면 고치시오.

1 I regret to have paid little attention to him. `수능기출`

2 The best thing about memories is made them.

3 One day, you will thank yourself for never to give up.
  ↳ one day는 미래나 과거의 (구체적) 어느 날을, someday는 미래의 (막연한) 어느 날을 뜻해요.

4 I remember carrying in her arms through the small pines.

5 See a spider in my room isn't scary. It's scary when it disappears.

D **1 chew** 씹다 **burn** 태우다, 타다 **3 explain** 설명하다 **4 converse** 대화하다 **place one's order** 주문하다 **5 quite** 꽤 **distressed** 괴로운 **invitation** 초대장
E **1 productive** 생산적인 **2 moral** 윤리적 **take ~ into account** ~을 고려하다 **4 tell oneself** 중얼거리다 **scold** 꾸짖다 **5 access** 접근 **literature** 문학
F **1 pay attention to** ~에게 주의를 기울이다 **3 give up** 포기하다 **4 pine** 소나무 **5 scary** 무서운

A 다음 각 [ ]에서 어법에 맞는 표현을 고르시오.

1 If you are born an artist, you have no choice but [stay / staying / to stay] an artist.

2 He admits to [have / being / having] battled self-confidence issues for his whole life. 모의기출

3 We regret [informing / to inform] you that your application has [rejected / been rejected].

4 Knowledge is [known / knowing] a tomato is a fruit; wisdom is not [put / putting] it in a fruit salad.

5 We often confuse others by not [to convey / conveying / conveyed] things in simple and familiar terms. EBS수능특강

6 Generally, feet stop [to grow / being grown / growing] in length when a person is around 20 or 21 years old.

7 Five years after he sold his business, he was tired of [having never / never having] anything to do [what / that] excited him. EBS영어독해연습

8 Suah couldn't stand things not [to be / being] perfect and exactly the way she envisioned them, so she asked the photographer [leaving / to leave].

B 밑줄 친 부분 중에서 어색한 것이 있으면 고치시오. (정답 최대 2개)

1 Happiness cannot help but <u>dancing</u> around you when you're <u>fulfilled</u>.

2 I confess to <u>have</u> been a bit homesick <u>during</u> my first fall away from home. 모의기출

3 <u>Keep</u> an A is harder than getting an A. Almost anyone can get an A once. But <u>keeping</u> it, that's an accomplishment. *from Dangerous Minds*

4 Initially, the washing machine made a lot of noise, and later, it stopped <u>to operate</u> entirely. 수능기출

5 Remember that <u>focusing</u> too much on the goal can prevent you <u>to achieve</u> the thing you want. 모의기출

6 It is natural <u>for</u> young children to change their mood every other minute and to have trouble <u>to sit</u> still.

7 In 1950, he was seriously injured in a car accident in Alabama and <u>died</u> from <u>being lost</u> too much blood. 모의기출

8 The Industrial Revolution played a big part in <u>change</u> lives from predictable ones to more diverse <u>ones</u>.

A **2 battle** 사투를 벌이다 **self-confidence** 자신감 **issue** 문제 **whole** 전체의 **3 application** 신청 **reject** 거절하다 **4 knowledge** 지식 **wisdom** 지혜 **5 confuse** 혼동시키다 **convey** 전달하다 **familiar** 익숙한 **term** 말, 용어 **6 length** 길이 **7 be tired of** ~에 싫증이 나다 **excite** 신나게 하다 **8 stand** 견디다 **envision** (마음속으로) 그리다 B **1 fulfilled** 성취감을 느끼는 **3 accomplishment** 업적 **4 initially** 처음부터 **operate** 작동하다 **entirely** 완전히 **5 focus** 집중하다 **achieve** 성취하다 **6 mood** 기분 **every other minute** 매 순간 (2분마다) **still** 가만히 있는 **7 seriously** 심각하게 **injure** 부상을 입히다 **accident** 사고 **8 Industrial Revolution** 산업 혁명 **play a part** 역할을 하다 **predictable** 예측 가능한 **diverse** 다양한

C 다음 밑줄 친 부분의 설명이 틀린 것을 모두 고르시오. (정답 최대 3개)

1 Twenty-three percent of people admit **(a) to having shared** a fake news story on a popular social networking site, either accidentally or on purpose, according to a 2016 Pew Research Center survey. It's tempting for me to attribute it to **(b) people** being willfully ignorant. Yet the news ecosystem has become so overcrowded and complicated that I can understand why **(c) navigating** it is challenging. **(d) When** in doubt, we need to cross-check story lines ourselves. The simple act of fact-checking prevents misinformation **(e) shape** our thoughts. We can consult websites such as FactCheck.org to gain a better understanding of what's true or false, fact or opinion. 모의기출

*attribute: to regard something as being caused by (someone or something)

① (a) 주절보다 앞선 시제로 to have shared로 고쳐야 한다.
② (b) 동명사 being의 의미상의 주어로 people's로 써도 된다.
③ (c) why절에서 주어 역할을 하고 있다.
④ (d) 어구가 따라오므로 during으로 바꿔도 된다.
⑤ (e) from shaping 또는 shaping으로 고쳐야 한다.

2 Memory has two types—implicit and explicit. When you learn things **(a) without really thinking** about it, it's implicit memory or body memory. **(b) Know** how to breathe when you were born is an implicit memory. No one taught this to you. Some of the things you've learned since childhood also **(c) becoming** implicit memories. Implicit memories are imprinted in the brain's autonomic portion; that is why even after years of **(d) not to ride** a bike, you still know how to ride one. Explicit memories, on the other hand, are the memories or the specific things that you consciously try to recall. You use explicit memory on a conscious level every day. You use it when you're trying to find your keys or trying to remember when an event is supposed to take place, where it's going to be held, and **(e) with whom** you are going. Explicit memories are the tasks you have written down on your calendar or planner. 모의기출

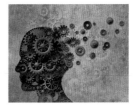

① (a) 전치사와 동명사 사이에 부사가 들어간 구문이다.
② (b) 주어 역할을 할 수 있도록 Knowing으로 고쳐야 한다.
③ (c) 문장의 술어 동사가 필요하므로 becomes로 고쳐야 한다.
④ (d) 부정사의 부정은 「not to + 동사원형」이므로 적절하다.
⑤ (e) whom you are going with에서 with가 앞으로 온 것이다.

C 1 **admit** 인정하다 **share** 공유하다 **fake** 가짜의 **accidentally** 우연히 **on purpose** 고의로 **according to** ~에 따르면 **survey** (설문) 조사 **tempting** 구미가 당기는, 유혹하는 **attribute ~ to...** ~을 …의 탓으로 돌리다 **willfully** 의도적으로 **ignorant** 무지한 **ecosystem** 생태계 **overcrowded** 매우 붐비는 **complicated** 복잡한 **navigate** 항해하다, (인터넷·웹사이트를) 돌아다니다 **challenging** 힘든 **in doubt** 의심하는 **cross-check** 교차 확인하다 **prevent ~ from...** ~가 …하는 것을 막다 **shape** 형성하다 **consult** 참고하다 **gain** 얻다 **false** 가짜의 **fact** 사실 **opinion** 의견 2 **implicit** 내재적 **explicit** 외재적 **on the other hand** 반면에 **specific** 특정한 **consciously** 의식적으로 **recall** 기억하다 **level** 차원 **imprint** 각인하다 **brain** 뇌 **autonomic** 자동화의 **portion** 부분, 1인분 **be supposed to** ~할 예정이다 **take place** 개최되다 **hold** 개최하다 **task** 과업 **planner** 일정표

A 분사의 기초

01 **Running** water doesn't flow back. (현재분사: 전치수식)

02 A woman **holding** a camera approached me. (현재분사: 후치수식)

03 The **stolen** money was used to buy a motorcycle. (과거분사: 전치수식)

04 A woman **called** Narsha wants to see you. (과거분사: 후치수식)

05 A: You weren't **listening** to me, were you? (서술적: 현재분사)
   B: What?

06 The audience looked thoroughly **entertained**. (서술적: 과거분사)

07 The mystery still remains **unsolved**. (주격보어: 과거분사)

08 The Sanchezes found the bags **lying** on the road. (목적격보어: 현재분사)

> 01~06 현재분사는 능동·진행, 과거분사는 수동·완료의 의미가 있으며, 수식을 받는 표현이 동작의 주체인지 대상인지에 따라 현재분사 또는 과거분사로 수식한다.
> 01~04 한정적 용법의 분사가 홀로 수식하면 앞에서 어구가 딸리면 뒤에서 수식한다. 07~08 서술적 용법의 분사는 주격보어나 목적격보어로 쓰인다.

PLUS 감정형용사

Amazing people make **amazing** things happen.
→ 감정을 나타내는 형용사 분사는 행위 주체가 능동이면 -ing, 수동이면 -ed형으로 쓴다. 사람이면 -ed, 사물이면 -ing가 아니다.
e.g. interesting boy(흥미롭게 하는 소년) interested girl(흥미 있는 소녀) boring teacher(지루하게 하는 선생님) bored student(지루해진 학생)
embarrassing situation(당황하게 하는 상황) embarrassed model(당황한 모델)
일반적으로 사물은 -ing가 어울리나 감정을 실을 수 있는 대상(얼굴 표정, 목소리 등)에는 -ed형도 가능하다.
e.g. puzzled face[look, expression](당황한 표정, 얼굴), excited shout[voice, comment](흥분된 외침[목소리, 언급]), disgusted comment(역겨워하는 언급)

수능 pick 1
♦ 접속사 doing [○/×]
An inventor, when **asking** who contributed the most to his success, replied quickly, "My parents." [○/×] **EBS10주완성**
→ asking의 의미상의 주어는 An inventor이고 질문을 하는 것이 아니라 받는 것이므로 asked로 고쳐야 한다. 분사는 주체와의 능동·수동의 관계를 반드시 살펴야 한다.

B 분사구문의 기초

01 She ran around the garden, **blowing** bubbles. (동시동작)

02 We started in the morning, **arriving** at midnight. (연속동작)

03 I shook the dusty blanket, **making** Ron sneeze. (결과)

04 **Looking** up at the night sky, he saw a shooting star. (시간)

05 **Having** nothing left to do, Dora went home. (이유)

06 **Looking** back, you will turn to stone. (조건)

07 **Though**[= **Despite**] **looking** old, he is quite young. (양보)

> 01~06 분사구문 만드는 법: 접속사 생략 → 주어가 주절과 같으면 생략 → 동사 -ing 01 ← ~ and (she) blew bubbles. 02 ← and (we) arrived at midnight.
> 03 ~ and made Ron sneeze. 연속동작이지만 결과를 나타내는 경우도 있다. 04 ← When[While] he looked up at the night sky, ~ 05 ← Since[As, Because] she had nothing left to do, ~ 06 ← If you look back, ~ 07 양보 접속사를 생략하고 분사구문을 만드는 것은 매우 어색하다. 따라서 접속사를 그대로 두거나 이에 상응하는 전치사를 쓴다.

PLUS 분사구문의 부정

Not knowing what to choose, I chose nothing.
→ 분사구문의 부정은 분사 앞에 not 또는 never를 쓴다.

A 01 **flow** 흐르다 02 **approach** ~에 다가오다[가다] 03 **be used to** ~하는데 사용되다 06 **audience** 관객 **thoroughly** 완전히 **entertain** 즐겁게 하다
07 **unsolved** 풀리지 않은 08 **lie** 있다 수능 Pick 1 ♦ **inventor** 발명가 **contribute to** 기여하다 **reply** 응답하다 B 01 **blow** 불다 **bubble** 비눗방울, 거품
03 **dusty** 먼지투성이의 **blanket** 담요 **sneeze** 재채기하다 04 **shooting star** 유성 06 **turn to** ~로 바뀌다 PLUS **choose** 선택하다

C 다양한 형태의 분사구문

01 **While packing** his things, he thought about the last two years.　(접속사 -ing)

02 **(Being) Filled** with pride, she stepped up to the podium.　(-ed)

03 **Having shut** the windows, I hurried out to bring in the laundry.　(having p.p.)

04 She threw me an awkward smile **with her eyes blinking**.　(with 목적어 -ing)

　cf. I can't talk **with you staring** at me like that.

05 Do you often sit **with your legs crossed**?　(with 목적어 -ed)

　cf. She yawned **with her eyes wide open**.

06 **The project done** in time, we shouted for joy.　(독립분사구문)

　cf. **There being** no danger, the police went back to the station.

07 A brilliant player, he was called up to the national team.　(분사 없는 분사구문)

01 의미를 명확히 하기 위해 접속사를 쓸 수 있다. 02 being이나 having been은 생략될 수 있으며 이 때 주어와의 관계에 유의한다. 03 주절의 시제보다 앞선 경우는 having p.p.형을 쓰나 전후 관계가 명백하면 단순분사를 써도 된다. → Shutting the windows, ~ 04~05 '~한 채로'의 부대상황을 나타내며 목적어와 목적보어의 능동·수동 관계에 유의해야 한다. 04 *cf.* 이유를 나타내기도 한다. 05 *cf.* 형용사나 전치사가 오기도 한다. e.g. with his gloves on(그의 장갑을 낀 채) 06 주어가 주절과 다른 경우 주어를 써야 한다. *cf.* 「There is ~」 구문에서 there는 실제 주어가 아니지만 부가의문문에서처럼 형식주어 역할을 한다. 08 Being 또는 Having p.p.가 생략되어 형용사나 명사 또는 전명구만 남는 경우도 있다.

PLUS 현수분사구문
Consider the mind of a child. **Having experienced** so little, **the world** is a mysterious and fascinating place. [모의기출]
→ 주절의 주어는 the world이고 Having experienced의 의미상의 주어는 해당 문장에 없으므로 A child having experienced로 써야 하는 것이 문법적으로 옳으나, 내용상 의미상의 주어를 추측할 수 있을 경우에 생략할 수도 있다. 문법적으로는 틀리나 독해에 가끔 나오므로 해석할 줄 알아야 한다.

D 관용적 분사구문

01 **Strictly speaking**, you're breaking the law now.　(엄격히 말하면)

02 **Judging from** his appearance, he may be a Scandinavian.　(~로 판단컨대)

03 **Granting[Granted] that** he said so, he didn't keep his promise.　(~일지라도)

04 **Considering** her age, she has a rich vocabulary.　(~을 고려하면)

01~04 부사절의 주어가 일반인으로 주절의 주어와 달라도 생략하는 관용적 표현이다.

Further Expressions
generally[frankly, roughly] speaking([일반적으로, 솔직히, 대충] 말하자면) talking of(~에 관해 말하자면) compared with(~을 비교하면) supposing[provided = providing] that(~라면) seeing that(~을 보면, ~이므로)

C 01 **pack** (짐을) 싸다 02 **pride** 자부심 **podium** 단상 03 **laundry** 빨래 04 **throw ~ a smile** (빠른) 미소를 짓다 **awkward** 어색한 **blink** 깜빡이다 05 **stare** 노려보다 **yawn** 하품하다 06 **shout** 소리 지르다 **for joy** 기뻐서 07 **brilliant** 훌륭한 **call up to** ~로 소집하다 PLUS **mind** 마음 **mysterious** 신비한 **fascinating** 매력적인
D 01 **break the law** 법을 어기다 02 **appearance** 외모 04 **rich** 풍부한 **vocabulary** 어휘

A 각 괄호에서 알맞은 말을 고르시오.

1 과거분사는 [능동·진행 / 수동·완료]의 의미를 지닌다.

2 [exciting / excited] shout에서 적절한 것은 [exciting / 둘 다]이다.

3 분사구문을 만들 때 주절과 부사절의 주어가 [같으면 / 다르면] 생략한다.

4 having p.p.는 주절의 시제와 비교했을 때 [같은 / 앞선] 시제의 표현이다.

5 Generally [speaking / spoken]은 관용적으로 쓰인다.

B 다음 문장의 밑줄 친 부분의 해설이 맞으면 T 그렇지 않으면 F에 체크하시오.

1 If you believe in yourself, anything is possible.

↳ Believing in yourself로 전환할 수 있다. ☐T ☐F

2 Violin bows are commonly made of horse hair.

↳ 과거분사의 용법 중 하나로 능동·진행의 의미로 사용되었다. ☐T ☐F

3 Not being invited to the wedding, he didn't go.

↳ 접속사와 주어가 생략된 수동형 분사구문의 부정형이다. ☐T ☐F

4 I drink to make other people more interesting. *Ernest Hemingway*

↳ interest의 주체가 other people이므로 interested로 써야 한다. ☐T ☐F

5 The winter over, the beaver wakes up from his winter sleep.

↳ The winter와 over 사이에 being이 생략된 분사구문의 일종이다. ☐T ☐F

C 우리말과 일치하도록 괄호 안의 말을 이용하여 문장을 완성하시오. (필요시 어형 변화할 것)

1 변경되기 전에 제한 속도는 70kph였다. (change)

Before _____ _____, the speed limit was 70kph.

2 그 노인은 밝게 웃으며 나에게 들어오라고 손짓했다. (smile)

The old man, _____ brightly, gestured to me to come.

3 너의 전화번호를 공유할 때는 조심해라. (share)

Be careful _____ _____ your cellphone number.

4 산꼭대기에서 보면, 그 마을은 한반도처럼 보인다. (see)

_____ from the mountaintop, the village looks like the Korean Peninsula.

5 자원자가 거의 없어서, 우리는 제비뽑기를 해야 했다. (be)

There _____ few volunteers, we had to draw straws.

B **2 bow** 활 **commonly** 일반적으로 **horse hair** 말총 C **1 speed limit** 제한속도 **kph** 시속 ~킬로미터(kilometers per hour) **2 brightly** 밝게 **gesture** 손짓[몸짓]하다 **3 share** 공유하다 **4 peninsula** 반도 **5 volunteer** 자원자 **draw straws** 제비뽑기를 하다

D 다음 〈보기〉에서 알맞은 것을 찾아 문장을 완성하시오. (필요시 어형 변화할 것)

보기	face	take	open	pay	read

1 Unless _____ with plastic, please pay in cash.

2 _____ _____ the book, I could understand the movie.

3 Once _____, the contents should be consumed within 3 days.

4 Hannah kept running, not even _____ a break for a sip of water.

5 Place your smartphone on the charging pad with the display _____ up. 수능기출

E 다음 각 [ ]에서 어법에 맞는 표현을 고르시오.

1 [It / There] being no clouds, the sunset was very nice tonight.

2 When [to attack / attacked] by a shark, you're supposed to hit it on the nose.

3 It [having rained / being rained] three days in a row, we just watched Netflix at home.

4 Last Saturday, we hiked back up the same mountain, [picnicked / picnicking] in the same spot.

5 The baby begins to fall asleep while her dad is walking about with her [held / holding] in his arms. EBS10주완성

about이 부사로 'here and there(여기저기)'란 뜻이 있어요.
e.g. run about, swim about, lie about(여기저기 놓여 있다)

F 밑줄 친 부분 중에서 어색한 것이 있으면 고치시오.

1 His parents looked at him with a <u>puzzled</u> expression. EBS영어독해연습

2 Somewhat <u>surprising</u> by her question, I said, "I don't know."

3 <u>Having injured</u> badly, he was put on the 15-day disabled list.

4 When <u>heard</u> the beep in the door lock, the dog barked happily.

5 <u>Not being taken</u> her eyes off the figure, she began to take some steps back. EBS10주완성

D 1 **pay** 지불하다 **plastic** 신용카드(credit card) **cash** 현금 2 **bell pepper** 피망 3 **content** 내용(물) **consume** 소비하다 4 **take a break** 휴식하다 **sip** 한 모금
5 **charge** 충전하다 **pad** 패드 **display** 화면 **face up** 위를 향하다 E 2 **attack** 공격하다 **be supposed to** ~해야 한다 3 **in a row** 연달아 4 **hike** 산책하다
5 **walk about** 왔다 갔다 하다 F 1 **expression** (얼굴) 표정 2 **somewhat** 다소 3 **injure** 부상을 입히다 **badly** 심하게 **disabled list** 부상자 명단 4 **beep** 삐 소리
bark 짖다 5 **take one's eye off** 눈을 떼다 **figure** 형체

A 다음 각 [ ]에서 어법에 맞는 표현을 고르시오.

1 The father [running / ran] into the burning house, [mindlessly / mindless] of the danger.

2 While [looked / looking] at his reflection in the water, he fell in love with [him / himself].

3 The weather [permitting / permits], beans may [have been / be] planted the first week of this month.

4 Pets are important in the treatment of [depressing / being depressed / depressed] or chronically ill patients. 수능기출

5 Henri Matisse came late to painting, [having trained / been trained / training] to be a lawyer to please his father. 모의기출

6 Generally [spoken / to speak / speaking], the greater a woman's beauty, the greater her modesty. *Friedrich Nietzsche*

7 50 percent of the motorists waited respectfully behind the luxury car, never [touched / touching] their horns until it [was moved / moved] on.

8 The world around us is becoming an [increasing / increasingly] complex place with changes [occurring / occurred] at an accelerating pace. EBS수능특강

B 밑줄 친 부분 중에서 <u>어색한</u> 것이 있으면 고치시오. (정답 최대 2개)

1 People <u>done</u> aerobic exercises <u>establishes</u> new metabolisms and leaner bodies. 모의기출

2 For teens <u>growing</u> into their adult bodies, physical beauty can <u>be meant</u> everything. EBS영어독해연습

3 Dodo birds once <u>were roamed</u> Mauritius, a tropical island <u>situating</u> in the Indian Ocean. 모의기출

4 <u>Unable</u> to afford shoes, she wrapped her feet with tape and then <u>drawing</u> a Nike "swoosh" logo.

5 Sometimes I feel better while <u>written</u> at night, <u>hearing</u> just my keystrokes while everybody is sleeping.

6 <u>Not knowing</u> the language, he yells loudly at the natives, <u>is thinking</u> that he will be better understood! EBS수능특강

7 Impressionism is "comfortable" <u>to look at</u> with its summer scenes and bright colors <u>appealing</u> to the eye. 모의기출

8 Lions and tigers first consume the blood, hearts, livers, and brains of the animals they <u>are killed</u>, often <u>leave</u> the muscle meat for eagles. 모의기출

A **1** mindless 아랑곳하지 않고 **2** reflection 비친 모습 **3** permit 허락하다 **plant** 심다 **4** treatment 치료 **depress** 우울하게 하다 **chronically** 만성적인 **patient** 환자 **5** please 즐겁게 하다 **6** modesty 겸손(함) **7** respectfully 정중히 **horn** 경적 **8** increasingly 점점 **complex** 복잡한 **accelerate** 가속시키다 **pace** 속도
B **1** aerobic 유산소의 **exercise** 운동 **establish** 확립하다 **metabolism** 신진대사 **lean** 날씬한 **3** roam 돌아다니다 **tropical** 열대의 **situate** 위치시키다 **ocean** 대양
4 afford (금전·시간적) 여유가 있다 **wrap** 두르다 **swoosh** '휙'하는 소리 **logo** 로고 **5** keystroke 타자 치기 **6** language 언어 **yell** 소리 지르다 **loudly** 크게
native 원주민 **7** impressionism 인상주의 **scene** 풍경, 장면 **bright** 밝은 **appeal to** (관심을) 끌다 **8** liver 간 **brain** 뇌 **muscle** 살코기, 근육

C 다음 밑줄 친 부분의 설명이 틀린 것을 모두 고르시오. (정답 최대 3개)

1   Archaeologist Mark Aldenderfer set out last year to explore remote cliffside caves in Nepal's Mustang district, **(a)** <u>aimed</u> to find human remains near an ancient settlement high in the Himalayas. Almost at once, he came face to face with what he was seeking: **(b)** <u>Having been stuck</u> out from the rock, a skull was looking at him right as he was looking at it. The skull, **(c)** <u>dating</u> back perhaps 2,500 years, was among many human bones **(d)** <u>piled</u> inside several burial caves. Aldenderfer and his team hope that DNA analysis will pinpoint the origins of this isolated region's inhabitants, who **(e)** <u>may have migrated</u> from the Tibetan Plateau or southern points.

① (a) 의미상의 주어와 능동의 관계이므로 aiming으로 고쳐야 한다.

② (b) 주절의 시제와 같으므로 Being stuck으로 고쳐야 한다.

③ (c) as it dates back의 분사구문이다.

④ (d) many human bones가 동작의 주체이므로 적절하다.

⑤ (e) 과거 사실에 대한 약한 추측으로 적절히 쓰였다.

2   The CEO of a large company stepped out of a big black limousine. As usual, he walked up the stairs to the main entrance. He was just about to step through the large glass doors **(a)** <u>when he heard</u> a voice say, "I'm very sorry, sir, but I cannot let you in without ID." The security guard, who **(b)** <u>has worked</u> for the company for many years, looked his boss straight in the eyes, **(c)** <u>showing</u> no sign of emotion on his face. The CEO was speechless. He felt in his pockets to no avail. He had probably left his ID at home. He took another look at the motionless security guard and scratched his chin, **(d)** <u>thinking</u>. Then, he turned on his heels and went back to his limousine. The security guard was left standing, **(e)** <u>not knowing</u> that by this time tomorrow, he was going to be promoted to head of security. 모의기출

① (a) when hearing의 분사구문으로 바꿔 쓸 수 있다.

② (b) 주절보다 앞선 시제의 표현으로 had worked로 고쳐야 한다.

③ (c) looked와 병렬구조이므로 showed로 고쳐야 한다.

④ (d) and he thought로 전환할 수 있다.

⑤ (e) 동명사의 부정형으로 not의 위치는 적절하다.

C 1 **archaeologist** 고고학자 **set out** 출발하다 **explore** 탐사하다 **remote** 외진 **cliffside** 절벽 사면 **cave** 동굴 **district** 지역 **aim to** ~하는 것을 목표로 하다 **remains** 유골, 유물 **settlement** 정착지 **stick out from** ~에서 튀어나오다 **skull** 해골 **date back** 거슬러 올라가다 **pile** 쌓다 **burial** 매장 **analysis** 분석 **pinpoint** 정확히 찾다 **isolated** 고립된 **inhabitant** 거주자, 주민 **migrate** 이주하다 **plateau** 고원 2 **as usual** 늘 그렇듯 **stair** 계단 **main entrance** 정문 **be about to** 막 ~하려 하다 **ID** 신분증(identification 혹은 identity) **security guard** 경비원 **straight** 똑바로 **sign** 조짐, 표지판 **emotion** 감정 **CEO** 최고경영자(chief executive officer) **speechless** 할 말을 잃은 **feel** 더듬다, 느끼다 **to no avail** 허사인 **motionless** 미동하지 않는 **scratch** 긁다 **chin** 턱 **turn on one's heel** 발걸음을 돌리다 **leave ~ -ing** ~가 …하게 두다[만들다] **promote** 승진시키다

A 가정법 과거형 현재 사실과 반대되는 상황이나, 실현 가능성이 희박한 일에 대한 상상을 할 때 쓴다.

01 **If I were** a dog, **I would be** your dog. Bow-wow!   (현재 사실의 반대)

02 We **could start** the meeting now **if** no one **were[was]** late.   (현재 사실의 반대)

03 **If** she **had** $200,000 more, she **could buy** a Ferrari.   (희박한 가능성)

04 **If I were to** refuse, they'**d be** very disappointed.   (매우 희박한 가능성)

05 **If** you (**should**) change your mind, let me know.   (정중한 요청·제안)

01 형태는 과거형이지만 현재로 해석하며, if절의 be동사는 주어가 단수일지라도 were를 쓴다. 주절의 would는 의도·소망을 나타낸다. 02 주절의 could는 능력을 나타내며, if절은 주절의 뒤에 쓸 수 있으며 were 대신 was를 쓸 수도 있다. 04 가능성이 매우 희박할 때 강조하기 위해 were to를 쓰기도 하며, 가정법 과거는 미래의 상황을 가정하기도 한다. 05 가정법 과거절에 '혹시'라는 의미로 should를 쓰기도 하며, 주절에는 가정법뿐만 아니라 직설법과 명령법(문)이 오기도 한다. 이 때 should를 생략하면 직설법과 차이가 거의 없다.

PLUS if절에 과거형이 온다고 무조건 가정법 과거가 아니다. (▶Unit 19 부사절 접속사 참조)

Greg felt like a failure if he **didn't receive** every single point on every single assignment. 모의기출
→ 가정이 아닌 사실에 기반한 문장으로 여기서는 가정법이 아닌 직설법(조건문)이므로 과거로 해석해야 한다.

If you **were** a 90s kid, you probably spent hours in front of the TV.
→ 화자가 가능성이 있다고 판단하면 직설법(조건문)을 쓰고, 가능성이 희박하다고 판단하면 가정법을 쓰며 이 때는 주로 주절에 조동사의 과거형이 온다.

B 가정법 과거완료 과거 사실의 반대되는 상황을 가정할 때 사용한다.

01 **If** Matthew **had been** there, the problem **wouldn't have happened**.   (과거 사실의 반대)

02 **If** he **had had** time, he **would have completed** the preparations.   (과거 사실의 반대)

03 What **would I have done if** I **had lived** 100 years ago?   (가능성이 없음)

01 형태는 과거완료형이지만 과거로 해석한다. 02 if절의 had had에서 두 번째 had는 본동사이다. 03 가정법 과거와는 달리 가정법 과거완료는 과거의 사실과 상반되는 가정만 한다.

수능 pick 1

♦ [would do / would have done]
If this journey had taken place a week earlier, all this [**would please** / **would have pleased**] my eyes. 수능기출
→ if절에 「had + p.p.」가 있으므로 과거에 대한 가정이다. 따라서 주절에는 「would + have + p.p.」 형태가 와야 하므로 would have pleased가 적절하다.

♦ [did / had done]
Think in detail about how things would be different if your goal [**had been attained** / **were attained**]. EBS영어독해연습
→ 주절에 「would + 동사원형」이 있으므로 현재에 대한 가정이다. 따라서 if절에는 동사의 과거형이 와야 하므로 were attained가 적절하다.

A 04 **refuse** 거절하다 **disappointed** 실망한   PLUS **assignment** 과제   B 02 **complete** 완료하다 **preparation** 준비   수능 Pick 1 ♦ **journey** 여행 **take place** 일어나다, 발생하다 **please** 기쁘게 하다 **in detail** 구체적으로 **goal** 목표 **attain** 이루다

C 혼합가정법 가정법 과거와 과거완료가 섞인 가정법이다.

01 **If** you **had taken** an aspirin, you **wouldn't have** a headache now. (가정법 과거완료 + 가정법 과거)

→ You didn't take an aspirin, so you have a headache now.

02 **If** Jade **spoke** Russian, she **would have understood** the war song. (가정법 과거 + 가정법 과거완료)

→ Jade doesn't speak Russian, so she didn't understand the war song.

01 과거에 일어난 일이 현재까지 영향을 미칠 때 사용하며 if절은 가정법 과거완료형이 주절에는 가정법 과거형이 온다. 주로 현재를 나타내는 부사(now)가 포함된다.
02 현재를 반대로 가정해서 과거를 돌아보며 상상하는 표현이며, if절에는 가정법 과거형이 주절에는 가정법 과거완료형이 온다.

D 가정법 도치 if를 생략하고 주어와 동사(be동사, 조동사)를 도치하여 강조할 때 사용한다.

01 **Were I** a judge, you'd get a big thumbs up! (가정법 과거)

← If I were[was] a judge, you'd get a big thumbs up!

02 **Had they not arrived** in time, the fire could have been worse. (가정법 과거완료)

← If they hadn't arrived in time, the fire could have been worse.

03 **Should you need** any further assistance, feel free to contact us. (정중한 요청·제안)

← If you should need any further assistance, feel free to contact us.

01 if를 생략하고 의문문 어순으로 도치한다. 02 hadn't는 had와 not으로 분리하고 had만 도치한다. 03 요청이나 제안을 나타내는 If you should도 Should you로 도치한다. If you shouldn't는 Should you not으로 도치한다.

수능 pick 2

♦ [Has / Had]

[**Has** / **Had**] Mr. Gibson come twenty minutes later, the painting would have already been picked up by garbage collectors. `EBS수능특강`

→ 주절에 「would + have + p.p.」가 있으므로 과거 사실에 대한 가정임을 알 수 있고, if절에 if가 없으므로 도치가 된 것이다. 따라서 If Mr. Gibson had come의 도치구문이므로 Had가 적절하다.

C 02 **war song** 군가 D 01 **judge** 심사위원 **thumbs up** 엄지척 03 **further** 추가의 **feel free to** 망설이지 않고 ~하다 **assistance** 도움
수능 Pick 2 ♦ **garbage collector** 쓰레기 수거인

A 각 괄호에서 알맞은 말을 고르시오.

1 미래의 실현가능성이 희박한 일에는 가정법 [과거 /과거완료]를 쓴다.

2 가정법 과거에서 be동사는 기본적으로 [are / were]를 사용하나 [was / is]도 허용된다.

3 가정법 과거완료는 [현재 / 과거] 사실의 반대되는 상황을 가정할 때 사용한다.

4 가정법 도치는 if를 생략하고 [평서문 / 의문문] 어순으로 쓴다.

5 과거에 실현되지 못한 일이 [과거 / 현재]까지 영향을 미칠 때 사용하는 것을 혼합가정법이라고 부른다.

B 다음 문장의 해설이 맞으면 T 그렇지 않으면 F에 체크하시오.

1 If it were easy, everyone would do it.
　↳ 과거 사실에 대한 반대의 가정을 하고 있다.　　　　　□ T　□ F

2 Were I you, I would never let me go.
　↳ If I were you에서 if가 생략된 도치구문이다.　　　　□ T　□ F

3 Had I known you needed help, I would come!
　↳ 가정법 과거완료 구문으로 would come은 적절하다.　　□ T　□ F

4 If Alex had seen him, she would have waved at him.
　↳ Alex가 너를 봤지만 손을 흔들지 않았다는 의미이다.　　□ T　□ F

5 Should you encounter a jaguar in the jungle, just turn slowly and walk away.
　↳ 가정법 도치구문으로 turn 앞에 would를 넣어야 한다.　　□ T　□ F

C 우리말과 일치하도록 괄호 안의 말을 이용하여 문장을 완성하시오. (필요시 어형 변화할 것)

1 내가 너라면 지나치게 걱정하지 않겠어. (be)
　_____ I you, I _____ _____ overly concerned.

2 만약 당신의 삶이 책이라면, 제목은 무엇일까요? (be)
　If your life _____ a book, what _____ the title _____?

3 우리의 삶에서 전기가 없었다면 무슨 일이 일어났었을까? (happen, be)
　What _____ _____ _____ if there _____ _____ any electricity in our lives?

4 내가 만약 게으름 상을 수상한다면, 그것을 찾으러 가기 위해 누군가를 보낼 것이다. (win, send)
　If I won the award for laziness, I _____ _____ somebody to pick it up.

5 태풍이 그렇게 강하게 불지 않았더라면, 그 다리는 무너지지 않았을 텐데. (blow, collapse)
　If the typhoon _____ _____ that hard, the bridge _____ _____ _____ _____.
　　　↳ that이 부사로 '그렇게'라는 뜻으로도 쓰여요. cf. this late 이렇게 늦게

B **4 wave** 손을 흔들다 **5 encounter** (우연히) 만나다 **walk away** (걸어서) 도망치다, 떠나다 　C **1 overly** 지나치게 **concerned** 걱정하는 **3 electricity** 전기
4 award 상 **laziness** 게으름 **pick up** (맡기거나 잃어버린 것을) 찾아가다 **5 blow** 불다 **collapse** 무너지다

D 괄호 안의 말을 이용하여 문장을 완성하시오. (필요시 어형을 변화하거나 단어를 추가할 것)

1 If stress _____ calories, I would _____ a supermodel. (burn)

2 A: If you _____ the power to stop time, what would you _____? (have)

B: I'd _____ time for good.

3 If you _____ _____ up last night, you wouldn't _____ tired now. (stay)

4 _____ he not _____ foolishly, he wouldn't _____ _____ _____.
(act, punish)

5 _____ you meet him, he would _____ you as friendly and thoughtful. (strike)
[EBS수능특강]

E 다음 각 [ ]에서 어법에 맞는 표현을 고르시오.

1 If Monday [has / had] a face, I would punch it.

2 He'd [be / have been] able to return the jeans if he hadn't torn off the labels.

3 [Had / Has] the sun shone more often, the water in the pool would have been warmer.

4 How would you [have felt / feel] if I were to offer you the sales director position in London?
[수능기출]

5 If we lived on a planet where nothing ever changed, there would [have been / be] little to do.
[모의기출]

F 밑줄 친 부분 중에서 어색한 것이 있으면 고치시오.

1 Hadn't we arrived sooner, we would have missed the beginning.

2 If the sun set in the west, it always rises again the next morning in the east. [모의기출]

3 If flowers spoke a language, lilies would certainly speak the language of purity.

4 If I had just one hour to live, I would have spent it in math class. It never ends.

5 However, if Wills allowed himself to become frustrated by his outs, he would have never set
any records. [모의기출]

D 1 **burn** 태우다, 타다 2 **for good** 영원히 3 **stay up** 깨어있다[안자다] 4 **act** 행동하다 **punish** 처벌하다 5 **strike** 인상을 주다, (손·무기 등으로) 치다 **thoughtful** 사려 깊은
E 1 **punch** (주먹으로) 치다 2 **return** 반품[반납]하다 **tear off** 찢어버리다 **label** 상표 4 **offer** 제안하다 **sales director** 영업 담당 임원 **position** 직위 5 **planet** 행성
F 3 **lily** 백합 **purity** 순수 5 **out** (야구) 아웃 **set a record** 기록을 세우다

A I wish 현재 또는 과거 사실에 대한 이룰 수 없는 소망이나 유감을 나타낸다.

01	I wish every day **were[was]** Sunday.	(과거형 – 현재)
02	Sometimes I wish (**that**) I **could rewind** time.	(과거형 – 현재)
03	He wishes he **had had** a normal adolescence.	(과거완료형 – 과거)
04	She wishes she **hadn't had** ramen last night.	(과거완료형 – 과거)
05	I **wished** you **didn't tell** me about your deep thoughts.	(주절과 같은 시제)
06	That night, I **wished** I **had never been** born as a genius.	(주절보다 앞선 시제)

01 가정법 과거형 동사를 쓴다. 02 that은 생략이 자주 된다. 03~04 두 번째 had는 본동사이다. 05~06 가정법의 시제일치에 적용되지 않는다. 주절에 상관없이 과거형이면 주절과 같은 시제를, 과거완료형이면 주절보다 앞선 시제를 나타낸다.

♦ wish ~ [did / had done]

"George," he said, "I wish I [**didn't send** / **hadn't sent**] that note to my dad yesterday." EBS수능특강

→ 과거(어제)의 일에 대한 유감을 표현하므로 「I wish+가정법 과거완료」형이 와야 한다. 따라서 hadn't sent가 적절하다. 가정법에서는 동사의 형태와 의미가 같지 않음에 유의해야 한다.

B as if 현재 또는 과거 사실에 반대되거나 가능성이 희박한 일을 가정한다.

01	Jenna sounds **as if** she **didn't care**.	(과거형 – 현재)
02	You look **as though** you**'d just turned off** the computer.	(과거완료형 – 과거)
03	Her lips *trembled* **as if** she **were** about to cry.	(주절과 같은 시제)
04	They *looked* **as if** they **hadn't bathed** in days.	(주절보다 앞선 시제)
05	He suddenly appeared **as if** (*he appeared*) by magic.	(주어·동사 생략)

01 가정법 과거형 동사를 쓴다. 02 as if 대신 as though를 쓰기도 하며, 'd는 would가 아니라 had를 줄여 쓴 것에 유의한다. 03~04 가정법의 시제일치에 적용되지 않는다. 주절에 상관없이 과거형이면 주절과 같은 시제를, 과거완료형이면 주절보다 앞선 시제를 나타낸다. 05 as if절에서 주절과 동일어구 또는 주어와 be동사가 생략되어 to부정사, 분사, 전치사구만 남기도 한다.

PLUS as if절에 무조건 가정법 동사형이 오는 것이 아니다.

It looks **as if** I **won't** be able to make this afternoon's meeting. 수능기출

→ as if절에 가정법은 '사실은 그렇지 않다'는 뜻이고 직설법은 '아마도 그럴 것이다'라는 뜻이다.

e.g. He talks **as if** he **were** rich. = In fact, he is not rich. (그는 마치 부자인 것처럼 말한다.)
He talks **as if** he **is** rich. = Perhaps he is rich. (그는 꼭 부자처럼 말한다.)

♦ [were / had been]

We feel as if the day your sons and daughters entered our school [**were** / **had been**] yesterday. 수능기출

→ yesterday가 와서 과거 사실을 가정하여 「had + p.p.」를 쓰는 것이 아니라 주절과 같은 시제를 가정하므로 were가 적절하다.

A 02 **rewind** 되감다 03 **normal** 평범한 **adolescence** 사춘기 B 01 **care** 신경 쓰다 03 **tremble** 떨(리)다 **be about to** 막 ~하려 하다 **by magic** 마법으로
PLUS **make** (장소에) 가다

C 가정을 나타내는 다양한 표현

01 **Without**[**But for**] the Eiffel Tower, Paris *wouldn't be* Paris.　　　(전치사(구))

 → **If it were not for** the Eiffel Tower, Paris wouldn't be Paris.

 → **Were it not for** the Eiffel Tower, Paris wouldn't be Paris.

02 I'd be glad **to have** everything I want.　　　(to부정사)

 → I'd be glad if I had everything I want.

03 **A little smile** *would have been* nicer.　　　(명사구)

 → If you smiled, it would have been nicer.

04 The wolf ran; **otherwise**, it *would have been caught*.　　　(부사(구))

 → If the wolf hadn't run, it would have been caught.

05 **Born in Africa**, Nicole *would've been* a shaman.　　　(분사구문)

 → If she had been born in Africa, Nicole would've been a shaman.

06 **It's** (**high**[**about**]) **time** (**that**) the job *was* finished.　　　(It's time ~)

 = It's time that the job should be finished.

07 **Suppose**[**Supposing**] (**that**) we *asked* her to dine with us.　　　(suppose)

 cf. Suppose we *ask* her to dine with us.

08 **What if** the jury *believed* it was an accident?　　　(what if)

 cf. What if the jury *believes* it was an accident?

09 **If only** you *had* more common sense!　　　(if only)

 cf. If only you *have* more common sense!

10 Dad, I **would rather you didn't go** to work today.　　　(would rather S + V)

11 We **could have arrived** sooner, but we got stuck in traffic.　　　(문맥상 파악)

01 Without[But for]도 가정의 의미가 있으며 현재를 가정하면 If it were not for[Were it not for]로, 과거를 가정하면 If it had not been for[Had it not been for]로 바꿔 쓸 수 있다. 06 '(비난·불평) ~할 때이다'라는 의미로 It's time that절에 과거형을 쓰며, 주어가 3인칭 단수라도 if 가정법처럼 were를 쓰지 않고 was를 쓴다. *cf.* that절에 should를 써도 유사한 의미이다. 07~08 가정법 과거형은 가능성이 희박한 상황을 제시하거나 가정하고, 가정법 과거완료형은 과거 사실에 대한 반대의 가정을 나타낸다. *cf.* 현재형을 쓰면 일어날 가능성이 어느 정도 있는 상황을 제시하거나 가정한다. 07 ÷provided = providing '~라면 어떨까? 만약 ~라면, 가정해 보자'의 뜻이다. 08 '~라면 어떻게 될까?'의 의미이다. 가정법 문형에 따라 What (would happen) if ~? 또는 What (would have happened) if ~?의 의미이다. 09 '~하기만 하면 좋을 텐데'의 의미로 I wish 보다 강조하는 느낌(= I do wish)으로 부사절이지만 주절 없이 단독으로 쓰일 수도 있다. *cf.* If only 직설법은 희망을 나타낸다. → I hope common sense will be more common. ※ Only if는 '~한 경우에만'의 뜻으로 어떤 일이 가능한 유일한 상황을 진술할 때 쓴다. e.g. I'll tell you only if you don't tell anyone else. (네가 다른 사람에게 이야기하지 않는 경우에만 너에게 얘기하겠다.) 10 '~가 …하면 좋겠어'의 의미로 타인에게 어떤 행위를 바랄 때 쓴다. 11 가정의 상황이 문맥의 전후 관계에 포함된 경우에 if절을 생략할 수 있다.

C 05 **shaman** 주술사 07 **dine** 식사하다 08 **jury** 배심원단 **accident** 사고 09 **common sense** 상식 **common** 널리 알려진, 보통의
11 **get stuck in traffic** 교통 혼잡에 갇히다

A 각 괄호에서 알맞은 말을 고르시오.

1 현재 또는 과거 사실에 대한 이룰 수 없는 소망이나 유감은 [I wish / as if]로 표현한다.

2 [even if / as if]는 현재나 과거 사실에 대한 가정을 할 때 사용한다.

3 as if 다음에는 [주어 / 목적어]와 동사가 생략되기도 한다.

4 「Without ~, 가정법 과거완료형」은 [Were it not for / Had it not been for]로 바꿔 쓸 수 있다.

5 ~할 「It is time that + 가정법 과거형」은 [~할 때이다 / ~할 때였다]의 의미이다.

B 다음 문장의 해설이 맞으면 T 그렇지 않으면 F에 체크하시오.

1 I wish I had a friend like me.

   ↳ 과거 사실에 대한 유감을 나타내는 표현이다.   ☐ T   ☐ F

2 She looked as though she was going to explode.

   ↳ 그녀가 감정을 폭발했던 것처럼 보였다는 의미이다.   ☐ T   ☐ F

3 It's high time that we dug up those potatoes.

   ↳ that절의 동사 형태로 보아 감자를 이미 캤다는 의미이다.   ☐ T   ☐ F

4 Without bad people, there would be no good lawyers.

   ↳ Had it not been for bad people, ~로 바꿔 쓸 수 있다.   ☐ T   ☐ F

5 If only you were more like me, you would be a lot better off.

   ↳ If only 가정법 문형으로 현재의 유감을 표현하고 있다.   ☐ T   ☐ F

C 우리말과 일치하도록 괄호 안의 말을 이용하여 문장을 완성하시오. (반드시 가정법 문형으로 쓸 것)

1 로봇: 나도 꿈을 꿀 수 있다면 좋을 텐데... (dream)

Robot: I wish I _____ _____.

2 천국이 없다면, 지옥도 없을 텐데. (be)

_____ it _____ _____ Heaven, there would be no Hell.

                               ↳ 장소를 나타내는 고유명사로 '천국', '지옥'을 의미할 때는 대문자로 써요.

3 우리가 진지한 조치를 취해야 할 때입니다. (take)

It's _____ time that we _____ some serious steps. 수능기출

4 나의 아빠는 막 일어났던 것처럼 보였다. (wake up)

My father looked _____ _____ he _____ just _____ _____.

5 네가 룸메이트나 친척에게 도움을 요청한다면 어떻게 될까? (ask)

_____ _____ you _____ a roommate or a relative for help? EBS수능완성

B **2** explode (감정이) 폭발하다 **3** dig up 캐다, 파다 **4** lawyer 변호사 **5** better off (형편이) 더 좋은 C **3** serious 진지한 take a step 조치를 취하다 **5** relative 친척

D 괄호 안의 말을 이용하여 문장을 완성하시오. (필요시 어형을 변화하거나 단어를 추가할 것)

1 A: I ＿＿＿＿＿ ＿＿＿＿＿ ＿＿＿＿＿ it without your help. (can, do)

　B: Oh, come on. I did nothing.

2 He went home as if nothing ＿＿＿＿＿ ＿＿＿＿＿. (happen) 모의기출

3 I would rather you ＿＿＿＿＿ ＿＿＿＿＿ in class. It is very distracting. (talk)

4 ＿＿＿＿＿ ＿＿＿＿＿ ＿＿＿＿＿ ＿＿＿＿＿ ＿＿＿＿＿ the railing, I would have

　fallen down the stairs. (be)

5 I wish someone ＿＿＿＿＿ just ＿＿＿＿＿ me and tell me everything's okay. (will, hug)

E 다음 각 [　]에서 어법에 맞는 표현을 고르시오.

1 I wish you [can / could] see yourself through my eyes.

2 The old man shrugged, [as if / if] to say, "How should I know?"

3 In a different situation, he [would have reacted / would react] differently last night.

4 We often speak based on our emotions and then later wish we [kept / had kept] quiet. EBS수능특강

5 His talent might have been wasted [had it not been for / were it not for] his aunt's encouragement.

F 밑줄 친 부분 중에서 어색한 것이 있으면 고치시오.

1 I wish everything <u>was</u> <u>as easy as</u> getting fat. 「as 원급 as」 '~만큼 ~한/~하게'의 의미로 여기서는 형용사지만 동사를 수식할 때는 부사도 온다는 것을 기억하세요. (▶Unit 15 원급·비교급·최상급 참조)

2 Rain beat down <u>as if from</u> an angry heaven. EBS수능특강

3 It's time that I <u>were telling</u> the truth to your family.

4 Leave the ego; otherwise, everyone <u>would have left</u> you.

5 That was very good. But suppose you <u>have fallen</u> off the bike?

D **3 distracting** 산만한　**4 railing** 난간　**stair** 계단　E **2 shrug** 어깨를 으쓱하다　**3 situation** 상황　**react** 반응하다　**4 emotion** 감정　**5 talent** 재능　**waste** 낭비하다
encouragement 격려　F **2 beat down** (햇빛·비) 내리쏟아지다　**3 truth** 진실　**4 leave** 내버려두다　**ego** 자아　**5 fall off** ~에서 떨어지다

A 다음 각 [ ]에서 어법에 맞는 표현을 고르시오.

1 [Has / Had] she stopped there, everything would [be / have been] fine. `EBS파이널`

2 Have you wished [what / that] you [can / could] be like a movie star? `EBS영어독해연습`

3 Peter shook his head as if [said / to say], "He [is / were] not going to make it."

4 [Whenever / Whatever] you do a thing, act as if all the world [are watching / were watching]. *Thomas Jefferson*

5 If, like the moon, Earth [has / had] no atmosphere, our planet would [have been / be] lifeless. `EBS수능특강`

6 If gases were used up instead of [exchanging / being exchanged], living things would [have died / die]. `모의기출`

7 [Only if / If only] he had managed to walk to the village, he [would be rescued / would have been rescued]. `모의기출`

8 Wolfgang probably [would be / would have been] happy to stay at home and [composed / compose] operas for fun. `EBS영어독해연습`

B 밑줄 친 부분 중에서 어색한 것이 있으면 고치시오. (정답 최대 2개)

1 It's time you <u>learned</u> how to do something besides <u>eating and sleeping</u>. *from Charlie Brown*

2 Live as if you <u>were</u> to die tomorrow. Learn as if you <u>were</u> to live forever. *Mahatma Gandhi*

3 <u>Weren't Annie</u> a smart person, she'd <u>give</u> all her money to the team leader, Miyoung Kim.

4 <u>Only if</u> I hadn't given my son the keys to the car! Then the accident <u>wouldn't occur</u>. `EBS영어독해연습`

5 <u>Supposing</u> people were to live forever, would humans advance <u>more quickly or slowly</u>?

6 Some people want it to happen, some wish it <u>will happen</u>, and others make it <u>to happen</u>.

7 <u>Should you require</u> additional copies of your receipt, there <u>will be</u> a charge of $1 per receipt. `수능기출`

8 Some wanderers went from group to group, <u>floating</u> in and out, as if <u>danced</u> to the music.

A 3 shake 흔들다 make it 해내다, 성공하다 5 atmosphere 대기, 분위기 lifeless 생명이 존재하지 않는, 생기 없는 6 use up 소모하다, 다 써버리다 exchange 교환하다 living thing 생명체 7 manage to 어떻게든 ~하다, 간신히 ~하다 village 마을 rescue 구조하다 8 probably 아마도 compose 작곡하다 for fun 재미로
B 4 accident 사고 5 human 사람, 인간 advance 진보하다 7 require 필요하다, 요구하다 additional 추가의 copy 사본 receipt 영수증 charge 비용 per ~당
8 wanderer 돌아다니는 사람, 방랑자 float 미끄러지듯 돌아다니다, 떠다니다

C 다음 밑줄 친 부분의 설명이 틀린 것을 모두 고르시오. (정답 최대 3개)

1 If you **(a) were** a baseball fan during the early 1960s, you probably remember a baseball player named Maury Wills. From 1960 to 1966, Wills was a record-making base stealer. In 1965, a year **(b) when** he stole more bases than any other player in the Major Leagues, he also set the record for the greatest number of times **(c) being caught** stealing. However, if Wills had allowed himself to become frustrated by his outs, he **(d) would never set** any records. Thomas Edison said, "I'm not discouraged because every wrong attempt discarded is another step forward." **(e) Even though** it is five thousand experiments that do not work, the milestones on the road to success are always the failures. 모의기출

① (a) 현재 사실을 가정하고 있다.
② (b) a year가 선행사인 관계부사이다.
③ (c) 의미상의 주어와 수동의 관계이다.
④ (d) would have never set으로 고쳐야 한다.
⑤ (e) As though로 바꿔 쓸 수 있다.

2 **(a) Standing** on the beach with the waves crashing onto the rocks and the sand, I looked out at the horizon. A few hundred yards out from shore, I saw two black backs **(b) covering** with yellow shells, accompanied by magnificent sprays of water blowing up into the air. I was looking at living whales for the first time. I couldn't have seen them if they **(c) hadn't surfaced** to blow. That made me feel thrilled. I had never seen an animal **(d) that** large in the wild. I felt as if it **(e) were** a miracle to be there when they swam by. Words alone can't describe how this first sighting affected me. 모의기출응용

① (a) As I stood로 바꾸어 쓸 수 있다.
② (b) saw의 목적격 보어로 적절하다.
③ (c) 과거 사실에 대한 가정으로 쓰였다.
④ (d) an animal을 선행사로 하는 관계대명사이다.
⑤ (e) 주절보다 앞선 시제이므로 had been으로 고쳐야 한다.

C 1 **base stealer** 도루자 **hold** 보유하다 **allow** ~하게 내버려두다, 허락하다 **frustrated** 좌절한 **out** 아웃 **set a record** 기록을 세우다 **discouraged** 낙담한 **attempt** 시도; 시도하다 **discard** 버리다 **experiment** 실험; 실험하다 **work** 성공하다, 효과가 있다 **milestone** 이정표 2 **crash** 충돌하다 **horizon** 수평선, 지평선 **shore** 바닷가 **shell** 조가비 **accompany** 수반하다 **magnificent** 장엄한 **spray** 물보라 **blow** 불다 **surface** 표면으로 떠오르다; 표면 **thrilled** 짜릿한 **miracle** 기적 **describe** 묘사하다 **sightseeing** 구경, 관광 **affect** 영향을 미치다

A who의 제한적 용법 선행사가 사람이나 대상을 의인화할 경우에 쓴다.

01 *A man* **who** cooks is attractive. (주격: 주어 역할)

02 The Afghan hound is *an elegant dog* (**who(m)**) everybody likes. (목적격: likes의 목적어)

03 I never met *a person* (**who(m)**) I did not learn anything **from**. (목적격: who(m) ~ from)

= I never met *a person* **from whom** I did not learn something. (목적격: from의 목적어)

04 Firefighters rescued *a boy* **whose head** was stuck in a dustbin. (소유격: 주어 역할)

05 She has *a little sister* **whose name** I have forgotten. (소유격: 목적어 역할)

01 선행사가 사람일 경우에 who를 쓴다. 02 선행사가 동물일지라도 정서적 거리가 가까우면 who(m)를 쓸 수 있고, 목적격은 생략 가능하다. 03 관계사와 전치사는 분리될 수 있고, 전치사와 나란히 쓸 때는 반드시 whom을 쓰며 생략할 수 없다. 04 소유격 다음에는 명사가 온다. 05 관계사절 내에서 have forgotten의 목적어 역할을 한다.

수능 pick 1 ♦ 주절과 관계사절의 구조 파악
Never **lie** to *someone* [**who trusts you**], and never **trust** *someone* [**who lies to you**].
　　　　V　　　선행사　　　　　S' V' O'　　　　　　　　V　　　선행사　　　S'　 V'
→ 관계사절에는 반드시 동사가 있고, 주절에도 반드시 동사가 있다.

The suspect [**you reported the other day**] **knows** your face.
　S(선행사)　(whom) S'　　V'　　　　　　　　　V　　　O
→ 목적격 관계대명사가 생략이 되어도 관계사절과 주절의 동사를 파악해야 한다.

♦ 선행사 [who / whose] 명사(동사와 동일형) 동사
He gathered historians [**whose / who**] work centers on Balhae. 모의기출응용
→ 관계사절에 동사 centers on이 있으므로 주어 역할을 할 수 있는 명사 work를 수식하는 whose가 적절하다. work는 명사와 동사의 형태가 같으므로 유의해야 한다.
※동사와 형태가 같은 명사: use, visit, answer, doubt, record, review, aim, support, request, research, volunteer, access 등

B which의 제한적 용법 선행사가 사물인 경우에 쓴다.

01 Never regret anything **which** made you smile. (주격: 주어 역할)

02 The house is *a castle* (**which**) the king cannot enter. (목적격: enter의 목적어)

03 *The planet* (**which**) we stand **on** is full of wonderful things. (목적격: which ~ on)

= *The planet* **on which** we stand is full of wonderful things. (목적격: on의 목적어)

04 I need *a computer* **whose** VRAM is more than 16GB. (소유격: 주어 역할)

= I need *a computer* **the** VRAM **of which** is more than 16GB. (소유격: = of which)

05 The doctor wanted *an assistant* on **whose abilities** he could rely. (소유격: on의 목적어)

01 선행사가 사물일 때 사용한다. 02 목적격은 생략할 수 있다. 03 전치사와 나란히 쓰면 생략할 수 없다. 04 which의 소유 표현은 whose나 of which로 쓴다. 05 rely on his/her abilities에서 his/her를 whose로 연결한 것이다.

수능 pick 2 ♦ 복수 선행사 수식어구(복수) which [단수동사 / 복수동사]
There were a few butterflies in the cave which [**was / were**] floating around.
→ which의 선행사는 cave가 아니라 butterflies이므로 were가 적절하다.

A 01 **attractive** 매력적인 02 **elegant** 우아한 04 **rescue** 구조하다 **be stuck** 끼이다, 꼼짝 못하다 **dustbin** 쓰레기통 수능 Pick 1 ♦ **suspect** 용의자 **report** 신고하다 **gather** 모으다 **center on** ~에 초점을 맞추다 B 01 **regret** 후회하다 03 **planet** 행성 **VRAM** 비디오 메모리(video random-access memory) 05 **assistant** 조수 **ability** 능력, 용량 **rely on** 의존하다 수능 Pick 2 ♦ **float around** 날아다니다, 떠다니다

C 계속적 용법 콤마(,)와 함께 쓰이며 선행사를 보충 설명하는 역할을 하며, 「접속사 + 대명사」로 풀어서 이해한다.

01 The house was acquired by *Hemingway*, **who** lived there until 1960.　(주격: 사람 선행사)

02 Ari set up *a company*, **which** she named Rang.　(목적격: 사물 선행사)

03 *Chang*, **who** bullied me in school, works for me now.　(주격: 삽입절)

04 The guard gave him *a warning*, **which** he ignored.　(목적격: 역접 또는 순접)

05 She tried *to lose weight again*, **which** was impossible.　(주격: 어구 선행사)

06 *My school is just across the street*, **which** makes me lazy.　(주격: 절 선행사)

01 = and he 02 = and ~ it / 동사 named의 목적어가 선행사이다. 03 = and he / 삽입절로 쓰일 경우 관계사절을 콤마로 표시해야 한다. 04 = but(and) ~ it / 문맥에 따라 역접 또는 순접의 접속사로 이해할 수도 있다. 05 = and it(this, that) / 선행사는 to lose weight again이다. 06 = but it(this, that) / 선행사는 앞 문장 전체이다.

수능 pick 3
◆ 절이 선행사(사람), [who / which]
A convenience store part-timer hates every customer, [**who** / which] I can understand.
→ 내용상 선행사는 customer가 아니라 앞 문장 전체를 가리키므로 which가 적절하다.

D That의 용법 who(m)와 which를 대신하여 사용하며 계속적 용법으로 사용할 수 없다.

01 Mrs. Simpson, where's *the man* **that** lives in the basement?　(주격: = who)

02 *The sweater* **that** I bought yesterday is already stained.　(목적격: = which)

03 Is that *all* **that** is left for us?　(주격: 선행사가 all)

04 You are the *best gamer* **that** I've ever met. 👍　(목적격: 선행사가 최상급)

05 Be thankful for *everything* **that** happens in your life.　(주격: 선행사가 -thing)

06 There were *two passengers* **that** survived the accident.　(주격: 제한적 용법)

　　cf. There were *two passengers*, **who** survived the accident.　(주격: 계속적 용법)

07 This is *the egg* (**that**) he was born **from**.　(목적격: that ~ from)

　　=This is *the egg* **from which** he was born.　(목적격: 전치사의 목적어인 경우)

03~05 선행사가 all, same, any, only, none, -thing, little, much, no, 최상급, 서수를 포함할 경우 that과 잘 어울리고, 「사람 + 동물」일 경우에 사용한다. 06 that은 계속적 용법으로 사용할 수 없다. / 첫 번째 문장은 (승객이 많이 있었으나) 살아남은 승객은 두 명이었다는 뜻이고, 두 번째 문장은 승객이 두 명 있었는데, 그들은 (모두) 살아났다는 뜻이다. 07 that은 전치사와 나란히 쓸 수 없다.

수능 pick 4
◆ 선행사 (목적격 관계대명사) ~ 전치사 [동사 / 동명사]
The woman Ryan was on a blind date with [saying / **said**] nothing.
→ (that) Ryan ~ with가 관계사절이고 The woman이 문장의 주어이므로 술어동사 said가 적절하다.

◆ 선행사 (목적격 관계대명사) 주어 동사 [동사 / to부정사]
The item I wanted [to be / **was**] seasonal and only available online.
→ (that) I wanted가 관계사절이고 The item이 문장의 주어이므로 술어동사 was가 적절하다.

C 01 **acquire** 취득하다, 습득하다 02 **set up** 설립하다 03 **bully** 괴롭히다 04 **guard** 경비 **warning** 경고 **ignore** 무시하다 05 **lose weight** 살을 빼다
D 01 **basement** 지하실 02 **stain** 얼룩지게 하다 06 **passenger** 승객 **survive** 살아남다, 생존하다　수능 Pick 4 ◆ **be on a blind date with** ~와 소개팅하다 **item** 품목 **seasonal** 계절 (상품)의 **available** 구할 수 있는, 이용 가능한

⟨ Grammar Practice ⟩

A 각 괄호에서 알맞은 말을 고르시오.

1 관계대명사는 [접속사 / 선행사]와 대명사 역할을 하여 두 문장을 연결한다.

2 관계대명사의 선행사가 사람이면서 주어 역할을 하면 [whom / who]를 쓴다.

3 [소유격 / 목적격] 관계대명사는 생략할 수 있으나 전치사와 나란히 쓰면 생략할 수 없다.

4 [계속적 / 제한적] 용법은 명사는 물론 어구나 절을 선행사로 받기도 한다.

5 [whom / that]은 who, which 대신 쓸 수 있으며 계속적 용법으로 쓰지 못한다.

B 다음 문장의 해설이 맞으면 T 그렇지 않으면 F에 체크하시오.

1 Sue is one of the girls who has taken private lessons.

   ↳ 선행사가 girls이므로 has를 have로 고쳐야 한다.   ☐ T ☐ F

2 Gloria has a cottage in Wonju which she rents to tourists.

   ↳ which는 Wonju가 선행사이고 목적격이므로 생략할 수 없다.   ☐ T ☐ F

3 Encouragement is the fuel on which hope runs.

   ↳ 관계사절에 주어 동사가 이어지므로 which는 생략할 수 있다.   ☐ T ☐ F

4 Once in a lifetime, we meet someone whose changes everything.

   ↳ 명사 changes를 수식하는 관계대명사의 소유격으로 적절하다.   ☐ T ☐ F

5 A scholar said, "Diamonds, that are essential for nothing, cost a lot." 수능기출

   ↳ 계속적 용법으로 that을 which로 고쳐야 한다.   ☐ T ☐ F

C 다음 〈보기〉처럼 문장을 분석하시오.

보기	You just can't beat the person [who never gives up]. *Babe Ruth*
	S V 선행사 S' V'

1 Do you have a dog that you want to show off?

2 We tend to talk like the people whom we often meet and love.

3 *Oliver Twist*, which was Charles Dickens's second novel, is a classic.

4 The number of visitors who used cruise ships was the same in April of 2018 and 2019. 모의기출

5 There are only three countries in the world that don't use the metric system: Liberia, Myanmar, and the United States.

B **1** private lesson 과외 **2** cottage 별장, 오두막 **rent** 임대하다 **3** encouragement 격려 **fuel** 연료 **run on** ~을 이용하여 달리다[가동하다] **4** once 한번; 일단 ~하면
5 scholar 학자 **essential** 필수적인 **cost** 돈(비용)이 들다   C 〈보기〉 **beat** 이기다 **1** show off 자랑하다 **2** tend to ~하는 경향이 있다 **3** classic 고전, 명작
4 cruise ship 유람선 **5** metric system 미터법

D 다음 〈보기〉에서 알맞은 것을 찾아 문장을 완성하시오. (중복 답안은 1개만 쓸 것)

보기	which	whom	that	whose	who

1 Radium is a metal _____ shines in the dark.

2 You're the one _____ I can share everything with.

3 I don't want to invent anything _____ won't sell. *Thomas Edison* 모의기출

> → 여기서는 '팔리다'라는 뜻으로 자동사처럼
> 쓰여 수동의 의미를 갖는 동사들이 있어요.
> (▶Unit 04 수동태의 형태와 용법 참조)

4 Courage is the ladder on _____ all the other virtues mount.

5 A patient _____ heart has stopped can no longer be regarded as dead. 모의기출

E 다음 각 [ ]에서 어법에 맞는 표현을 고르시오.

1 I read a short story [which / whose] had a sad ending.

2 You can't wake a person [who / which] is pretending to be asleep. *Navajo proverb*

3 Sevin is the student [who / whose] handwriting is the best in the class.

4 Linda, who sat next to her, [passing / passed] the signup sheet without signing it. 모의기출

5 My favorite painting is *Starry Night*, [that / which] was painted by Vincent van Gogh.

F 밑줄 친 부분 중에서 어색한 것이 있으면 고치시오.

1 A nation whose forgets its past has no future.

2 The document you are looking for being not allowed to be seen.

3 Mr. Jackson is one of those active teachers who love their subject.

4 The word "tragedy" comes from an ancient Greek word whose means "goat song."

5 They founded the Friendship Line, which volunteers reach out to potentially suicidal seniors. 모의기출응용

D 2 **share A with B** A를 B와 함께 하다 4 **courage** 용기 **ladder** 사다리 **virtue** 미덕 **mount** 타고 올라가다 5 **regard A as B** A를 B로 간주하다
E 1 **short story** 단편 소설 2 **pretend** ~인 척하다 3 **handwriting** 손글씨 4 **signup sheet** 신청서 **sign** 서명하다 5 *Vincent van Gogh 고흐(네덜란드, 1853~1890:
후기 인상주의 화가, 현대 회화와 독일 표현주의 화가들에게 강한 영향을 미침) F 2 **document** 서류 **allow** 허락하다 3 **active** 활동적인 **subject** 과목, 주제 4 **tragedy** 비극
ancient 고대의 5 **found** 설립하다(-founded-founded) **volunteer** 자원봉사자; 자원하다 **reach out** 연락하다 **potentially** 잠재적으로 **suicidal** 자살하고 싶어 하는

A

What 선행사를 포함하며 주어, 보어, 또는 목적어 역할을 하며, the thing(s) that ~(~하는 것(들))의 의미를 지닌다.

01 **What** goes around comes around. (주어 자리: 주어 역할)

02 A desire for freedom is **what** built our country. (보어 자리: 주어 역할)

03 We never forget **what** we learn with pleasure. (목적어 자리: 목적어 역할)

04 Don't believe in **what** others want you to believe. (전치사의 목적어 자리: 목적어 역할)

05 The Sahara Desert is **what is called** "the sea of death." (관용표현)

01~04 the thing(s) which[that]의 의미로 주어, 목적어 역할을 하며 선행사가 없다. 05 what is called는 what we call의 수동형으로 '소위, 이른바'의 관용표현이다. *cf.* what's more 게다가

PLUS what 단수/복수

What **were** once just ordinary objects will be increasingly networked and intelligent. 모의기출

→ 관계대명사 what은 the things which로도 쓰여서 보어가 복수이면 복수 취급하기도 한다.

수능 pick 1 ◆ 전치사 [which / what]

Almost at once, he came face to face with [**which** / **what**] he was seeking. 모의기출

→ 선행사가 없고 관계사절에서 목적어 역할을 해야 하므로 선행사를 포함하는 관계대명사 what이 적절하다. 「전치사 + which」, 「전치사 + who(m)」만 가능한 것이 아니라, 형태상으로 「전치사 + what」도 가능하다. 단, 이때 전치사는 주절의 전치사이다. e.g.I don't agree with what you're saying. (난 네가 말하는 것에 동의하지 않아.)

B

those who/which[that] '~하는 사람들', '~하는 것들'이란 의미로 쓰인다.

01 **Those who[that]** snore always fall asleep first. (~하는 사람들: 주격)

02 **Those who(m)** he couldn't meet, he reached by telephone. (~하는 사람들: 목적격)

03 The best birthdays of all are **those that[which]** haven't arrived yet. (~하는 것들)

04 Check your answers with **those** (*that are*) in the back of the book. (주격관계대명사 + be동사 생략)

01~02 '~하는 사람들'이란 뜻으로 those가 '사람들'이며 선행사이다. 03 '~하는 것들'이란 뜻으로 those가 '~것들'이며 선행사이다. 04 「those who/which/that + be동사」에서 주격관계대명사와 be동사는 생략 가능하다.

수능 pick 2 ◆ [those who / who] V

The idea that all Asian students are smart can be a pain to [**those who** / **who**] are not. 수능기출

→ who는 선행사가 없으므로 답이 될 수 없다. those who에서 those가 '사람들'이란 뜻으로 선행사이다.

◆ [those who / who] ~V

The time-honored advice for [**those who** / **those**] suffering from bad backs has been bed rest. EBS영어독해연습

→ those who도 관계사절이므로 동사가 와야 한다. 그런데 분사 suffering만 있으므로 who are가 생략된 형태로 파악해야 한다. 따라서 those가 답이다.

C

「대명사 + of + 관계대명사」 부정대명사와 수량대명사가 주로 오며 '~ 중 …'의 뜻으로 쓰인다.

01 They invited lots of guests, **some of whom** were billionaires. (사람 선행사 – 주어 역할)

02 She tried on four pairs of jeans, **none of which** fit her. (사물 선행사 – 주어 역할)

03 Every day, you count on many people, **many of whom** you don't know. (사람 선행사 – 목적어 역할)

A 02 **desire** 욕구 03 **pleasure** 즐거움 PLUS **ordinary** 평범한 **object** 물건 **increasingly** 점차 **intelligent** 지능이 있는 수능 Pick 1 ◆ **at once** 즉시 **come face to face with** 맞닥뜨리다 **seek** 찾다 B 01 **snore** 코를 골다 수능 Pick 2 ◆ **pain** 고통 **time-honored** 유서 깊은 **suffer from** ~로 고생하다 **bad back** 요통 **bed rest** 침대에서 요양하기 C 01 **billionaire** 억만장자 02 **try on** 입어 보다 **fit** (꼭) 맞다 03 **count on** 의존하다

04 He lost a lot of money, **most of which** he had borrowed. (사물 선행사 – 목적어 역할)

01 → and some of them, 관계사절에서 주어 역할을 한다고 해서 who로 쓰지 않는다. 02 → but none of them 03 → but many of them 04 → and most of it

PLUS 「대명사 + of + 관계대명사」에 자주 쓰이는 표현

one of whom, none of which, either of which, neither of which, both of whom, (a) few of which, half of which, some of whom, many of whom, most of which, one-third of which 등이 있으며 주절과 결합하여 사용된다.

수능 pick 3

◆ some of [them / which]
Each habitat is the home of numerous species, most of [**them** / **which**] depend on that habitat. 〔수능기출〕

→ 선택지 뒤에 동사가 있으므로 문장을 연결해 줄 수 있는 역할을 하는 관계대명사 which가 적절하다. most 앞에 and가 있으면 them이 답이다.

◆ many of [them / which]
When young adults work out, many of [**whom** / **them**] enjoy the feeling of getting bigger.

→ When ~은 부사절이고, many부터가 주절이다. 따라서 주절의 주어 역할을 할 수 있는 them이 적절하다. 계속적 용법의 관계대명사는 대등한 두개의 절을 연결함에 주의한다.

◆ one of [them / which]
Overconfidence comes in many forms, one of [**which** / **them**] groundless optimism.

→ 관계사절에는 동사가 반드시 있는데, 선택지 뒤로 동사가 없다. 따라서 them이 적절하다. 이 문장은 and one of them is groundless optimism의 접속사와 being이 생략된 분사구문이다. (▶Unit 08 분사와 분사구문 참조)

D 관계대명사 삽입절 관계대명사 뒤에 「주어 + 동사」의 삽입절이 들어간 형태로 '(주어가)~하기에'라고 해석한다.

01 The cat is the one (**that**) **I think** ~~that~~ deleted my videos. (삽입절의 주어가 선행사)
02 We're going to a place (**that**) **I know** (that) you'll like. (삽입절의 목적어가 선행사)
03 She wants to be a perfectionist, **which I am sure** is a mistake. (계속적 용법 + 삽입절)
04 He finally came up with **what he believed** (that) were solutions. (what + 삽입절)

01 ← I think (that) it deleted my videos. that절 속의 주어가 선행사가 된 경우 접속사 that은 생략해야 하며 이때 주격관계대명사도 생략 가능함에 유의한다. 02 ← I know (that) you'll like it. 삽입절 속의 목적어가 선행사가 된 경우는 관계대명사 목적격과 접속사 that을 생략할 수 있다. 03 ← and I am sure (that) it is a mistake. 04 ← He finally came up with things. + He believed (that) the things were solutions. 관계대명사 what은 보어에 수일치하여 복수 취급할 수 있음에 유의한다.

PLUS 「관계대명사 + 삽입절」에 자주 쓰이는 표현

who I think ~, which we believe ~, who they felt ~, that I know ~, who I wish ~, which I'm sure ~, what we were certain ~, those who I imagine ~이 있으며 「관계대명사 + 주어 + 동사 + 동사」 또는 「관계대명사 + 주어 + 동사 + 주어 + 동사」의 구조를 띄므로 관계대명사 바로 뒤의 「주어 + 동사」를 괄호로 묶고 보면 된다.

수능 pick 4

◆ who I think [to be / be]
The CEO who I thought [**to be** / **was**] thoroughly honest turned out to be a swindler.

→ I thought가 관계사절 사이에 삽입된 구문이다. 따라서 관계사절 내의 동사가 필요하므로 was가 적절하다. I thought (that) s/he was thoroughly honest.가 관계사절로 연결된 것이다.

수능 Pick 3 ◆ **habitat** 서식지 **numerous** 수많은 **species** 종 **depend on** ~에 의존하다 **workout** 운동하다 **overconfidence** 과신 **form** 형태 **groundless** 근거 없는 **optimism** 낙관주의 D 01 **delete** 지우다 03 **perfectionist** 완벽주의자 04 **come up with** ~을 생각해 내다 **solution** 해결책 수능 Pick 4 ◆ **thoroughly** 완전히 **turn out (to be)** ~로 드러나다 **swindler** 사기꾼

A 각 괄호에서 알맞은 말을 고르시오.

1 관계대명사 [what / that]은 선행사를 포함한다.

2 What이 주어 자리일 때 동사는 [보어 / 목적어]에 수일치할 수 있다.

3 those who에서 [those / who]가 '사람들'이란 뜻이다.

4 「대명사 + of + 관계대명사」가 주어 자리일지라도 [whom / who]을 쓴다.

5 「관계대명사 + 주어 + 동사 + 동사」 구문에서는 [주어 / 「주어 + 동사」]가 삽입된 구조이다.

B 다음 문장의 해설이 맞으면 T 그렇지 않으면 F에 체크하시오.

1 What is in our hearts always shows. 모의기출

↳ What은 The things which로 바꿔 쓸 수 있다.　　　　　　　　　□ T　□ F

2 You must do the thing you think you cannot do.

↳ you think 앞에 what이 생략된 삽입구문이다.　　　　　　　　　□ T　□ F

3 Those who can command themselves command others.

↳ Those who는 '~하는 사람들'로 who는 관계대명사이다.　　　　□ T　□ F

4 What we need are people with creative and innovative ideas.

↳ What이 주어 자리에 쓰였으므로 are를 is로 고쳐야 한다.　　　□ T　□ F

5 I made a lot of friends at the camp, some of who were funnier than me.

↳ some of who가 주어 자리이므로 who는 적절하다.　　　　　　　□ T　□ F

C 우리말과 일치하도록 괄호 안의 말을 이용하여 문장을 완성하시오. (필요시 어형 변화할 것)

1 우리가 하는 것은 영원히 메아리친다. (echo)

_____ we do _____ in eternity.

2 죽으려는 자는 살 것이다. 살려는 자는 죽을 것이다. (seek)

_____ _____ _____ death shall live.

_____ _____ _____ life shall die. *Yi Soon-shin*

© Onrie Kompan

3 그 광부들은 그 언덕 중턱에서 그들이 생각하기에 금이라는 것을 발견했다. (think)

The miners found something in the hillside _____ _____ _____ _____ gold.

4 한 목사가 갓 태어난 쌍둥이 이야기에 관한 이야기를 하고 있었는데, 그들 중 하나는 아팠다. (one)

A priest was sharing a story about newborn twins, and _____ _____ _____

was ill. 모의기출

5 우리는 의사, 간호사 그리고 전문가들을 만났지만, 그들 중 누구도 우리에게 답변을 주는 것처럼 보이진 않았다. (none)

We met doctors, nurses, and specialists, _____ _____ _____ seemed to give

us any answers. 모의기출

B 3 command 지휘하다, 명령하다 4 creative 창의적인 innovative 혁신적인 B 1 echo 메아리치다 eternity 영원 2 seek 찾다, 추구하다 shall (각오·명령) ~할 것이다
3 miner 광부 hillside 언덕 4 share (남에게) 말하다, 나누다 newborn 갓 태어난 5 specialist 전문가

D 다음 〈보기〉에서 알맞은 것을 찾아 문장을 완성하시오. (중복답안 가능)

보기	which	who	what	whom	that	those

1 Don't ever tell me _____ you think unless I ask you. 모의기출

2 You'll invest yourself in _____ you believe can succeed. EBS영어독해연습

3 _____ _____ look for the bad in people will surely find it. 「the+형용사」가 추상명사를 의미할 때도 있어요. (▶Unit 14 대명사·형용사·부사 참조)

4 The soldiers, none of _____ had had any training, boarded the train. 모의기출

5 Is this program something _____ you think is doable in your community?

E 다음 각 [ ]에서 어법에 맞는 표현을 고르시오.

1 Sometimes the heart sees [that's / what's] invisible to the eye.

2 In the end, [which / what] matters the most is what's on the inside.

3 Nobody understands anyone 15, even including [those who / who] are 15.

4 Do you know any urban legends that you think [to be/ are] absolutely ridiculous?

5 As the morning fog lifted, the peaks slowly emerged, and some of [which / them] were very much alive. 모의기출

F 밑줄 친 부분 중에서 어색한 것이 있으면 고치시오.

1 To be part of the 1%, you must do <u>which</u> only the 1% dare to do.

2 We have chosen novels <u>what</u> we believe our students will enjoy.

3 Only those who <u>caring</u> about you can hear you when you're quiet.

4 <u>That</u> he found was that the "lucky" people were good at spotting opportunities. 모의기출

5 A working couple, both of <u>them</u> are my friends, have two school-aged children. EBS영어독해연습

D **2 invest** 투자하다 **3 surely** 확실히 **4 board** (탈 것에) 타다 **5 doable** 할 수 있는 **community** 지역 사회 E **1 invisible** 보이지 않는 **2 in the end** 결국 **matter** 중요하다 **3 including** ~을 포함하여 **4 urban legend** 도시 괴담 **absolutely** 완전히 **ridiculous** 터무니없는 **5 lift** (안개가) 걷히다 **peak** 봉우리 **emerge** 모습을 드러내다 **alive** 생기 넘치는 F **1 dare to** 과감히 ~하다 **3 care about** 신경 쓰다 **4 spot** 발견하다; 장소 **5 school-aged** 학령기의

A 다음 각 [ ]에서 어법에 맞는 표현을 고르시오.

1 It's easier to forgive [who / those who] hurt you [as / than] those who hurt the people you love.

2 The most feared punishment for [those / those who / who are] in prison is solitary confinement.

3 Ancient sports had military purposes, and most of [what / them / which] prepared young men for war. EBS영어독해연습

4 There is a difference between getting [which / what] you want and getting [that / what] you think you want. 수능기출

5 You may lose your job for countless reasons, some of [them / which] you may not even be [responsible / responsible for]. 수능기출

6 Men, on the other hand, decide in advance [which / what] they want to buy and then [to go / go] looking for it. 모의기출

7 [What / That] is more surprising is [what / that] you can find more vitamin C in the white pith than in the actual orange. 수능기출

8 Approximately eight thousand species of plants [grow / are grown] in Guyana, half of [which / them] are found nowhere else. 모의기출

B 밑줄 친 부분 중에서 어색한 것이 있으면 고치시오. (정답 최대 2개)

1 To realize the value of which you have, imagine that you have lost everything. *Plutarch*

2 That you inherited and live with will become the inheritance of future generations. 모의기출

3 Certain things catch your eye, but to pursue only those that captures your heart. *Native American saying*

4 There are a variety of cries, with different strengths and rhythms, all of which sending different messages. EBS수능완성

5 I taught children, most of them around ten years old, tie knots and to talk to me about their experiences. EBS수능완성

6 Wall Street is the only place that people ride to in a Rolls Royce to get advice from those whom take the subway. *Warren Buffett*

7 What you think influencing what you do. What you do becomes your habits, and your habits determine your destiny. 모의기출

8 Over the past 60 years, mechanical processes have replicated behaviors and talents we thought to be unique to humans. 수능기출

A 1 **forgive** 용서하다 2 **feared** 두려운 **punishment** 형벌 **solitary confinement** 독방 감금 3 **ancient** 고대의 **military** 군사의; 군대 **purpose** 목적 **prepare** 준비하다
5 **countless** 수많은 **reason** 이유 **be responsible for** ~에 책임이 있다 6 **decide** 결정하다 7 **pith** 중과피(中果皮), 오렌지 껍질 안의 하얀 부분 **actual** 실제
8 **approximately** 대략 **species** 종 B 1 **realize** 깨닫다, 실현하다 2 **inherit** 물려받다 **inheritance** 유산 **generation** 세대 3 **catch one's eye** 눈길을 끌다
pursue 추구하다 **capture** 사로잡다 4 **a variety of** 다양한 **strength** 강도 5 **tie** 묶다 **knot** 매듭 **experience** 경험 6 **advice** 충고 7 **influence** 영향을 끼치다
habit 습관 **determine** 결정하다 8 **mechanical** 기계식 **process** 공정, 처리 **replicate** 복제하다 **behavior** 행동 **talent** 재능

C 다음 밑줄 친 부분의 설명이 **틀린** 것을 모두 고르시오. (정답 최대 3개)

1 The person **(a) who** compares himself to others lives in a state of fear. He fears those who **(b) he imagines** are above him. **(c) Believing** them to be superior, he feels he can never achieve their level of competence. He also fears **(d) those who** are below him because they seem to be catching up. He is always looking around him to see who appears as a threat. As he rises higher, his fear of falling increases. The only way to get through life, he concludes, is to beat people. But as long as he focuses on rising higher, his life **(e) [gains / loses]** its enjoyment. 모의기출

① (a) 관계사절에서 주어 역할을 하고 있다.

② (b) those를 선행사로 하는 관계사절이다.

③ (c) Because he believes로 전환할 수 있다.

④ (d) '~하는 사람들'이라는 뜻이다.

⑤ (e) 인생이 즐거워진다는 흐름으로 gains가 적절하다.

2 We become more successful when we are happier and more positive. For example, doctors **(a) who are** put in a positive mood before making a diagnosis **(b) showing** almost three times more intelligence and creativity than doctors in a neutral state, and they make accurate diagnoses 19 percent faster. Salespeople who are optimistic sell more than **(c) those who** are pessimistic by 56 percent. Students who are made **(d) feel** happy before taking math achievement tests perform much better than their neutral peers. It turns out **(e) that** our brains are literally programmed to perform at their best not when they are negative or even neutral but when they are positive. 모의기출

① (a) 밑줄 친 부분은 생략할 수 있다.

② (b) 술어동사가 없으므로 shows로 고쳐야 한다.

③ (c) who가 관계사절에서 주어 역할을 하고 있다.

④ (d) 사역동사 made의 목적격보어로 적절하다.

⑤ (e) 뒷문장이 완전한 접속사로 사용되었다.

C **1 compare** 비교하다 **state** 상태 **fear** 두려움; 두려워하다 **superior** 우세한 **achieve** 이루다 **competence** 능력 **catch up** 따라잡다 **appear** ~처럼 보이다 **threat** 위협적인 존재 **increase** 증가하다 **conclude** 결론을 내리다 **beat** (사람을) 이기다 **as long as** ~하는 한 **focus on** ~에 집중하다 **gain** 얻다 **lose** 잃다
2 positive 긍정적인 **mood** 기분 **diagnosis** 진단 **intelligence** 사고력, 지능 **creativity** 창의력 **neutral** 중립적인 **state** 상태 **accurate** 정확한 **optimistic** 낙관적인 **pessimistic** 비관적인 **achievement** 성취, 업적 **perform** 수행하다 **peer** 또래 **turn out** ~임이 드러나다 **literally** 말 그대로 **at one's best** 최상의 상태에서 **negative** 부정적인

A 관계부사 선행사를 수식하여 형용사절을 이끈다. 단, 선행사가 생략되면 명사절 역할을 한다.

01 Remember **the day** (**when**) I let you go?   (시간: when)

→ Remember when I let you go?   (→ 선행사 생략)

02 **The place** (**where**) they landed was green and inviting.   (장소: where)

→ The place they landed was green and inviting.   (→ 관계부사 생략)

03 You're **the reason** (**why**) I smile again.   (이유: why)

→ You're the reason **for which** I smile again.   (→ 전치사 + 관계대명사)

04 My attitude depends on **the way**(**or how**) you treat me.   (방법: how)

→ My attitude depends on **the way that** you treat me.   (→ that)

01~03 선행사가 일반적이며 명백한 경우 선행사를 생략할 수 있다. 또한 관계부사도 생략할 수 있으며, 이때 관계부사절은 명사절 역할을 한다. 01 = on which 02 = in which 03 = for which 04 관계부사는 선행사가 있을 때에만 that으로 바꿔 쓸 수 있다. the way나 how 둘 중 하나만 써야 한다.

PLUS situation where

We all like to watch people in *situations* **where** we ourselves might be pressured. 모의기출

→ 관계부사 where는 물리적 장소뿐만 아니라 추상적 장소나 상황 등을 선행사로 취할 수 있다. e.g. point(점) position(입장) case(경우) situation(상황) circumstance(정황)

「the way + 주어 + be동사」

It is often comfortable and easy to stay **the way we are**. 수능기출

→ 「the way + S + be동사」는 '(현재 있는) 그대로'라고 해석한다.

수능 pick 1

♦ 전치사 [where / which]

The anglers threw a rope to [**where** / **which**] Tallulah and her son were.

→ 선택지 뒤에 완전한 형태의 문장이 이어지고 선행사 the place가 생략된 것으로 where가 적절하다. 관계부사의 선행사는 생략되어 주절에 없을 수도 있으나, 「전치사 + 관계대명사」에서 선행사는 반드시 주절에 있어야 한다. 즉, 선행사가 없는 관계부사를 「전치사 + 관계대명사」로 전환하면 안된다.

    e.g. A hive is a place where(= in which) bees live. (벌집은 벌이 사는 장소이다.)

       A hive is where(≠ in which) bees live.

B 관계부사 계속적 용법 콤마(,)와 함께 쓰이며 선행사를 보충 설명하는 역할을 하며, 「접속사 + 부사」로 풀어서 이해한다.

01 They moved here in 2014, **when** their baby was born.   (시간 선행사)

02 He grew up in a Smallville, **where** everybody knew everybody.   (장소 선행사)

01 = and then 02 = and there

수능 pick 2

♦ , [there / where]

At 10, Einstein was enrolled in the Luitpold Gymnasium, [**there** / **where**] he developed a suspicion of authority. 모의기출

→ 접속사 없이 두 문장이 연결되어 있으므로, 연결사 역할을 할 수 있는 관계부사 where가 적절하다. 이 때 where는 and there로 바꿔 쓸 수 있다.

C 복합관계대명사 「관계대명사 + ever」의 형태로 '~든지, ~일지라도'의 뜻이며 명사 또는 부사 역할을 한다.

01 **Whoever** is happy will make others happy, too.   (= anyone who, 명사절)

02 **Whoever** you are, you are unique like everyone else.   (= no matter who, 부사절)

03 You can have **whichever** you prefer.   (= any one that, 명사절)

A 02 **land** 도착하다 **inviting** 매력적인 04 **attitude** 태도 **depend on** ~에 달려 있다 **treat** 대우하다 PLUS **situation** 상황 **pressure** 압박하다
수능 Pick 1 ♦ **angler** 낚시꾼 **hive** 벌집 수능 Pick 2 ♦ **enroll** 등록하다 **develop** 발달시키다 **suspicion** 의심 **authority** 권위 C 02 **unique** 특별한, 고유의 03 **prefer** 선호하다

04 **Whichever** is chosen, do not regret it. (= no matter which, 부사절)

05 **Whatever** she touched became ice. (= anything that, 명사절)

06 **Whatever** the reason (is), it's okay to be single. (= no matter what, 부사절)

01 명사절을 이끌며 '누구든지'라는 의미이다. 02 부사절을 이끌며 '누구일지라도'의 의미이다. 03 명사절을 이끌며 '어느 것이든지'의 의미이다. 04 부사절을 이끌며 '어느 것일지라도'의 의미이다. 05 명사절을 이끌며 '무엇이든지'의 의미이다. 06 부사절을 이끌며 '무엇일지라도'의 의미이다. 부사절에서 복합관계대명사가 be동사의 보어인 경우 be동사는 생략할 수 있다.

PLUS 복합관계형용사

Grant Wood grew up on a farm and drew with **whatever materials** could be spared. 모의기출

→ 「whatever + 명사」 구조로 '어떤 ~이든지'의 의미로 쓰이며 복합관계형용사라고 부른다. whichever도 복합관계형용사로 쓰인다.
   e.g. **Whichever side** wins, I don't care. (어느 쪽이 이기든지 나는 신경 쓰지 않는다.)

D 복합관계부사 「관계부사 + ever」의 형태로 '~든지, ~라도' 또는 '아무리 ~일지라도'라는 뜻으로 부사절 역할을 한다.

01 **Whenever** she walked by, my friends whispered. (= every time)

02 **Whenever** you start, do not stop after starting. (= no matter when)

03 She left beauty **wherever** she went. (= no matter where)

04 **However** I *approached* the problem, I couldn't solve it. (= no matter how)

05 **However** *long* the night (is), the dawn will break. (however + 형용사, be동사 생략)

06 No act of kindness, **however** *small* (it is), is ever wasted. (however + 형용사, 주어 + be동사 생략)

07 He forgave her **however** *badly* she behaved. (however + 부사)

01 = every time(~할 때마다, 언제든지)의 의미이다. 02 = no matter when[what time] '언제일지라도, 언제든지'의 의미이다. 03 = no matter where '어디일지라도, 어디든지'의 의미이다. 04 = no matter how '아무리 ~일지라도, 어떻게 ~할지라도'의 의미이다. 주어 동사가 바로 나오기도 한다. 05 however 다음에 형용사가 오며 be동사는 생략될 수 있다. 06 however절에서 명백한 주어와 be동사는 생략할 수 있다. 07 however 다음에 부사가 올 수 있다.

수능 pick 3

♦ [What / Whatever]
[**Whatever** / What] problem you have, our garlic sauce will fix it.
→ our garlic sauce 이하가 주절이다. 따라서 부사절을 이끌 수 있는 복합관계대명사 Whatever가 적절하다. 복합관계대명사는 명사절뿐만 아니라 부사절도 이끌 수 있다.

♦ [how / however] [형용사 / 부사]
Did I not suppose that he hated me? But look (A)[**how** / however] (B)[**compassionate** / compassionately] he has been. EBS수능특강
→ (A) 복합관계부사 however는 부사절을 이끄므로, look의 목적어인 명사절을 이끌 수 있는 관계부사 how가 적절하다. (B) has been의 보어는 형용사이므로 compassionate가 적절하다.

♦ no matter how ~ [-ing / -ed]
Parallel lines will never meet no matter how far [extending / **extended**].
→ how far 다음에 they are가 생략된 구조이다. they는 Parallel lines이므로 extend의 주체가 아니라 대상이므로 수동의 의미를 지닌 extended가 적절하다. 복합관계부사절에서 명백한 주어와 be동사는 생략될 수 있다.

PLUS when vs. whenever
[When / Whenever] the baby looks at her mom, she smiles.
→ 문법적으로는 둘 다 맞다. 단 의미 차이는 when은 1회성이며 확실한 시간이 있을 때이고, whenever는 반복적이며 불확실한 시간이 있을 때 쓴다. 따라서 다음 문장에서는 Whenever가 조금 더 적절하다.
   e.g. **When** you left, it was snowing. (네가 떠났을 때, 눈이 왔다.: 1회성, 확실한 시간)
   Whenever I visited them, they welcomed me. (그들을 방문할 때마다 그들은 우리를 반겼다.: 반복성, 불확실한 시간)

PLUS **material** 재료 **spare** 마련하다 D 01 **whisper** 속삭이다 04 **approach** 접근하다 **solve** 풀다 05 **dawn** 동, 새벽 **break** (동이) 트다 06 **waste** 낭비하다
07 **forgive** 용서하다 **badly** 나쁘게 **behave** 행동하다 수능 Pick 3 ♦ **fix** 고치다 **suppose** 생각하다 **compassionate** 인정 많은 **parallel line** 평행선 **extend** 연장하다

A 각 괄호에서 알맞은 말을 고르시오.

1 [관계부사 / 관계대명사]에는 when, where, why, how가 있다.

2 , where는 and [there / then]로 바꿔 쓸 수 있다.

3 복합관계대명사는 명사 또는 [형용사 / 부사] 역할을 한다.

4 [복합관계대명사 / 복합관계부사]에는 wherever, whenever, however가 있다.

5 복합관계사가 이끄는 부사절에서 [do / be]동사는 생략할 수 있다.

B 다음 문장의 해설이 맞으면 T 그렇지 않으면 F에 체크하시오.

1 Luck is when preparedness meets opportunity.

  ↳ 명백한 선행사가 the place가 생략된 구문이다. □ T □ F

2 Most of us probably parent the way we were parented. 수능기출

  ↳ the way 뒤에 for which나 that을 써도 된다. □ T □ F

3 The academy which I used to go went bankrupt.

  ↳ 뒷문장이 완전하므로 which를 in where로 고쳐야 한다. □ T □ F

4 Jenny always asks me for advice whenever anything goes wrong.

  ↳ whenever는 복합관계대명사로 every time으로 바꿔 쓸 수 있다. □ T □ F

5 However careful Matthew explained, the children didn't understand.

  ↳ explained를 수식해야 하므로 careful을 carefully로 고쳐야 한다. □ T □ F

C 우리말과 일치하도록 빈칸에 알맞은 관계사를 써 넣으시오.

1 네가 쓰러진 곳을 보지 말고, 미끄러진 곳을 봐라.

  Don't look _____ you fell but _____ you slipped.

2 무엇이든지 분노로 시작된 것은 수치로 끝난다.

  _____ is begun in anger ends in shame. *Benjamin Franklin*

3 여러분이 할 수 없는 것을 말할 때마다, 여러분이 할 수 있는 것을 말하라.

  _____ you say _____ you can't do, say _____ you can do. 모의기출

4 나는 우리 팀 동료들이 집에서 쉬는 일요일에도 연습했다.

  I practiced even on Sundays _____ my teammates were at home. 수능기출

5 선생님께, 저는 어디에 있든지 말을 합니다. 제 자리를 옮기는 것은 도움이 안 될 거예요.

Dear Teacher,
I talk _____ _____ _____ I am. Moving my seat won't help.

B **1 preparedness** 준비(가 된 상태) **opportunity** 기회 **2 parent** 양육하다 **3 academy** 학원 **go bankrupt** 망하다 **5 explain** 설명하다 C **1 slip** 미끄러지다
2 anger 분노 **shame** 수치 **4 teammate** 팀 동료

D 다음 〈보기〉에서 알맞은 것을 찾아 문장을 완성하시오.

> | 보기 | the way | why | where | whoever | whenever | however |

1 The Internet has transformed _____ we live. 모의기출

2 _____ realises his stupidity is not stupid any longer.

attend to는 '주의를 기울이다, 돌보다'이고 attend는 '참석하다'예요.
(▶Unit 01 동사의 종류 참조)

3 In effect, _____ we attend to music, our bodies prepare to dance. EBS영어독해연습

4 When you think of giving up, think of the reason _____ you have held on so long.

5 My bed is a magical place _____ I suddenly remember everything I forgot to do.

E 다음 각 [ ]에서 어법에 맞는 표현을 고르시오.

1 I visited Times Square last year, [there / where] I watched the ball drop.

2 No matter [where / what] happens, some memories can never be replaced.

3 No one else can experience [the way / which] your heart feels about things. 모의기출

4 The reason [which / why] you'll never be successful is that you procrastinate.

5 [No matter wherever / Wherever] the bird touched the ground, a fire began to burn.

F 밑줄 친 부분 중에서 어색한 것이 있으면 고치시오.

1 <u>Who</u> you pretend to be, you must face yourself eventually.

2 Autumn is a second spring <u>in when</u> every leaf is a flower. *Albert Camus*

3 <u>What</u> their type, heroes are selfless people who perform extraordinary acts. 수능기출

4 Life and sports present many situations <u>where</u> critical and difficult decisions have to be made. 모의기출

5 <u>However beautiful</u> you play the violin, you can always play the violin even more beautifully again.

D 1 **transform** 변형시키다 2 **realise** 깨닫다 **stupidity** 어리석음 **not ~ any longer** 더 이상 ~ 아닌 3 **in effect** 사실상 **attend to** 주의를 기울이다, 돌보다 **prepare** 준비하다 4 **give up** 포기하다 **hold on** 견디다 E 1 **ball drop** 새해 첫날 공을 떨어뜨리는 행사 2 **replace** 대체하다 3 **experience** 경험하다 4 **procrastinate** 꾸물대다 F 1 **pretend** ~인 척하다 **face** 마주하다 **eventually** 결국 3 **selfless** 이기심이 없는 **perform** 해내다, 수행하다 **extraordinary** 비범한 **act** 행동 4 **present** 제시하다 **critical** 중요한, 비판적인 **decision** 결정

A 다음 각 [ ]에서 어법에 맞는 표현을 고르시오.

1 Openness is important [no matter what / what / which] your business. 모의기출

2 Think back to [which / that / when] you were a kid. How did you play? 모의기출

3 [However / Whatever] is rightly done, however [humbly / humble], is noble.

4 [Who / Whoever] is trying to bring [down you / you down] is already below you.

5 Depression really does [changing / change] the way [that / why] you see the world. 모의기출

6 The man said [what / that] he was willing to do [whatever / no matter what] he needed to do. EBS영어독해연습

7 They established a point system, [which / where] he got points [whatever / whenever] he watched less TV. 모의기출

8 The way [which / in which] we write a language is not always exactly the same as the way [in which / how] we speak it. 수능기출

B 밑줄 친 부분 중에서 어색한 것이 있으면 고치시오. (정답 최대 2개)

1 Squirrels forget half of the places which they hide its nuts.

2 Whenever you are creating beauty around you, you're restored your soul.

3 Don't push people to where you want to be; meet them where are they.

4 What your decision, make clear why your children get pocket money and that it means. 모의기출

5 No matter how many mistakes you make, you are still way ahead of those who never tried.

6 No matter where you go in life or how old you get, there's always something new to learn about.

7 The two most important days in your life are the day when you are born and the day when you find out why. *Mark Twain*

8 People lived in the place which they were born, did what their parents had done, and associated with those who were doing the same.

A 1 **openness** 개방성 2 **think back** 회상하다 3 **rightly** 올바르게 **humble** 초라한, 겸손한 **noble** 고귀한 5 **depression** 우울증 6 **willing** 기꺼이 하는 7 **establish** 만들다, 설립하다 8 **exactly** 정확히   B 1 **squirrel** 다람쥐 **nut** 견과류 2 **restore** 회복하다, 복원하다 **soul** 영혼 4 **decision** 결정 **make clear** 명확히 하다 **pocket money** 용돈 5 **ahead** 앞선 7 **find out** 알아내다 8 **associate with** ~와 사귀다, 결합시키다

C 다음 밑줄 친 부분의 설명이 <u>틀린</u> 것을 모두 고르시오. (정답 최대 3개)

1 The pleasures of contact with the natural world **(a) are** not reserved just for artists. They are available to **(b) anyone who** will place himself under the influence of a lonely mountaintop or the stillness of a forest. I believe **(c) that** natural beauty has a necessary place in the spiritual development of any individual or any society. I believe that **(d) ⓐ** _____ we destroy beauty or ⓑ _____ we substitute something artificial for a natural feature of the Earth, we have slowed down man's **(e)** _____ growth. 수능기출

① 주어가 복수이므로 are는 적절하다.

② (b) whomever로 바꿔 쓸 수 있다.

③ (c) 목적어 역할을 하는 접속사로 쓰였다.

④ (d) ⓐ와 ⓑ에 들어갈 말은 whenever이다.

⑤ (e) 빈칸에 들어갈 말로 적절한 것은 physical이다.

2 Since Sam has never been unhappy with his occupation, he cannot understand the attitudes of **(a) those whom** have no desire to take up any occupation. He **(b) has been selling groceries** for over forty years. When he first started his job in the 1930s, work of any type was almost impossible **(c) to find**. A job, **(d) however unpleasant or poorly paid**, was a man's most precious possession. Losing it was a disaster, not looking for another one, a shame. **(e) Not wanting** to work at all was unthinkable. 수능기출

① (a) of의 목적격으로 바르게 쓰였다.

② (b) 과거부터 지금까지 진행 중임을 나타낸다.

③ (c) 형용사를 수식하는 부사적 용법이다.

④ (d) 주어와 be동사가 생략된 구문이다.

⑤ (e) Not은 쓴 분사구문의 부정형으로 쓰였다.

C 1 **pleasure** 기쁨 **contact** 접촉 **reserved** 국한된, 남겨둔 **available** 이용 가능한 **place** 놓다 **influence** 영향 **lonely** 한적한, 외로운 **stillness** 고요함 **spiritual** 정신적인 **development** 발달 **individual** 개인 **destroy** 파괴하다 **substitute A for B** B를 A로 대체하다 **artificial** 인공적인 **feature** 특징, 이목구비 **slow down** 늦추다 **growth** 성장 2 **occupation** 직업 **attitude** 태도 **desire** 욕구 **take up** (일·취미) 시작하다 **grocery** 식료품 **unpleasant** 불쾌한 **poorly** 형편없이 **precious** 귀중한 **possession** 소유(물) **disaster** 재앙 **shame** 수치 **unthinkable** 생각할 수 없는

A 대명사

01 **You** cannot love and be wise. (인칭대명사: 일반인)

02 There is no greater harm than **that** of time wasted. (지시대명사: 특정명사)

03 The plan was simplicity **itself**. (재귀대명사: 강조적 용법)

04 Joey looked at **himself** in the bathroom mirror. (재귀대명사: 재귀적 용법)

   cf. Lucy took her dog with **her**.

05 Because of **his** health, Max had to retire. (역행대명사)

01 one, you, they, people이 막연한 일반인을 나타낸다. 02 앞에 나온 명사의 반복을 피하기 위해 쓰며 주로 수식어구와 함께 쓰인다. 복수형은 those이다. 03 주어나 목적어를 강조하며 생략 가능하다. 04 동사나 전치사의 목적어 또는 보어로 쓰여 생략이 불가능하다. e.g. I am not myself today. (난 오늘 내 정신이 아니야.) *cf.* 공간 관계(동반·장소·소유)를 나타내는 경우에 재귀대명사를 쓰지 않아도 의미가 명확하면 인칭대명사의 목적격을 쓴다. 05 부사구(절)가 앞에 올 경우 대명사가 명사보다 먼저 나오기도 한다.

> **Further Expressions** 재귀대명사 관용표현과 재귀동사
> 관용표현: for oneself(자신을 위해서, 스스로) (all) by oneself(혼자서) of itself(저절로) in itself(본래) to oneself(독차지하는) beside oneself(제정신이 아닌)
> 재귀동사: cut[burn, hurt] oneself(베이다[데이다, 다치다]) teach oneself(독학하다) enjoy oneself(즐기다) establish oneself(자리 잡다) behave oneself(예의 바르게 행동하다)

수능 pick 1 ◆ [that / those]
Musical sounds, he was saying, can be distinguished from [**that / those**] of nature. [수능기출]
→ 복수명사인 sounds의 반복을 피하기 위해 쓰므로 those가 적절하다.

B 부정대명사

01 When **one** door closes, **another** opens. (하나는 – 또 다른 하나는)

02 **One** of my parents is a singer; **the other** is a composer. (하나는 – 나머지 하나는)

03 Can I try on those shoes? I want the **ones** on the top shelf. (불특정명사)

   cf. If you don't have orange *juice*, I'll have grape ~~one~~.

04 **Some** of the children arrived alone while **others** arrived in a group. (일부는 – 다른 일부는)

   cf. Andy and **the others** haven't arrived yet.

05 **Everybody** loves *their* mother. (복수소유격 – 복수 취급)

06 There are **many** who want power. But only **a few** are truly chosen. (복수부정대명사)

03 가산명사의 반복을 피하기 위해 쓰며 동일한 종류를 가리킨다. 단수형은 one이다. *cf.* 가산명사의 반복에만 쓰이므로 불가산명사에는 쓰지 않는다. 04 *cf.* 나머지 전체는 the others로 쓴다. 05 단수 취급하는 대명사(someone, nobody, a person, each, whoever 등)를 다시 받을 때는 복수형으로 쓰기도 한다. 06 many, a few가 부정대명사로 쓰인다. much, a little도 대명사로 쓰일 수 있다.

수능 pick 2 ◆ the other [○/×]
John and Alice were always quarreling, and each found fault with **the other** at the slightest excuse. [○/×] [EBS수능완성]
→ 둘 중에서 한 명(each)이 나머지 다른 한 명을 흠잡는 것으로 the other는 적절하다.

A 02 **harm** 손해 **waste** 낭비하다 03 **simplicity** 단순 05 **retire** 은퇴하다   수능 Pick 1 ◆ **distinguish** 구별하다 B 02 **composer** 작곡가 03 **shelf** 선반 06 **power** 권력 **truly** 진정으로   수능 Pick 2 ◆ **quarrel** 말다툼하다 **find fault with** 흠잡다 **slight** 사소한, 약간의 **excuse** 구실, 핑계

C 형용사

01 There is *something* **good** in every day. (한정적 용법)

02 I am **happy** to be **alive**. (서술적 용법)

03 **The elderly** *are* in *their* second childhood. (~한 사람들)

   cf. This show is for both **young and old**.

04 In a unanimous decision, **the accused** *was* found guilty. (~한 사람)

05 He doesn't believe in **the supernatural**. (~한 것)

06 The **late** movie star Bruce Lee's funeral was held in Seattle. (고인이 된)

   cf. It was too **late** to take it back. (늦은)

07 Food safety is **of** extreme **importance** to our health. (of + 추상명사)

01 -one, -body, -thing은 형용사가 후치 수식한다. 02 ※서술적 용법으로만 쓰이는 형용사: alive, alike, alone, afraid, asleep, ashamed, unable, content(만족한), glad(기쁜) 등 03 복수보통명사를 나타내며 복수동사가 온다. *cf.* 대조적인 표현이 올 때는 the를 생략할 수 있다. 04 문맥에 따라 단수보통명사를 나타낸다. 05 추상명사를 나타낸다. 06 용법에 따라 뜻이 바뀌는 형용사도 있다. e.g. late(고인이 된 – 늦은) present(현재의 – 출석한) involved(복잡한 – 관련된, 열심인) proper(적절한 – 엄밀한 의미의) 07 = extremely important 「of + 추상명사」가 형용사의 의미를 띠기도 한다. e.g. of value = valuable, of no use = useless *cf.* 「전치사 + 추상명사」가 부사가 되는 경우 e.g. with ease = easily, on occasion = occasionally, by accident = accidentally, in haste = hastily

Further Expressions 「the+형용사」

the poor, the rich, the blind, the deaf, the sick, the mentally ill, the homeless, the innocent(무고한 사람들), the intelligent(총명한 사람들), the jobless[unemployed](실업자들), the physically challenged[= disabled](장애인들) *cf.* the elder ⑱ 형제자매 중 연장자 the elders ⑲ 연장자들 ※the young은 동물의 새끼(들)를 나타낼 때도 있다.

수능 pick 3

♦ the + 형용사 [○/×]
Humor is the best way to make **the unbearable** bearable. [○/×]
→ the unbearable은 '참을 수 없는 것'의 추상명사로 쓰였으므로 적절하다. bearable도 make의 목적격보어로 쓰였으므로 bearably로 쓰지 않음에 유의한다.

D 부사

01 I *walk* **slowly**, but I **never** *walk* **backward**. (동사 수식)

02 **Even** *she* can't change his mind. (대명사 수식)

03 **Much** *to my surprise*, they offered me a scholarship. (구 수식)

04 Set your goal **high** and don't stop until you get there. (높게)

   cf. Photosynthesis is a **highly** complex process. (매우)

05  (그렇게)

01 부사는 기본적으로 동사, 형용사, 다른 부사, 문장을 꾸며 준다. 02 even, else, only 등의 부사는 (대)명사를 수식할 수 있다. 03 부사가 구를 수식할 수 있다. ※「to one's + 추상명사」(~가 …하게도) 04 부사와 형용사가 같은 형태이면서, 「형용사 + ly」가 되어 다른 뜻이 되는 단어가 있다. e.g. near – nearly(가까운, 가까이 – 거의) hard – hardly(어려운, 딱딱한, 힘든 – 거의 ~않는) late – lately(늦은, 늦게 – 최근에) free – freely(자유로운, 무료로, (자유롭게) – 자유롭게, 구애[방해]받지 않고) just – justly(올바른, 바로 – 정당하게, 정확하게) 05 that(그렇게), this(이렇게)도 부사로 쓰일 수 있다.

C 04 **unanimous** 만장[전원] 일치의 **find ~ guilty** ~을 유죄 판결 내리다 05 **supernatural** 초자연적인 06 **funeral** 장례식 **hold** 개최하다 **take it back** 취소하다
수능 Pick 3 ♦ **unbearable** 참을 수 없는 **bearable** 참을 수 있는 D 01 **backward** 뒤쪽으로 03 **offer** 제공[제안]하다 **scholarship** 장학금 04 **photosynthesis** 광합성 **complex** 복잡한 **process** 과정

A 각 괄호에서 알맞은 말을 고르시오.

1 [that / it]은 명사의 반복을 피하기 위하여 주로 수식어구와 쓰인다.

2 재귀적 용법의 재귀대명사는 목적어 또는 보어로 쓰여 생략이 [가능 / 불가능]하다.

3 둘 중 하나는 one, 나머지 하나는 [another / the other]로 표현한다.

4 Everybody, nobody 등을 [it / they]로 받을 수 있다.

5 동사, 형용사, 부사를 수식할 수 있는 것은 [형용사 / 부사]이다.

B 다음 문장의 밑줄 친 부분의 해설이 맞으면 T 그렇지 않으면 F에 체크하시오.

1 Nobody has to participate if <u>they</u> don't want to.

↳ they가 3인칭 단수의 부정대명사를 받고 있다. ☐T ☐F

2 In one sense, every character you create will be <u>yourself</u>. 수능기출

↳ 재귀대명사의 강조적 용법으로 생략이 가능하다. ☐T ☐F

3 <u>Much</u> to my shock, he recited the poem from memory.

↳ Much가 부정대명사로 to my shock를 수식하고 있다. ☐T ☐F

4 <u>One</u> cannot plan for <u>the unexpected</u>.

↳ One은 you로 바꿔 쓸 수 있고, 「the + unexpected」는 복수보통명사이다. ☐T ☐F

5 In <u>her</u> work, Lotte repeatedly portrayed Gertrude Rose, her closest friend. 모의기출

↳ 대명사가 명사보다 먼저 나오는 경우가 있으며 Lotte를 가리킨다. ☐T ☐F

C 우리말과 일치하도록 빈칸에 알맞은 말을 써 넣으시오.

1 모두가 자신들의 파트너를 파티에 데리고 왔다.

Everyone brought _____ partner to the party.

2 정부는 실업자들을 위해서 무엇인가를 해야 한다.

The government should do something for the _____.

3 고은은 우연히 종이에 베었다.

Goeun accidentally cut _____ on a piece of paper.

4 장수는 양면을 가진 동전으로, 한 면은 양을 다른 면은 질을 가지고 있다.

Longevity is a two-sided coin with quantity on one side and quality on _____ _____.
모의기출

5 매년 외국으로 나가는 한국인의 수는 한국을 방문하는 외국인의 것(수)보다 더 많다.

Each year, the number of Koreans going abroad is larger than _____ of foreigners visiting Korea. 모의기출

B **1 participate** 참가하다 **2 sense** 의미 **character** 등장인물, 성격 **create** 창조하다 **3 recite** 낭독하다 **5 repeatedly** 반복적으로 **portray** 그리다
C **2 government** 정부 **3 accidentally** 우연히 **4 longevity** 장수 **two-sided** 양면의 **quantity** 양 **quality** 질 **5 the number of** ~의 수 **abroad** 해외로
foreigner 외국인

D 다음 〈보기〉에서 알맞은 것을 찾아 문장을 완성하시오.

> 보기 good – well   late – lately   another – the other   just – justly   was – were

1 Two of the injured _____ in the intensive care unit.

2 I know you've had a tough time securing clients _____. EBS파이널

3 The _____ is always beautiful, and the beautiful is not always good.

4 "I competed with him fairly and _____," Park told the reporters.

5 Later, I learned that we had hit a car coming from _____ direction. 수능기출

E 다음 각 [ ]에서 어법에 맞는 표현을 고르시오.

1 I find [me / myself] alone in the midst of isolation. 수능기출

2 Working out makes me feel [freely / free] and alive.

3 The old and the young [was / were] evacuated from the building.

4 Most people have one foot that is slightly larger than [the other / another]. 모의기출

5 Many modern structures exceed [that / those] of Egypt in terms of purely physical size. 수능기출

F 밑줄 친 부분 중에서 어색한 것이 있으면 고치시오.

1 He ran as fast as he could and launched <u>himself</u> into the air. 모의기출

2 The elderly <u>recovers</u> faster from illnesses when <u>they are</u> cheerful. EBS수능특강
> → 주절의 주어와 같으면 부사절에서
> 「주어+be동사」를 생략할 수 있어요.
> (▶Unit 19 부사절 접속사 참조)

3 Most of the students are from Holland while some <u>is</u> from Ghana.

4 We're not <u>that</u> frightened of crocodiles. They're just a bit unpredictable.

5 The digestive system of the goat is different from <u>those</u> of the sheep or the cow. 수능기출

D **1 intensive care unit** 중환자실, 집중 치료실 **2 have a tough time -ing** ~하는데 어려운 시간을 보내다 **4 compete** 경쟁하다 **fairly** 공정하게 **5 direction** 방향
E **1 isolation** 고립 **2 work out** 운동하다 **3 evacuate** 대피시키다 **4 slightly** 약간 **5 modern** 현대의 **structure** 구조물 **exceed** 능가하다 **in terms of** ~의 면에서
purely 순전히 **physical** 물리적 F **1 launch** 발사하다, 진수하다 **2 recover** 회복하다 **cheerful** 즐거운 **3 Holland** 네덜란드 **4 be frightened of** ~을 무서워하다
a bit 약간 **unpredictable** 예측 불가능한 **5 digestive system** 소화 기관 **goat** 염소

A 다음 각 [ ]에서 어법에 맞는 표현을 고르시오.

1 I think nowhere [have I / I have] seen skies as blue as [that / those] of my village. 수능기출

2 They secretly and silently dreamed of [another / other] chance at [the other / another] year.

3 Poetry moves us to [sympathize with / sympathize] the emotions of the poet [itself / himself]. 수능기출

4 [See / To see] and listen to the wicked [are / is] already the beginning of wickedness. *Confucius*

5 Have you ever exchanged something of [you / yours] for [else something / something else] your friend had? EBS수능특강

6 During [regular / regularly] scheduled meetings, members [share / sharing] their stories, stresses, feelings, issues, and recoveries. 모의기출

7 The [lately / late] photographer Jim Marshall [regarded / is regarded] as one of the most celebrated photographers of the 20th century. 수능기출

8 The young of ducks, geese, and many shorebirds [is / are] born with their eyes open and are able to [immediately / immediate] forage on their own.

B 밑줄 친 부분 중에서 어색한 것이 있으면 고치시오. (정답 최대 2개)

1 These <u>findings</u> are inconsistent with <u>that</u> of previous studies.

2 The difference between success and failure <u>is</u> not <u>that</u> great. 수능기출

3 She wanted to change <u>herself</u>, so she made a motto to guide <u>herself</u>.

4 The elderly think of <u>himself</u> as being much younger than they actually <u>are</u>. 수능기출

5 The amount of coal energy was three times as <u>many</u> as <u>that</u> of hydroelectric energy in <u>1990</u>. 모의기출

6 Firstly, he discovered, <u>much</u> to his amazement, <u>which</u> the quality of his work did not diminish.

7 Walking on two legs was very important because <u>they</u> left people's arms and hands <u>freely</u> to be used in other ways. EBS영어독해연습

8 The American economy now exhibits a wider gap between <u>rich and poor</u> than it <u>does</u> at any other time since World War II. 수능기출

A 1 **village** 마을 2 **secretly** 은밀히 **silently** 조용히 3 **poetry** 시 **sympathize with** ~에 공감하다 **emotion** 감정 **poet** 시인 4 **wicked** 악한 **wickedness** 악함 6 **regularly** 정기적으로 **issue** 문제점 **recovery** 극복, 회복 7 **regard ~ as...** ~을 …로 여기다 **celebrated** 유명한 8 **young** 새끼 **shorebird** 물가에 사는 새 **forage** 먹이를 찾다 **on one's own** 스스로 B 1 **finding** (연구) 결과물 **inconsistent** 일치하지 않는 **previous** 이전의 3 **motto** 좌우명 **guide** 안내하다 5 **amount** 양 **coal** 석탄 **hydroelectric** 수력 전기의 6 **diminish** 떨어지다, 축소하다 8 **exhibit** 보여주다 **gap** 차이

84

C 다음 밑줄 친 부분의 설명이 틀린 것을 모두 고르시오. (정답 최대 3개)

1   Several animal species help other injured animals **(a)** <u>survive</u>. Dolphins need to reach the surface of the water to breathe. If a dolphin is wounded so severely that it cannot swim to the surface **(b)** <u>by themselves</u>, other dolphins group **(c)** <u>them</u> under it and push it upward to the air. If necessary, they will keep doing **(d)** <u>this</u> for several hours. The same kind

of thing happens with elephants. A fallen elephant is likely to have difficulty breathing because of its own weight, or it may overheat in the sun. Many elephant experts have reported that when an elephant falls down, **(e)** <u>other</u> members of the group try to raise it to its feet. 모의기출

① (a) help의 목적격보어이므로 to survive로 고쳐야 한다.

② (b) '혼자서'의 뜻을 지닌 「by + 재귀대명사」로 적절하다.

③ (c) 주체와 객체가 같으므로 themselves로 고쳐야 한다.

④ (d) 다친 돌고래를 물 밖으로 밀어 올리는 것을 의미한다.

⑤ (e) '다른 일부는'의 뜻으로 복수명사를 수식하고 있다.

2   Arabs have a saying which reflects respect for the elderly: A house without an elderly person is like an orchard without a well. This same respect is taught in **(a)** <u>most</u> Asian cultures, in which children read stories of exemplary sons and daughters who care for their parents through good times and bad. The main reason behind this great respect for the elderly **(b)** <u>are</u> that, in such places as Korea, an appreciation of the past is **(c)** <u>highly</u> valued. Malaysians

frequently admire the **(d)** <u>more</u> senior or elderly member of an organization, and this person will generally be the first to speak at a meeting. **(e)** [In addition / However], people are very obedient and polite to senior citizens in Japan. 모의기출

① (a) '가장'이란 뜻의 형용사로 쓰였다.

② (b) the elderly가 복수보통명사로 적절하다.

③ (c) very라는 뜻의 부사로 high로 써도 된다.

④ (d) 형용사 senior를 수식하고 있다.

⑤ (e) 적절한 말은 In addition이다.

C **1 several** 몇몇의 **species** 종(種) **injure** 부상을 입히다 **survive** 생존하다 **reach** 도달하다 **surface** 표면 **breathe** 숨 쉬다 **wound** 부상을 입히다 **severely** 심각하게 **by oneself** 혼자서 **upward** 위쪽으로 **if necessary** 만약 필요하면 **be likely to** ~하기 쉽다 **have difficulty -ing** ~하는데 어려움을 겪다 **own** 자신의 **weight** 무게 **overheat** 과열되다 **expert** 전문가 **report** 말하다, 보고하다 **raise ~ to one's feet** 일으켜 세우다 **2 saying** 속담 **reflect** 반영하다 **respect** 존경(심); 존경하다 **orchard** 과수원 **well** 우물 **exemplary** 모범적인 **care for** 돌보다 **reason** 이유 **appreciation** 이해(인식), 감상, 감사 **highly** 매우 **value** 평가하다, 소중히 여기다 **admire** 존경하다 **senior** 선배의, 나이가 많은 **organization** 조직 **generally** 일반적으로 **obedient** 순종적인 **polite** 예의 바른, 공손한

A 원급 표현 '~만큼 …한 / …하게'라는 뜻으로 둘을 동등하게 비교할 때 사용한다.

01 A chameleon's tongue can be **as long as** its body. (as 형용사 as)

02 Joséphine was **not so[as]** friendly **as** her husband. (not as[so] ~ as)

03 You have to unbox it **as carefully as** you can. (as 부사 as)

04 She didn't have **as much time as** I had thought. (as much 불가산명사 as)

05 I am **as creative a cook as** my wife (is). (as 형용사 관사 명사 as)

01 「as ~ as」 사이에 형용사가 온다. 02 부정형은 not so[as] ~ as이다. 03 「as ~ as」 사이에 부사가 온다. 04 불가산 명사이면 much, 가산명사이면 many가 온다. 05 「as + 형용사 + (관사) + 명사 + as」의 어순을 따르며 공통 어구는 생략할 수 있다.

수능 pick 1
♦ as [형용사 / 부사] as
Kubelik played the Paganini concerto tonight as [**splendid** / **splendidly**] as he ever did. 모의기출
→ 「as ~ as」를 빼고 문장 구조를 분석하면 동사 played를 수식해야 하므로 부사인 splendidly가 적절하다.

B 비교급 표현 '~보다 더 …한 / …하게'라는 뜻으로 둘을 비교할 때 사용한다.

01 Hot water is **heavier than** cold water. (-er than)

02 Writing seems to be **more difficult than** speaking. (more ~ than)

03 Wounds make **better** lessons **than** lectures. (불규칙 than)

04 Are we **less kind than** (we were) in the past? (열등 비교: less ~ than)

05 She looks **more** cute **than** elegant. (동일 비교: more ~ than)

06 One day, reality will become **much better** than your dreams. (비교급 수식어)

01 규칙 비교급에는 -er를 붙인다. 02 비교적 긴 음절 앞에는 more를 붙인다. 03 불규칙 변화를 하는 비교급도 있다. e.g. many/much-more-most, good/well-better-best, ill/bad-worse-worst, little-less-least, late-later/latter-latest/last(더 늦은/후자의 – 최신의/마지막의), far-farther/further-farthest/furthest(정도/거리) ※거리에는 farther/further 둘 다 쓰이나 정도에는 further만 쓰인다. 04 less ~ than은 '보다 덜 ~한/히'의 의미로 열등 비교라 불린다. 05 동일인이나 동일물을 비교할 때는 짧은 단어일지라도 more를 쓴다. 06 비교급 수식어로는 much, still, even, (by) far, a lot, yet, very much, a little, a bit 등이 있다.

수능 pick 2
♦ [as / than]
Seashells are more beautiful on the beach [**as** / **than**] on your desk. 모의기출
→ than이 있으면 반드시 앞에 비교급이 있다. more beautiful이라는 비교급이 있으므로 than이 적절하다.

♦ [very / much / more]
There are [**very** / **much** / **many**] more opportunities waiting for you.
→ very는 원급을 수식하고, much는 비교급을 수식하나, 비교급 다음에 복수명사가 오면 many로 수식한다.

A 01 tongue 혀 03 unbox 상자에서 꺼내다 05 creative 창의적인 수능 Pick 1 ♦ splendid 화려한 B 03 wound 상처 lesson 교훈 lecture 강의 05 elegant 우아한
06 reality 현실 수능 Pick 2 ♦ seashell 조개껍데기 beach 해변 opportunity 기회

C 최상급 표현 '가장 ~한 / ~하게'이란 의미로 셋 이상을 비교할 때 사용한다.

01 Bamboo is **the tallest** grass in the world. (the -est)

02 Baseball is **the most popular** sport in Cuba. (the most ~)

03 Success is **the best** revenge. (the 불규칙)

04 This sample is **by far the cheapest** of all. (최상급 수식어 + 명사 생략)

05 The **last** person *to leave* should turn off the lights. (부정사의 최상급 수식)

06 *Clementine* is **the most boring** movie (*that*) *I've ever seen*. (절의 최상급 수식)

07 Education was **the least popular** travel purpose for all three years. (the least ~)

08 Of all my friends, Sally is **(the) most considerate**. (the 생략 가능: 서술적 용법)

09 She looks **happiest** when she takes a nap. (the 생략: 동일 대상 비교)

10 The one who gets up **(the) earliest** in my family is my grandmother. (the 생략 가능: 부사)

01 규칙 최상급에는 -est를 쓰며 「in + 장소/시간/단체 of + 비교 대상(무리)」을 쓴다. 02 비교적 긴 음절 앞에는 the most를 붙인다. 03 불규칙 변화를 하는 최상급도 있다. 04 최상급 수식어구로는 much, by far, the very 등이 있으며, 비교 대상이 명백한 명사는 생략 가능하다. 05 to부정사가 최상급을 수식하며 이때, 주어와 동사의 관계이다. 06 관계사절이 최상급을 후치 수식할 수 있다. 07 '가장 적은'의 의미로 원급 앞에 least를 쓴다. 08 서술적 용법으로 쓰인 최상급에서 the는 생략 가능하다. 09 동일 대상을 다른 상황과 비교할 때는 the를 생략한다. 10 부사의 최상급에는 주로 the를 생략한다.

PLUS a most vs. the most

He is **a most** interesting person.

He is **the most** interesting person of the three.

→ a most에서 most는 '매우'라는 뜻이고, the most는 최상급 표현으로 '가장'이란 뜻으로 둘 다 맞는 표현이다. 단, 최상급 표현은 두 번째 문장처럼 비교 대상이 오는 것이 일반적이다. *cf.* most winners(대부분의 승리자들)

Further Study 원급, 비교급, 최상급이 포함된 관용표현

원급: as long as(줩 ~하는 한) as far as I know(내가 아는 한) B as well as A(A뿐만 아니라 B도) as busy as a bee(매우 바쁜)

비교급: more or less(다소) more often than not(자주)

최상급: at one's best(최선의 상태에서, 한창 때에) do one's best(최선을 다하다) make the most[best] of(~을 최대한 이용[활용]하다) get the better of(~을 이기다) for the most part(대부분) for the best(가장 좋은 방향으로) first of all(무엇보다도) at first(처음에는) at least(적어도) at (the) most(많아야, 고작) at best(기껏해야) at (the) worst(최악의 경우에) not in the least(조금도 ~하지 않는)

C 01 **bamboo** 대나무 03 **revenge** 복수 05 **turn off** 끄다 07 **education** 교육 **purpose** 목적 08 **considerate** 사려 깊은 09 **take a nap** 낮잠 자다

CHAPTER 11 비교구문 87

‹ Grammar Practice ›

A 각 괄호에서 알맞은 말을 고르시오.

1 「as ~ as...」 사이에는 형용사나 부사의 [원급 / 비교급]이 온다.

2 「비교급 than ~」은 둘을 비교하며, 형용사나 부사에 -er를 붙이거나 [more / most]를 더한다.

3 비교급을 수식하는 어구에는 [very / much], still, even, by far, a lot, a little, a bit 등이 있다.

4 「the 최상급」은 셋 이상을 비교하며, 형용사나 부사에 [-er / -est]를 붙이거나 most를 더한다.

5 서술 용법의 최상급이나, 부사의 최상급에서 [most / the]를 생략할 수 있다.

B 다음 문장의 해설이 맞으면 T 그렇지 않으면 F에 체크하시오.

1 Silence says a lot more than you think.

↳ a lot은 비교급 강조부사로 a lot, very, still 등으로 바꿔 쓸 수 있다. □ T □ F

2 In brief, you must give as more as you take. 수능기출

↳ 「as 원급 as」 구문으로 more를 many로 고쳐야 한다. □ T □ F

3 I am most productive early in the morning.

↳ 최상급 앞에는 the를 써야 하므로 the most로 고쳐야 한다. □ T □ F

4 Luckily, she was less sicker than others supposed.

↳ less 다음에는 원급을 써야 하므로 sicker를 sick으로 고쳐야 한다. □ T □ F

5 We finished the project as successful as we began it.

↳ 동사를 수식해야 하므로 successful을 successfully로 고쳐야 한다. □ T □ F

C 우리말과 일치하도록 괄호 안의 말을 이용하여 문장을 완성하시오. (필요시 어형 변화할 것)

1 독특한 것이 완벽한 것보다 더 좋다. (good)

Being unique is _____ _____ being perfect.

2 그는 나만큼이나 많은 팔로워를 가지고 있다. (follower)

He has _____ _____ _____ _____ I do.

3 당신이 사랑받고 싶어 하는 만큼 많이 자신을 사랑하세요. (much)

Love yourself _____ _____ _____ you want to be loved.

4 오늘 가장 끝내주는 사람은 누구인가요? 그것은 당신입니다. (awesome)

Who is _____ _____ _____ person today? It is you.

5 그 소년은 아더왕의 이야기에 나오는 기사만큼 자랑스럽게 걸었다. (proud)

The boy walked _____ _____ _____ a knight from the tales of King Arthur.

B **1** silence 침묵 **2** in brief 간단히 말해서 **3** productive 생산적인 **4** luckily 다행히도 suppose 생각하다 **5** project 과제 successful 성공적인
C **1** unique 독특한 perfect 완벽한 **4** awesome 끝내주는 **5** proudly 자랑스럽게 knight 기사 tale 이야기

88

D 다음 〈보기〉에서 알맞은 것을 찾아 문장을 완성하시오. (필요시 어형 변화할 것)

보기	good	wrong	strong	hard	deadly

1 You're _____ than you think.

2 The first step is always the _____.

3 To go beyond is as _____ as to fall short. *Confucius*

4 A jealous woman does _____ research than the FBI.

5 A study from Harvard University found that having no friends can be just as _____ as smoking.

E 다음 각 [ ]에서 어법에 맞는 표현을 고르시오.

1 A: My mom likes my dog [more / better] than me.
B: We don't even have a dog.

2 The [sadder / saddest] thing in life is wasted talent. 모의기출

3 Then he turned and disappeared as [quick / quickly] as he had come. 모의기출

4 Night diving is obviously less [simpler / simple] than diving during the day. 수능기출

5 Sophie makes as [much / many] money as Joseph but not as [many / much] as Mansour.

F 밑줄 친 부분 중에서 어색한 것이 있으면 고치시오.

1 Laughter is the <u>shorter</u> distance between two people.

2 At that moment, <u>a most</u> frightening sound crackled in the wind. EBS영어독해연습

3 It is nice to wake up in the morning, but it is a lot <u>nice</u> to lie in bed.

4 Some people are as old as they feel, but others are <u>as old as</u> they look.

5 He emphasizes that trust is the <u>best</u> important factor in a child's developing personality. 수능기출

↳ 동명사의 의미상의 주어는 소유격 또는 목적격으로 써요.
Unit 06 동명사의 형태와 용법 참조

D **3 go beyond** 초과하다 **fall short** 부족해지다 **4 jealous** 질투하는 **research** 조사, 연구 **5 deadly** 치명적인 E **2 wasted** 낭비된 **talent** 재능 **3 disappear** 사라지다 **4 obviously** 확실히 F **1 laughter** 웃음 **2 frightening** 무시무시한 **crackle** 탁탁[치직] 소리를 내다 **5 emphasize** 강조하다 **factor** 요인 **develop** 발달시키다 **personality** 성격

A 원급의 관용표현 배수 표현, as ~ as possible, as ~ as ever, as ~ as any 등이 있다.

01 Women blink nearly **twice as much as** men.　　　(배수사 as ~ as)

02 A tiger's night vision is **six times as good as** a human's.　　　(배수사 as ~)

　　→ A tiger's night vision is **six times better than** a human's.

03 Be **as careful as possible** on social media.　　　(as ~ as possible)

　　→ Be **as careful as you can** on social media.　　　(as ~ as 주어 can)

04 The farmers are **as important as (they) ever (are)** to the nation.　　　(as ~ as ever)

05 This summer is **as hot as any (summer)** in South Korea.　　　(as ~ as any 명사)

01~02 배수사는 비교 표현 앞에 쓴다. 02 「배수사 + as ~ as」는 「배수사 + 비교급 than」으로 바꿔 쓸 수 있다. (▶B 01번 비교급 배수 표현 참조) 03 「as ~ as possible(가능한 ~한/~하게)」은 「as ~ as 주어 + can[could]」으로 바꿔 쓸 수 있다. 04~05 원급이지만 최상급의 의미를 지니며 공통으로 사용되는 표현은 생략될 수 있다. 04 「as ~ as ever (주어 + 동사)」는 '변함없이 ~한/~하게'의 뜻으로 ever는 동사를 수식한다. 05 「as ~ as any (명사)」는 '어느 ~(것[사람])에도 못지않게'의 뜻이며 any는 명사를 수식한다.

B 비교급 관용표현 배수 표현, 「more/less than + 수치」, different(ly) than[from], other than, rather than, 「비교급 and 비교급」, 「the 비교급, the 비교급」 등이 있다.

01 A tiger's night vision is **six times better than** a human's.　　　(배수사 more than)

02 The average rainfall was **more than** 200 millimeters.　　　(more than 수치)

03 The number 799 feels significantly **less than** 800.　　　(less than 수치)

04 Why is everybody's answer **different than** mine?　　　(different(ly) than)

05 It's better to trust the eyes **rather than** the ears.　　　(rather than)

06 I believe that there's life in places **other than** on the planet.　　　(other than)

07 Ken skied **faster and faster** down the hill.　　　(비교급 and 비교급)

08 **The spicier** the food is, **the faster** she eats it.　　　(the -er, the -er)

09 **The more** we do, **the more** we can do.　　　(the more ~, the more ~)

　　→ **As we do more**, we can do **more**.

10 **The bigger** the dog **(is)**, **the shorter** its lifespan **(is)**.　　　(be동사 생략)

01 배수사는 비교 표현 앞에 쓴다. 02~03 「more than + 수치」는 '이상, 넘는', 「less than + 수치」는 '이하, 적은'이라는 뜻이다. 04 different(ly) from이 일반적이나 than이 오기도 한다. 05 rather than은 '~보다(는)'라는 뜻이다. 06 other than은 '~이외의, ~와 다른'이란 뜻이다. 07 「비교급 and 비교급」은 '점점 더 ~한/~하게'의 뜻이고, 비교적 긴 단어는 more beautiful and more beautiful처럼 원급을 두 번 쓰지 않는다. 08 「the 비교급, the 비교급」은 '~할수록 더 ~하다'의 뜻으로, 비교급 자리에는 형용사와 부사가 올 수 있다. ※spicier 대신 more spicy를 써도 된다. 09 「As 주어 + 동사, 주어 + 동사」로 전환할 수 있다. 10 be동사는 생략될 수 있다.

A 01 **blink** (눈을) 깜빡이다 02 **night vision** 야간 시력 03 **social media** 소셜 미디어(SNS)　B 02 **average** 평균(의) **rainfall** 강우량 03 **significantly** 상당히 05 **trust** 믿다 06 **life** 생명체 **planet** 지구, 행성 08 **spicy** 매운 10 **lifespan** 수명

수능 pick 1

♦ the more [-ed / -ing]
The more [**confused** / **confusing**] we get, the dumber we feel. 모의기출
→ 도치되기 전의 어순은 we get (more) ~이고, 주어가 동작의 대상이 되므로 수동형인 confused가 적절하다.

♦ the more [형용사 / 부사]
Therefore, the more knowledge and experience a decision-maker has, the [**greater** / **greatly**] the chance of a good decision. 모의기출
→ decision 다음에 be동사 is가 생략된 구문이고, is의 보어가 필요하므로 형용사인 greater가 적절하다.

C than의 의미를 표현하는 to와 than이 없는 비교급

01 Are humans **superior to** animals?　　　　　　　　(superior to)
02 Nobody is **inferior to** you here.　　　　　　　　　(inferior to)
03 They **preferred** sightseeing by car **to** flying.　　　(prefer A to B)
04 Prevention is **preferable to** treatment.　　　　　　(preferable to)
05 Hairstyles can make you look 10 years **younger**.　　(-er ~~than~~)

01~02 superior, inferior는 than 대신에 to를 쓴다. 03 prefer A to B에서 A와 B는 (동)명사를 쓴다. ※단, 비교 대상이 드러나지 않을 때는 「prefer to + 동사원형」을 쓸 수도 있다. e.g. I prefer to go[going] alone. 04 preferable도 전치사 to를 쓰며 동명사가 오는 것에 유의한다. 05 비교 대상이 명확할 때는 than 이하를 생략해도 된다. (← than you are)

Further Expressions 라틴어에 기원을 둔 비교급
라틴어에 기원을 둔 같은 단어들은 비교구문에서 than 대신에 to를 쓰며, 원급도 최상급도 없다.
e.g. superior to(~보다 우월한) inferior to(~보다 열등한) prior to(~보다 먼저) junior to(~보다 연하의) senior to(~보다 연상인) prefer A to B(B보다 A를 선호하다) preferable to(~보다 좋은) 등

D 최상급을 나타내는 표현

Quiz What Is the Most Beautiful Thing in the World? (Use your own words.)

01 Alice: **Nothing is as** beautiful **as** love in the world.
02 Ashley: **Nothing is so** beautiful **as** chicken in the world.
03 Lou: The world itself is **the most** beautiful **thing** in the world.
04 Boodi: Money is **more** beautiful **than anything else** in the world.
05 Selina: I am **more** beautiful **than any other thing** in the world.

01 「부정 주어 + as + 원급 + as」 02 「부정 주어 + so + 원급 + as」 03 the 최상급 04 「비교급 + than + anything else」 05 「비교급 + than + any other + 단수 명사」 등으로 최상급을 표현할 수 있다.

수능 Pick 1 ♦ **dumb** 말을 못하는 **knowledge** 지식 **experience** 경험 **decision-maker** 의사 결정자 **chance** 가능성, 기회　C 03 **sightsee** 관광하다 04 **prevention** 예방 **treatment** 치료

◄ Grammar Practice ►

A 각 괄호에서 알맞은 말을 고르시오.

1 배수 표현은 「as 원급 as」 또는 「[the 비교급 / 비교급] than」으로 표현할 수 있다.

2 [as ~ as ever / as ~ as any + 명사]는 '변함없이 ~한/~하게'란 의미로 해석한다.

3 「the 비교급, the 비교급 / 비교급 and 비교급」은 '~할수록 더 …하다'로 해석한다.

4 prefer A to B에서 B는 [(동)명사 / 동사원형]을(를) 쓴다.

5 상황이 명백할 때는 [more / than] 이하를 생략할 수 있다.

B 다음 문장의 해설이 맞으면 T 그렇지 않으면 F에 체크하시오.

1 Animals perceive time different than humans. `EBS수능특강`

↳ different from이 일반적이나 than도 오므로 적절하다.　　☐ T　☐ F

2 She seemed to prefer watch soap operas to talk to him.

↳ prefer는 비교할 때 than 대신 to를 쓰므로 이상이 없다.　　☐ T　☐ F

3 The more new information we take in, the slowly time feels. `모의기출`

↳ 「the 비교급, the 비교급」 구문이므로 slowly를 more slowly로 고쳐야 한다.　　☐ T　☐ F

4 Dawn came, and the sea calmed, but the cold was [ever, than, bitter, as ~ as].

↳ 주어진 단어에서 필요한 것만 골라 쓰면 bitter than ever이다.　　☐ T　☐ F

5 Misspelling your own name is more embarrassing than any other thing.

↳ Nothing is as embarrassing as misspelling your own name.으로 전환할 수 있다.　　☐ T　☐ F

C 우리말과 일치하도록 괄호 안의 말을 이용하여 문장을 완성하시오. (필요시 어형 변화할 것)

1 흠을 잡는 것보다 쉬운 일은 없다. (easy)

_____ is _____ _____ finding fault.

2 손톱은 발톱보다 거의 4배 더 빨리 자란다. (fast)

Fingernails grow nearly _____ _____ _____ _____ toenails.

3 여러분은 실제로 자신 이외의 다른 사람이 될 수 없다. (yourself)

You can't, in reality, be anybody _____ _____ _____. `모의기출`

4 나는 가능한 한 빨리 당신이 그 주문을 취소하기를 바랍니다. (soon)

I want you to cancel the order _____ _____ _____ _____. `모의기출`

5 점점 더 많은 사람들이 채식주의 식단으로 바꾸고 있다. (many)

_____ _____ _____ people are switching to vegetarian diets. `모의기출`

B **1 perceive** 인식하다　**human** 인간　**2 seem** ~처럼 보이다　**prefer** 선호하다　**soap opera** 연속극　**3 take in** 받아들이다, 섭취하다　**4 dawn** 새벽　**calm** 고요해지다　**bitter** 혹독한　**5 misspell** 철자를 잘못 쓰다　**own** 자신의　**embarrassing** 당혹스러운　C **1 find fault** 흠을 잡다　**2 fingernail** 손톱　**grow** 자라다　**toenail** 발톱　**3 in reality** 실제로　**4 cancel** 취소하다　**order** 주문　**5 switch** 바꾸다　**vegetarian** 채식주의자　**diet** 식단

D 다음 〈보기〉에서 알맞은 것을 찾아 문장을 완성하시오. (중복 답안 가능)

| 보기 | any | ever | to | than | other | as |

1 Lightning kills as many orange trees as _____ disease.

2 There is no culture that is superior or inferior _____ others.

3 Schubert wrote music _____ freely _____ one would write a friendly letter. 수능기출

4 Sometimes, though, your definition of a word is different _____ someone else's. EBS수능특강

5 "Regularity is the key to mastery, Jean. Everything _____ that is a waste of time." 모의기출

E 다음 각 [ ]에서 어법에 맞는 표현을 고르시오.

1 She was walking as gracefully as [any / ever] dancer.

2 Then why do people prefer Friday [than / to] Sunday? 모의기출

3 The committee agreed to resume talks as soon as it [can / could].

4 The more [outrageously / outrageous] a rumor, the [faster / fast] it travels. 모의기출

5 Children's bodies react to medication much [different / differently] than adults'. 모의기출

F 밑줄 친 부분 중에서 어색한 것이 있으면 고치시오.

1 The more you eat, the <u>better</u> you want to eat.

2 Every time I came to feed him, he jumped into my lap <u>as eager as ever</u>. 수능기출

3 Please send a service engineer <u>as soon as I could</u> to repair the washing machine. 수능기출

4 Our voices rose <u>more and more high</u>, and suddenly, a glass on the table broke into pieces. 수능기출

5 <u>More than</u> half of Americans, including at least 1 in 5 children, are overweight. 모의기출

D 1 lightning 번개 disease 질병 2 culture 문화 superior 우세한 inferior 열등한 3 freely 자유롭게 4 though 하지만 definition 정의, 의미 5 regularity 규칙적임 mastery 숙달 waste 낭비 E 1 gracefully 우아하게 3 committee 위원회 resume 재개하다 talk 회담 4 outrageous 터무니없는 5 react 반응하다 medication 약물 F 2 feed 먹이를 주다 lap 무릎 eager 열심인 3 repair 수리하다 4 suddenly 갑자기 break into pieces 산산조각 나다 5 including ~을 포함하여 at least 최소한 overweight 과체중의

A 다음 각 [ ]에서 어법에 맞는 표현을 고르시오.

1 A: What's [worst / worse] than finding a worm in your apple?

B: [Find / Finding] half a worm in your apple.

2 Don't treat people as [bad / badly] as they are. Treat them as [good / well] as they are.

3 Young fish [produces / produce] [very / many] fewer eggs than large-bodied animals. 수능기출

4 You're more likely [becoming / to become] the president [as / than] you are to win the lottery.

5 The [most / more] fundamental the beliefs, the more difficult they are [replaced / to replace]. EBS수능특강

6 Cyber-related fraud is [very / by far] the most common form of crime [hits / that hits] individuals. 모의기출

7 There is [something / nothing] better than the sound of heavy rain [while / during] you're falling asleep.

8 Common sense aside, the [best / more / most] important asset in business is a sense of humor, an ability to laugh at yourself or the situation. 수능기출

B 밑줄 친 부분 중에서 어색한 것이 있으면 고치시오. (정답 최대 2개)

1 To every problem, there is a most simple solution. *Agatha Christie*

2 The closely you get to the urban core, the less trees are found.

3 The life in front of you is many more important than the life behind you.

4 The hurt followed her as sure as the oxygen tube trailing her wheelchair. 모의기출

5 Grilling or steaming is preferable to fry because no fat is used or added to the food. EBS수능특강

6 Never be afraid of change. You may lose something good, but you may gain something even good.

7 An overwhelming majority of reporters and editors now get information differently than they were before. EBS수능완성

8 The brain is the best outstanding organ. It works 24 hours a day, 365 days a year from birth until you fall in love.

A 2 treat A (as) B A를 B로 대우하다 3 produce (새끼·알) 낳다, 생산하다 large-bodied 몸집이 큰 4 win the lottery 복권에 당첨되다 5 fundamental 기본적인 belief 신념 replace 대체하다 6 cyber-related 사이버와 관련된 fraud 사기 common 흔한 form 형태 crime 범죄 hit 공격하다 individual 개인 7 fall asleep 잠들다 8 common sense 상식 aside ~외에도 asset 자산 ability 능력 laugh at (비)웃다 situation 상황 B 1 solution 해결책 2 urban 도시의 core 중심부, 핵 4 hurt 아픔 oxygen 산소 trail 끌리다, 따라가다 5 grill 석쇠로 굽다 steam 찌다 preferable 바람직한, 선호되는 fat 지방 add 첨가하다 6 gain 얻다 7 overwhelming 압도적인 a majority of 다수의 editor 편집자 8 brain 뇌 organ 장기 work 작동하다 birth 출생 fall in love 사랑에 빠지다

C 다음 밑줄 친 부분의 설명이 틀린 것을 모두 고르시오. (정답 최대 3개)

1 Have you ever wondered how movies **(a) setting** in the winter can be filmed in the summer? The answer to this question is special effects. Special effects help make movies seem **(b) more realistically**. As an example, snow is made by machines to create the illusion of winter in Hollywood. However, viewers have no idea **(c) that** the snow in movies isn't real. The 1946 holiday classic film *It's a Wonderful Life* shows snow produced with special effects. The movie was actually filmed in the summer. Another example is rain, which is **(d) a bit more** common than snow in Hollywood films. **(e) Rather than waiting** around for rain to fall, Hollywood creates its own. 모의기출

*illusion: a misleading image presented to the vision

① (a) movies가 동작의 대상이므로 set으로 고쳐야 한다.

② (b) seem의 보어로 쓰인 more realistically는 적절하다.

③ (c) idea를 재진술하는 동격접속사이다.

④ (d) more를 수식하므로 a bit을 much로 고쳐야 한다.

⑤ (e) '~보다는'의 의미로 쓰인 흐름에 맞게 적절히 쓰였다.

2 The graph shows changes in preferred means of transportation in Korea that passengers used in 2011 and 2019. In both 2011 and 2019, cars were **(a) the most preferred** means of passenger transportation. However, the percentage of cars used in 2019 was **(b) less than in 2011**. Compared to 2011, three means of transportation

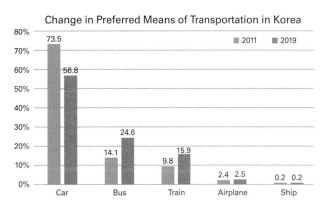

Change in Preferred Means of Transportation in Korea

showed **(c) increased** percentages in 2019. In 2011, trains were the third preferred means of transportation, **(d) followed by** airplanes and ships. The percentage of ships in 2011 was **(e) as equally as** in 2019. 모의기출응용

① (a) 최상급 표현으로 이 때 the는 생략 가능하다.

② (b) 다음에 the percentage가 생략되었고 '이하'라고 해석한다.

③ (c) 수동/완료의 의미로 increased는 적절하다.

④ (d) '잇달아, 뒤이어'라는 의미로 해석한다.

⑤ (e) 동등하게 비교하는 as equally as는 바르게 쓰였다.

C 1 **wonder** 궁금해 하다 **set** 설정하다 **film** 촬영하다 **special effect** 특수 효과 **realistic** 사실적인 **create** 불러일으키다, 만들다 **illusion** 착각, 환영 **viewer** 관객 **actually** 실제 **common** 흔한 2 **above** ~보다 위에 **preferred** 선호되는 **means** 수단 **transportation** 교통수단 **passenger** 승객 **compared to** ~와 비교하면 **followed by** 뒤이어, 잇달아 **equally** 똑같이

A 전치사와 결합하는 다양한 어구 전치사 뒤에는 명사, 형용사, 부사, 다른 전치사, 구와 절 등이 다양하게 올 수 있다.

01 The game lasted **for** *two hours* **during** *the night*. (전치사 + 명사)

02 The townspeople regard his behavior **as** *odd*. (전치사 + 형용사)

03 The Inuit people led nomadic lives **until** *recently*. (전치사 + 부사)

04 The shadow came **from** *behind* the wall. (전치사 + 전치사)

05 This medicine must be taken **before** *having* breakfast. (전치사 + 동명사)

06 We argued **about** *which of us was better at arguing*. (전치사 + 명사절)

07 You are lucky **in** *that you have an excellent teacher*. (전치사 + that절)

01 during은 when에 대한 대답이고, for는 how long에 대한 대답이다. 02 전치사 다음에 형용사가 오기도 한다. *cf.* consider[regard, see, think of] A as B(A를 B로 여기다, 간주하다) describe/treat/refer to A as B(A를 B로 묘사하다/대우하다/지칭하다) ※전치사 as는 대개 '~로서'와 '때' 등으로 쓰이고 like는 '~처럼, ~같은'으로 쓰인다. '~처럼'의 like는 두 개의 대상을 비교할 때 쓰는 직유(A≒B)이고, as는 동일 대상으로 보는 은유(A=B)이다. 04 전치사 다음에 전치사가 바로 오며 이를 이중 전치사라 부른다. 06 전치사 다음에 명사절(간접의문문, 의문사절, 복합관계사절)이 올 수 있다. 07 in that은 '~라는 점에서'라는 뜻이고 「전치사 + that절」의 다른 예로 save[except] that(~라는 점을 제외하고)이 있다.

 수능 pick 1

♦ [in which / in that]

Some repetition gives us a sense of security [**in which** / **in that**] we know what is coming next.

→ 선택지 다음에 완전한 구조를 가진 문장이 이어지므로 접속사 역할을 하는 that이 적절하다. in that은 「전치사 + 절」의 구조로 '~라는 점에서'의 뜻이다.

B 구전치사와 분사형 전치사 여러 개의 단어가 모여 하나의 전치사처럼 사용되는 것은 구전치사, 분사에서 온 전치사를 분사형 전치사라 한다.

01 Nobody can come and develop Africa **on behalf of** Africans. (~을 대표하여)

02 **Due to** our lack of funds in the budget, we could not complete the research. (~때문에)

03 I am writing **regarding** your company's job offer. (~에 관하여)

04 **Given** (that) he is 70 years old, he's still active. (~을 고려하면)

02 = owing to/on account of/because of 03 = concerning/with reference[regard, respect] to/in relation to/as to = about 04 = considering

Further Expressions

regardless of(~에 상관없이) according to(~에 따르면) in charge of(~을 책임지는) contrary to(~반해서, ~와 달리) instead of(~대신에) in comparison with(~와 비교하여) in favor of(~에 찬성[지지]하여) thanks to(~덕분에) dependent on(~에 의존하는) in light of(~의 견지에서) with a view to(~을 위하여) together with(~와 함께) as of/from(현재로) apart from(~ 외에는) in (the) case[event] of(~의 경우에) by means of(~에 의하여) including(~을 포함하여)

C 전치사와 접속사

01 **During** *the French Revolution*, many people were guillotined. (~ 동안에)

→ **While** the French Revolution *was happening*, many people were guillotined.

02 **Despite** *the fact that* he is short, he is an excellent basketball player. (~에도 불구하고)

→ **Although** *he is short*, he is an excellent basketball player.

03 **Because of** *the heavy rain*, the river swelled rapidly. (~때문에)

→ **Because** *it rained heavily*, the river swelled rapidly.

01~03 전치사 다음에는 명사(구)가, 접속사 다음에는 「주어 + 동사」를 포함한 문장이 온다. 01 during 다음에는 기간명사가 온다. 02 despite(= in spite of)에 이어서 절을 쓰려면 the fact that의 동격 구조를 사용하고, 절로 전환하려면 「even though[(al)though] 주어 + 동사」로 쓴다.

A 01 **last** 지속하다 02 **townspeople** 마을 사람들 **odd** 이상한 03 **Inuit** 이누이트족 **nomadic** 유목의 **recently** 최근 04 **shadow** 그림자 06 **argue** 논쟁하다 07 **excellent** 훌륭한 수능 Pick 1 ♦ **repetition** 반복 **security** 안정 B 02 **lack** 부족 **budget** 예산 04 **active** 활동적인 C 01 **revolution** 혁명 **guillotine** 단두대로 처형하다 02 **fact** 사실 03 **swell** 붇다, 부풀다 **rapidly** 빨리

수능 pick 2

♦ [during / while]

Visitors are limited to two per patient [**during** / **while**] visiting hours.

→ 「while 주어 + be동사 + -ing」에서 주절의 주어와 같으면 주어와 be동사를 생략할 수 있지만, 여기서 visiting은 hours와 어울려 '방문 시간'이란 뜻의 명사 표현으로 during이 적절하다. 또한 「while + (주어 + be동사) + 형용사/전명구」 구문에서 주어와 be동사가 생략된 구문에 유의한다.
e.g. While young/in Switzerland, he became fond of climbing. (어렸을 때/스위스에 있는 동안 그는 등산을 좋아하게 되었다.)

D 전치사에 따라 뜻이 달라지는 표현

01	Lucy was very **concerned with** her job.	(~에 흥미가 있는)
	It is something **concerned with** tattoos.	(~와 관련 있는)
	Her parents were very **concerned about**[**for**] her.	(~을 걱정하는)
02	The farmers were **anxious for** more rain.	(~을 열망하는)
	The drought made the farmers **anxious about** their crops.	(~을 걱정하는)
03	The exports **consist of** coffee, pepper, and coconuts.	(~로 구성되다)
	The wealth of the nation **consists in** its labor force.	(~에 있다)
04	Social media addiction can **result from** stress.	(~에서 비롯되다, 기인하다)
	Stress can **result in** social media addiction.	((결과적으로) ~가 되다, 초래하다)
05	The rule **applies to** international students only.	(~에 적용되다)
	My dad talked about **applying to** American universities.	(~에 (지원자로) 지원하다)
	Don't forget to **apply for** scholarship opportunities!	(~을 (얻기 위해) 신청하다)

01 = interested in, = involved with 02 = eager for, = worried about 03 = be made up of = be composed of, = lie in 04 = be caused by, = cause ~ to happen ※laugh at(~을 비웃다) laugh with(~와 함께 웃다) be known as(~로 알려져 있다) be known for(~로 유명하다) be known to(~에게 알려져 있다) be known by(~에 의해 알 수 있다)

E 전치사 to를 포함하는 주의해야 할 표현

01	**From** *saying* **to** *doing* is a long step.	(A에서 B까지)
02	He never **admits (to)** *being* embarrassed.	(~을 인정하다)
03	We are **looking forward to** *seeing* you there.	(~을 기대하다)
04	He decided to **devote himself to** *writing*.	(~에 전념하다, 몰두하다)
05	I **am** still not **used to** *wearing* contact lenses.	(~에 익숙해지다)
06	**When it comes to** *finding* a partner, first impressions count.	(~에 관해서라면)
07	**In addition to** *soaking* up the sun, you can also snorkel and fish.	(~ 외에도)

01 from -ing to -ing에서 to 다음의 -ing에 유의한다. 02 to를 생략할 수 있다. 04 devote [dedicate, commit] A to B(-ing)가 수동태가 될 때도 to가 전치사임에 유의한다. 05 be used to(= get[become, grow] used[accustomed] to) *cf.* 「be used to + 동사원형」(~하기 위해 이용되다) 07 = beside *cf.* besides는 부사(게다가) 외에 전치사(= beside)로도 쓰일 수 있다. ※look forward to -ing(~를 기대하다) confess to -ing(자백하다) contribute to -ing(~에 기여하다) object to(= be opposed to) -ing(~에 반대하다) be[get] close[closer, closest] to -ing(~에 [더, 가장] 가까워지다, 근접하다) come[be] close to -ing(거의 ~할 뻔하다(문맥에 따라 '~에 근접하다')) with a view to -ing(~을 위하여)

수능 pick 3

♦ to [do / doing]

The Superhero Walkathon is held to support a charity dedicated to [**grant** / **granting**] the wishes of terminally ill children. 모의기출응용

→ '~에 헌신하다[바치다]'의 의미인 dedicate A to B(-ing)의 수동형인데, a charity와 dedicated 사이에 which is가 생략된 구조이므로 granting이 적절하다.

수능 Pick 2 ♦ **limit** 제한하다 **patient** 환자 **visiting hours** 방문 시간 D 02 **drought** 가뭄 **crop** 작물 03 **export** 수출(품) **pepper** 후추 **wealth** 부 **labor force** 노동력 04 **addiction** 중독 05 **scholarship** 장학금 **opportunity** 기회 E 02 **embarrassed** 당황한 06 **first impression** 첫인상 **count** 중요하다 07 **soak up the sun** 일광욕을 하다 **snorkel** 스노클링하다 수능 Pick 3 ♦ **hold** 개최하다 **support** 지원하다 **charity** 자선(단체) **grant a wish** 소원을 들어주다 **terminally ill** 말기의

Grammar Practice

A 각 괄호에서 알맞은 말을 고르시오.

1 전치사 뒤에는 다양한 품사, 어구와 절 등이 다양하게 올 수 [없다 / 있다].

2 considering, including, given 등도 [전치사 / 형용사]로 사용될 수 있다.

3 [during / while] in New York에서 답은 [during / while]이다.

4 '~에 (지원자로) 지원하다'는 apply [for / to]를 쓴다.

5 「object to, be devoted to, in addition to + [동사원형 / (동)명사]」를 쓴다.

B 다음 문장의 해설이 맞으면 T 그렇지 않으면 F에 체크하시오.

1 Outward change comes after we change from within.
↳ from within은 「전치사 + 전치사」로 어색하지 않다.　□T □F

2 Richness is not about what you have. It's about who you are.
↳ 전치사 about의 목적어로 명사절이 오고 있다.　□T □F

3 He received countless letters of support during in jail.
↳ during 다음에 주어와 동사가 없으므로 during은 적절히 쓰였다.　□T □F

4 Skeletons protect soft inside organs like brains and hearts.
↳ like는 일반동사로 앞에 and를 써서 병렬구조를 맞춰야 한다.　□T □F

5 It seems that people are devoted to satisfying their desires. EBS수능완성
↳ devote A to B의 수동태로 satisfying을 satisfy로 고쳐야 한다. People seem to be devoted to satisfying their desires.로 문장전환 할 수 있어요. (▶Unit 06 부정사의 다양한 형태 참조)　□T □F

C 우리말과 일치하도록 괄호 안의 말을 이용하여 빈칸에 알맞은 말을 써 넣으시오.

1 당신을 책임지는 유일한 사람은 당신입니다. (charge)
The only person who is ＿＿＿ ＿＿＿ ＿＿＿ you is you.

2 프로그램은 기상 조건에 관계없이 진행될 것입니다.
The programs will run ＿＿＿ ＿＿＿ the weather conditions. 모의기출

3 용기는 두려움과 자신감에 관한 평균이다. (regard)
Courage is a mean ＿＿＿ ＿＿＿ ＿＿＿ fear and confidence. *Aristotle*

4 의학 박사들에 따르면 당신의 머리가 세는 것은 유전이다.
＿＿＿ ＿＿＿ medical doctors, your hair turning gray runs in your family. 모의기출

5 학교를 대표해 귀하와 귀하의 가족들까지 초대하고자 합니다.
＿＿＿ ＿＿＿ ＿＿＿ the school, I would like to extend an invitation to you and your family. 수능기출

B 1 outward 외형의 within 안에 2 richness 부유함 3 receive 받다 countless 수많은 support 지지 jail 감옥 4 skeleton 골격 protect 보호하다 inside 내부의 organ 장기 brain 두뇌 5 seem ~처럼 보이다 satisfy 충족시키다 desire 바라는 것, 갈망 C 2 run 운영하다 condition 조건, 상태 3 courage 용기 mean 평균 fear 두려움 confidence 자신감 4 medical 의학의, 의료의 run in one's family 유전이다 5 extend an invitation 초대하다

D 다음 〈보기〉에서 알맞은 것만 골라 문장을 완성하시오. (주어진 단어를 그대로 쓸 것, 중복 사용 안됨)

보기	result	consists	apply	known	anxious
	as	from	to	for	in

1 Much of the value of art for a child _____ making it. 수능기출

2 After the long winter, we are all _____ spring to get here.

3 The arrangements under the treaty _____ the whole of Europe.

4 Our personalities _____ the complex interaction between our genes and our environment.

5 Cesaria Evora was _____ the "Barefoot Diva" because she always performed without shoes. 모의기출

E 다음 각 [ ]에서 어법에 맞는 표현을 고르시오.

1 Zinc is used to [protecting / protect] other metals from corrosion.

2 You can't cry in space [because / because of] your tears won't ever fall.

3 [Giving / Given] that the used bike is not in perfect condition, it's still a great buy!

4 For the time being, I look forward to [carry / carrying] on as a regular board member. 모의기출

5 Every morning, commit to [dealing / deal] with the item on your to-do list that you're dreading the most. 모의기출
    └ 부사의 최상급에서 the는 생략할 수 있어요. (▶Unit 15 원급·비교급·최상급 참조)

F 밑줄 친 부분 중에서 어색한 것이 있으면 고치시오.

1 Brian now dedicates his life to compete in triathlons. 모의기출

2 While their stay in Havana, they came to have tea with us.

3 A quarter of all workers admit to take time off when they are not ill.

4 Despite tempted to transfer John, the manager decided to try a different approach. EBS영어독해연습

5 Besides being the basketball coach of the school, he also had a reputation as the school disciplinarian. 모의기출

D 1 **value** 가치 3 **arrangement** 합의 (사항) **treaty** 조약 **whole** 전체 4 **personality** 성격 **complex** 복잡한 **interaction** 상호 작용 **gene** 유전자 **environment** 환경 5 **barefoot** 맨발의 **perform** 공연하다　E 1 **zinc** 아연 **protect** 보호하다 **metal** 금속 **corrosion** 부식 2 **space** 우주, 공간 3 **perfect** 완벽한 **condition** 상태 **buy** 잘 산 물건 4 **for the time being** 당분간 **carry on** 수행하다 **regular** 일반의 **board** 이사회 5 **deal with** 처리하다, 다루다 **to-do list** 해야 할 일의 항목 **dread** 두려워하다　F 1 **compete** 경쟁하다 **triathlon** 철인 3종 경기 3 **quarter** 1/4 **take time off** 휴가를 내다 4 **tempt** 유혹에 빠뜨리다 **transfer** 전근시키다, 전학 가다 **approach** 방법, 접근법 5 **reputation** 명성 **disciplinarian** 규율 담당 교사

A 다음 각 [ ]에서 어법에 맞는 표현을 고르시오.

1 When it comes to [persuade / persuading] others, [trying / try] lightening up. EBS수능완성

2 Life is [alike / like] riding a bicycle. To keep your balance, you must keep [to move / moving].

3 [To make / Make] a plan for success and be dedicated to [eliminate / eliminating] the option of failure.

4 [Then / When] Dufresne escaped, [unlike / unlikely] Hatlen, he embraced a new life and pursued his dreams.

5 Shelter dogs are [vaccinating / vaccinated], and many are used to [be / being] around people and other dogs.

6 [While / During] there, Alexander heard about the legend [surrounded / surrounding] the town's famous knot, the Gordian Knot.

7 In 18th-century England, [have / having] a pineapple was regarded as a symbol of wealth [because of / because] high import fees.

8 [Thanks to / Contrary to] cutting-edge medical technology, the guitarist hopes to play again [despite / although] he suffered a stroke.

B 밑줄 친 부분 중에서 어색한 것이 있으면 고치시오. (정답 최대 2개)

1 Virtually all natural sounds consist in constantly fluctuating frequencies. 수능기출

2 We allow ourselves to be vulnerable in which we allow ourselves need another person. EBS영어독해연습

3 When it comes to feeding your body and mind, nothing is superior to prepare your food at home. 모의기출

4 How much of the time you suppose the average couple was devoted to talking to each other? EBS영어독해연습

5 Despite her feet hardly moved, Nura had a smile on her face, and her classmates cheering for her. EBS파이널

6 Oswald Avery, a Canadian bacteriologist, came the closest to prove which DNA is a hereditary molecule.

7 The safety board is working to make cellphone use behind the wheel from talking hands-free to text illegal in all states. 모의기출

8 Most human casualties result in collapsing buildings, fires, gigantic sea waves, and volcanoes that ground movement triggers. EBS파이널

A **1 lighten up** 분위기를 밝게 하다 **2 balance** 균형 **3 be dedicated to** ~에 몰두하다 **option** 선택(권) **failure** 실패 **4 unlike** ~와 달리 **unlikely** 일어날 것 같지 않은; 있을 법하지 않게 **embrace** 받아들이다, 포용하다 **5 shelter** 보호소 **vaccinate** 백신 접종을 하다 **6 legend** 전설 **surround** 둘러싸다 **Gordian Knot** 고르디오스의 매듭, 어려운 문제 **7 symbol** 상징 **import fee** 수입세 **8 cutting-edge** 최첨단의 B **1 virtually** 거의, 사실상 **fluctuate** 변동하다 **frequency** 주파수, 빈도 **2 vulnerable** 취약한 **4 devote A to B** A를 B에 몰두하다 **5 cheer** 응원하다 **6 bacteriologist** 세균학자 **come close to -ing** ~에 근접하다, 거의 ~할 뻔하다 **hereditary** 유전적인 **molecule** 분자 **7 safety** 안전 **board** 위원회 **work** 노력하다 **behind the wheel** 운전 중인 **illegal** 불법의 **state** 주(州) **8 casualty** 사상자 **gigantic** 거대한

C 다음 밑줄 친 부분의 설명이 **틀린** 것을 모두 고르시오. (정답 최대 3개)

1 (a) <u>As</u> a way to say thank you, Darling gave Harris all the cash she had with her. Then, her husband, Bill Krejci, launched a Give Forward page (b) <u>to collect</u> money for Harris. (c) <u>As of</u> mid-morning Tuesday, close to $152,000 had been donated. Over the weekend, he spoke with Harris (d) <u>about</u> what he was planning to do with the donations and knew that (e) <u>he</u> had a very solid plan to make it happen. 모의기출

① (a) 주어와 동사를 이끄는 접속사로 사용되었다.

② (b) to부정사의 부사적 용법 중 '목적'으로 사용되었다.

③ (c) '현재에'라는 의미의 이중 전치사로 쓰였다.

④ (d) 전치사 about이 절을 목적어로 취하고 있다.

⑤ (e) he가 가리키는 것은 Darling의 남편인 Harris이다.

2 People are accustomed to (a) <u>use</u> blankets to make themselves warm. So they are surprised to see blankets used (b) <u>to keep</u> ice cold and to prevent it from melting. Expecting (c) <u>that</u> a blanket will always make something warm, they think that it must warm ice, too. But what a blanket always does is to prevent heat from passing through one side of (d) <u>it</u> to the other. (e) <u>Thus</u>, it keeps the heat of the body from passing into the colder air surrounding it, and it keeps the heat of the air from passing into the colder ice. 수능기출

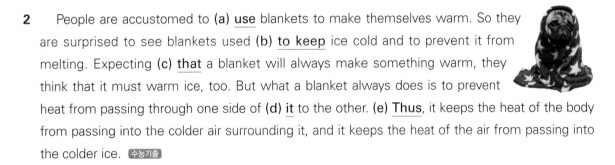

① (a) '~에 익숙하다'의 의미로 use는 적절하다.

② (b) '~하기 위해'의 목적 용법으로 쓰인 to keep은 적절하다.

③ (c) Expecting의 목적어인 명사절을 이끄는 접속사이다.

④ (d) it이 가리키는 것은 prevent의 목적어인 heat이다.

⑤ (e) '따라서'의 의미로 인과를 나타내는 접속부사 Thus는 적절하다.

C **1 cash** 현금 **launch** 시작하다 **collect** 모금하다, 모으다 **donate** 기부하다 **donation** 기부(금) **solid** 확고한 **2 be accustomed to -ing** ~에 익숙하다 **blanket** 담요 **prevent A from B** A가 B하지 못하게 막다 **melt** 녹다 **expect** 기대하다 **surround** 둘러싸다

A 등위접속사 두 가지 이상의 문장 요소를 대등하게 이어주는 역할을 한다.

01 Fear **and** creativity don't mix. (나열)

02 *Go* straight, **and** (then) you will see a scarecrow. (명령문 and)

   cf. Come out right now **and** *walk* the dog.

03 She enjoys swimming in the ocean **but** not in a pool. (대조)

04 It's somebody's birthday somewhere, **so** I eat cake. (결과)

05 A: Is it Thursday **or** Friday today?　B: It's Monday. (선택)

06 *Be* nice to the dog, **or** (else) it'll bite you. (명령문 or)

   cf. Take the subway **or** *hail* a taxi.

07 Switzerland is not in the EU, **nor** *is it* a member of NATO. (부정의 연속)

08 There were few visitors, **for** it rained for hours. (이유)

09 He is eighty-eight, **yet** he does chin-ups regularly. (역접)

01 단어와 단어를 대등하게 연결한다. 02 「명령문 and ~」에서 and는 '그러면'이란 뜻이다. → If you go straight, you'll see a scarecrow. *cf.* 「명령문 and 명령문」 구문으로 and 다음에 주어가 없을 경우 해석에 유의한다. 03 어구와 어구를 대조적으로 연결한다. 04 절과 절을 원인과 결과로 연결한다. 05 둘 중 하나를 선택할 때 사용한다. *cf.* 「명령문 or 주어 ~」에서 or는 '그렇지 않으면'의 뜻이다. → If you're not nice to the dog, it'll bite you. *cf.* 「명령문 or 명령문」 구문에서 or 다음에 주어가 없을 경우 해석에 유의한다. 07 부정 표현에 이어 연속적으로 두 문장을 연결하는 접속사 역할을 하며, nor 다음에는 주어와 동사의 도치가 일어난다. (▶Unit 21 강조와 도치 참조) 08 주절을 보충 설명하며 문두에 쓰이지 않는다. 09 but과 쓰임이 비슷하나 놀라움이 가미되어 있다. yet은 부사로도 쓰여서 ', and yet he does chin-ups regularly'로 바꿔 쓸 수 있다.

PLUS or의 다양한 쓰임
You should bundle up, **or** you'll freeze.
→ 명령문의 형태가 아니더라도, 권유·충고·금지 등의 의미가 있으면 '그렇지 않으면(or else)'이라고 해석한다.
Siam, **or** Thailand, is known as a Buddhist country.
→ 앞의 표현을 부연 설명하는 동격으로 사용되어 즉(that is)이라는 뜻이 있다.

수능 pick 1 ◆ S V by -ing, -ing or [V / -ing]
In the Metro, you have to open the doors yourself by pushing a button, depressing a lever, or [**slide** / **sliding**] the doors open. **수능기출**
→ or를 기준으로 pushing a button, depressing a lever와 병렬구조를 이루어야 하기 때문에 sliding이 적절하다. 병렬구조는 해석으로 풀어야 한다.

B 상관접속사 등위접속사의 일종으로 짝으로 이루어진 접속사이다.

01 The main character is **both** likable **and** realistic. (A와 B 둘 다)

02 Voting is **not only** our right, **but** it is (**also**) our power. (A뿐만 아니라 B도)

   → Voting is our power **as well as** our right.

   → Voting is **not just** our right; it is our power. (세미콜론 = but)

03 I never lose. I **either** win, **or** I learn. (A 또는 B)

04 Your performance was **neither** perfect **nor** wonderful. (A 또는 B 둘 중 하나도 아닌)

   cf. Your performance was **never** perfect **or** wonderful.

01 A and B보다 강조의 의미를 나타낸다. 02 = not [just/merely/simply/alone] but (also) B 또는 not only ~ B as well[too], = B as well as A이며 수일치는 B에 한다. (▶Unit 20 수일치·시제일치 참조) / but을 생략하고 세미콜론(;)을 쓰기도 한다. 04 nor는 neither와 어울린다. *cf.* never A or B도 유사하게 쓰이며 never ~ nor가 아님에 유의한다.

A 01 **fear** 두려움 **creativity** 창의력 **mix** 섞이다 02 **scarecrow** 허수아비 03 **ocean** 바다 06 **bite** 물다 **hail** 부르다, 외치다 07 **EU** 유럽연합(Europe Union) **NATO** 북대서양 조약 기구(North Atlantic Treaty Organization) 09 **chin-up** 턱걸이 **regularly** 규칙적으로 PLUS **bundle up** 껴입다 **freeze** 얼어 죽다 **Buddhist** 불교의 수능 Pick 1 ◆ **metro** (파리·마드리드·몬트리올 등의) 지하철 **depress** 내리누르다 **slide** 옆으로 밀다 　B 01 **main character** 주인공 **likable** 호감이 가는 **realistic** 현실적인 02 **voting** 투표(하기) 04 **performance** 공연

수능 pick 2
♦ [neither / nor]
He was not very good at his work, [**neither** / **nor**] did he seem to improve.
→ nor는 접속사 역할을 하므로 두 문장을 연결할 수 있지만 neither는 접속사 역할을 하지 않는다. 따라서 nor가 적절하다.

C 명사절 접속사 that, if / whether가 명사절을 이끌어 주어, 목적어, 보어로 쓰인다.

01 **It** is true (**that**) the best things are the most difficult. (진주어)
02 A thief thinks (**that**) every man steals. (목적어)
03 The problem is (**that**) you think you have time. (보어)
04 The chief thought **it** strange (**that**) it didn't rain. (가목적어 – 진목적어)
05 Where's *the proof* **that** he played a fixed game? (동격)
06 **Whether** he leaves **or not** isn't important to me. (주어)
07 We can't say **whether**[= **if**] your plan was right (**or not**). (목적어)
08 The real question is **whether or not** he feels guilty. (보어)
09 He asked the girl *about* **whether** she'd been naughty or nice. (전치사의 목적어)

01~03 접속사 that이 명사처럼 쓰여서 주어, 목적어, 보어 역할을 할 수 있다. 01 that절이 주어로 쓰일 때는 가주어-진주어 구문으로 주로 쓰인다. 04 that 이하가 진목적어이다. 05 앞의 표현을 재진술하는 동격으로 쓰이며 완전한 구조의 문장이 온다는 점에서 관계대명사 that과 다르다. e.g. the news/fact/rumor/chance[possibility, likelihood] that 등이 있으며, a lot of evidence that처럼 수식어가 붙기도 한다. 06~09 whether는 의문사처럼 주어, 전치사 및 동사의 목적어, 보어 자리에 쓰이고 to 부정사와도 결합할 수 있으나, if는 주로 목적어 자리에 쓰인다. 06 whether는 주어 자리에 쓰이나 if는 그렇지 못한다. 단, 가주어-진주어 구문은 가능하다. e.g. It doesn't matter if it comes. 07 목적어 자리의 whether와 if는 바꿔 쓸 수 있다. 08 보어 자리에 if가 오는 경우는 드물며 whether가 주로 쓰인다. 또한 whether는 or not과 나란히 쓸 수 있다. 09 전치사의 목적어는 whether만 쓸 수 있다.

수능 pick 3
♦ [that / whether]
Baylor University researchers investigated [**that** / **whether**] different types of writing could ease people to sleep.
→ 확실·단정적일 때는 that을 불확실·비단정적일 때는 whether를 쓰므로 whether가 적절하다. 즉, 잘 모르는 상황에서는 whether가 잘 어울린다.
(ask, wonder, doubt, don't know, want to know, not sure[certain] 등)
e.g. I know **that** he is happy. (단정적: 그가 행복하다는 것을 알고 있다.) / I don't know **if** he is happy. (비단정적: 그가 행복한지 모르겠다.)

D 명사절 접속사 의문사절 의문사가 명사 역할을 하여 주어, 목적어, 보어로 쓰인다.

01 **How** he became a monk is a mystery. (주어)
02 Can you explain **what** the object of a preposition is? (목적어)
  cf. **What** do you think the best form of government is? (주어 – 간접의문)
03 He asked me **which** animals I hunted in Africa. (간접목적어)
04 The question is **where** you parked our car. (보어)
05 Take a second to think about **how** blessed you are. (전치사의 목적어)

01~05 의문사가 명사처럼 쓰여서 주어, 목적어, 간접목적어, 보어 역할을 할 수 있다. 02 *cf.* 주절에 생각동사(think, believe, guess, suppose 등)가 올 때 묻고자 하는 것이 의문사이면 의문사가 문두로 이동한다. *cf.* A: Can you guess how many people there are in Seoul? B: Yes, I can. / A: How many people can you guess there are in Seoul? B: I don't know.

수능 pick 4
♦ ~ wh- [V S / S V] [○/×]
I asked a clerk **where did they have** books about computers. [○/×] 수능기출
→ 의문문이 문장의 일부가 된 간접의문문으로 「의문사 + 주어 + 동사」 어순을 취하므로 where they had로 고쳐야 한다.

수능 Pick 2 ♦ **improve** 나아지다   C 02 **thief** 도둑 04 **chief** 추장 05 **proof** 증거 **fixed game** 짜고 치는 경기 09 **naughty** 버릇없는   수능 Pick 3 ♦ **investigate** 조사하다
ease 편하게 하다   D 01 **monk** 스님 02 **explain** 설명하다 **form** 형태 **government** 정부 03 **hunt** 사냥하다 04 **park** 주차하다 05 **take a second** 잠시 시간을 내다
blessed 축복 받은

A 각 괄호에서 알맞은 말을 고르시오.

1 두 가지 이상의 문장 요소를 대등하게 연결하는 것은 [등위 / 종속]접속사이다.

2 [neither / nor]는 연속적으로 부정할 때 쓰이고 두 문장을 연결하는 역할을 한다.

3 not only A but also 구문에서 but 대신에 [however / 세미콜론(;)]을(를) 쓸 수 있다.

4 접속사 that은 주어, 목적어, 보어, [진목적어 / 가목적어], 동격 역할을 할 수 있다.

5 진술 내용이 확실하고 단정적일 때 접속사는 [that / whether]을(를) 쓴다.

B 다음 문장의 해설이 맞으면 T 그렇지 않으면 F에 체크하시오.

1 The problem is that you know too much.
↳ that은 완전한 구조의 문장을 이끌며 보어 역할을 하고 있다.　　　　　　□ T　□ F

2 Life is long, _____ time is short.
↳ '인생은 길지만 시간은 짧다'는 의미로 빈칸에는 so가 들어가야 한다.　　　　□ T　□ F

3 I can't sing, nor can I dance.
↳ 앞에 나온 말을 연달아 부정하므로 nor는 적절하고 neither로 바꿔 쓸 수 있다.　□ T　□ F

4 There are not only paper plates and napkins but even disposable razors and cameras. 수능기출
↳ 「not only A but also B」에서 A가 plates and napkins이고, but also에서 also가 생략된 구문이다. □ T　□ F

5 They challenged the idea that women could not handle demanding and dangerous jobs. 모의기출
↳ that은 the idea를 재진술하는 동격접속사로 사용되었다.　　　　　　　　□ T　□ F

C 우리말과 일치하도록 빈칸에 알맞은 말을 써 넣으시오.

1 진실은 진실로 시작하고, 진실로 끝난다.
Trust starts with trust _____ ends with trust.

2 그녀는 약간 피곤해 보였지만, 나를 만나서 행복해 보였다.
She looked a bit tired _____ happy to meet me.

3 항생 물질은 박테리아를 죽이거나 또는 그것들이 증식하는 것을 막는다.
Antibiotics _____ kill bacteria or stop them from growing. 모의기출
　　　　　　　　　　　　　　　　　　　　↳ 「stop[prevent] A (from) -ing」는 'A가 ~하지
　　　　　　　　　　　　　　　　　못하게 하다'라는 뜻이에요. 이 때 from은 생략할
　　　　　　　　　　　　　　　　　수 있어요. (▶Unit 07 동명사의 형태와 용법 참조)

4 힘든 시간은 불변하는 것이 아니며, 그것들은 영원히 지속되지도 않는다.
Rough times are not constant, _____ _____ _____ last forever. 모의기출

5 문제는 기술이 우리의 하인이 될 것인지 주인이 될 것인지이다.
The question is _____ technology is going to be our servant or our master.

B 4 paper plate 종이 접시 disposable 1회용의 razor 면도기 5 handle 처리하다 demanding 고된, 힘든 C 2 a bit 약간 3 antibiotic 항생 물질 stop ~ from... ~가 …하는 것을 막다 grow 증식하다 4 rough 힘든 constant 불변의 last 지속되다 5 servant 하인 master 주인

104

D 다음 〈보기〉에서 알맞은 것을 찾아 문장을 완성하시오.

보기	either	not	and	whether	that

1 Join the Navy, _____ you'll see the world.

2 Nobody cares _____ or not your house is clean.

3 _____ just do we live among the stars; the stars live within us.

4 They told us _____ their relationship was getting more and more serious.

5 Cats can be _____ liquid or solid, depending on the circumstances. 모의기출

E 다음 각 [ ]에서 어법에 맞는 표현을 고르시오.

1 He considered it a miracle [what / that] nobody was killed.

2 We didn't have any money, [neither / nor] did we have any plans.

3 Respect yourself, [or / and] others will respect you. *Confucius*

4 [Because / Whether] I actually liked living in a messy room or not was another subject altogether. 모의기출

5 Try experimenting with working by a window or [using / use] full spectrum bulbs in your desk lamp. 모의기출

공 모양으로 전구는 물론 알뿌리(구근(球根)) 식물을
의미하기도 해요. e.g. garlic, onion, tulip, lily

F 밑줄 친 부분 중에서 어색한 것이 있으면 고치시오.

1 I am not sure that you are laughing or crying.

2 He found it strange what she didn't like to travel.

3 I didn't know whether cows don't have upper front teeth.

4 Mr. Plumb felt sorry because he never recognized the man nor remembered his name. 모의기출

5 M: You can't let her keep you in the corner, nor you'll lose this fight.
W: I'll keep that in mind. Anything else, Coach? 수능기출

D 1 **the Navy** 해군 4 **serious** 심각한 5 **liquid** 액체 **solid** 고체 **depending on** ~에 따라 **circumstance** 상황   E 1 **consider** 여기다 **miracle** 기적
4 **altogether** 전적으로 5 **experiment** 실험하다 **spectrum** 파장 **bulb** 전구   F 3 **upper** 위쪽의 4 **recognize** 알아보다 5 **keep ~ in mind** 명심하다

A 시간을 나타내는 접속사

01 Find your patience **before** I lose mine.   (~하기 전에)

02 Shortly **after** you (*had*) *left*, a deliveryman came.   (~한 후에)

03 The eyes are useless **when** the mind is blind.   (~할 때[~한 경우에])

    cf. I'll give it to you **when** you say, "Please."   (~하면)

04 You can't hum **while** (*you are*) holding your nose closed.   (~하는 동안)

05 She told us a scary story **as** we walked down the street.   (~하면서, ~할 때)

06 I *haven't studied* math **since** I was a 2nd grader.   (~이후로)

07 Blueberries *will not ripen* **until** they are picked.   (~할 때까지)

08 **Once** you choose hope, anything's possible.   (일단 ~하면, ~하자마자)

09 **As soon as** the bell rings, the test will begin.   (~하자마자)

10 **Whenever** I think of the future, I see you.   (~할 때마다)

11 **By the time** people realize your worth, you'll be worth more.   (~할 무렵)

02 전후 관계가 명백한 경우에는 과거시제가 과거완료를 대신한다. 03 *cf.* when이 if의 의미로 '~하면'이라고 해석될 때도 있다. 04 부사절의 주어와 be동사는 주절의 주어와 같을 때 생략될 수 있다. 이때 남은 분사의 태에 주의한다. ※because는 제외 (▶B 01번 참조) 06 since절이 과거이면 주절은 주로 현재완료형이 온다. 07~09 시간 부사절에서 현재형이 미래를 의미한다. 09 = the moment[second/minute/instant] / 명사구가 접속사 역할을 할 수 있다. 10 = each time[every time]

B 이유 · 조건 · 양보의 접속사

01 I stole the bread **because** (I was) starving.   (~때문에)

02 **Since** you say so, I will believe it.   (~이니까)

03 **As** he was exhausted, he fell down on the bed.   (~때문에, ~해서)

04 **Now** (**that**) you mention it, she has seemed depressed lately.   (~이니까)

    cf. He was lucky **in that** he had trustworthy friends.   (~라는 점에서)

05 **Unless** food is mixed with saliva, you can't taste it.   (~하지 않는다면)

06 **If** you tell the truth, you don't have to remember anything.   ((만약) ~한다면)

07 Failure is good **as long as** it doesn't become a habit.   (~하는 한)

    cf. Her hair is **as long as** mine.   (원급비교: ~만큼 긴)

08 The verb is plural (**just**) **in case** (**that**) the subject is plural.   (~한 경우에 (대비해서))

09 **Even though**[= **While**] a tongue has no bones, it can break a heart.   (비록 ~일지라도)

10 Speak the truth **even if** your voice shakes.   ((설령) ~일지라도)

11 People change all the time **whether** you like it **or not**.   (~이든 아니든)

01~03 because에는 청자가 알지 못하는 이유가 오고, since와 as는 청자가 아는 이유가 오며 서로 바꿔 쓸 수 있다. 01 because절의 주어와 be동사는 주절의 주어와 같을지라도 생략할 수 없다. 04 Now that은 '~이니까'의 의미로 that은 생략할 수 있다. 05 Unless는 If ~ not으로 바꿔 쓸 수 있다. → If the food isn't mixed with saliva, you can't taste it. 06 실현 가능성이 있는 경우의 단순 조건에는 if는 가정법 if처럼 시제일치의 예외에 적용되지 않는다. (▶Unit 09 if 가정법 참조) 07 as long as가 접속사로 쓰일 수도 있고, 원급 표현에도 쓰일 수 있다. 09 = (al)though *cf.* as though[if]는 '마치 ~처럼'의 의미이다. 09~10 even if는 불확실한 사실을, even though는 확실한 사실을 표현할 때 쓴다. e.g. Even though[Even if] he was born in America, he's Korean. while에도 although의 의미가 있다. 11 whether는 명사절뿐만 아니라 부사절도 이끌며, 이 때 or가 주로 따라 나온다.

A 01 **patience** 인내심 02 **deliveryman** 배달원 03 **blind** 앞을 볼 수 없는 04 **hum** 콧노래를 하다 05 **scary** 무서운 06 **grader** 학년 07 **ripen** 익다 **pick** 수확하다 11 **realize** 알아차리다 **worth** 가치; 가치 있는   B 01 **starve** 굶주리다 03 **exhausted** 매우 지친 04 **depressed** 우울한 05 **saliva** 타액 **taste** 맛보다 07 **failure** 실패 08 **verb** 동사 **plural** 복수의 **subject** 주어 10 **truth** 진실 **shake** 떨리다 11 **all the time** 언제나

수능 pick 1

♦ If you [will send / send], ~

If you **will send** your reply to me, I shall appreciate it very much. `EBS수능완성`

→ 부사절 If에도 주어의 의지·의향을 나타내면 will을 쓸 수 있다.

C 목적·결과의 접속사

01	He lit the fire **so[in order] that** everybody *could* relax.	(~하기 위해서, ~하도록)
02	The burglar wore gloves(,) **so (that)** he left no fingerprints.	(그 결과, 그래서)
03	Her smile was **so** *beautiful* (**that**) my heart nearly stopped.	(매우 ~해서 …하다)
	→ **So** beautiful *was her smile* **that** my heart nearly stopped.	(도치)
04	He's **such** *a mean man* **that** nobody wants to be with him.	(매우 ~해서 …하다)
	→ **Such** a mean man *is he* **that** nobody wants to be with him.	(도치)
05	The experience *was* **such that** I cannot put it into words.	(~은 ~할 정도이다)
	→ **Such** *was the experience* **that** I cannot put it into words.	(도치)

01 목적을 나타내는 that절에는 조동사(can, will, may)가 자주 쓰인다. so that에서 that은 생략이 가능하지만 in order that은 그렇지 않다. 02 결과를 나타내는 콤마(,) so that에는 조동사가 없는 경우도 있다. 한편 콤마(,)와 that이 둘 다 생략되면 등위접속사 so와 쓰임이 유사하다. 03 「so + 형용사/부사 + that ~」 구문으로 쓰이며 so 대신 very를 쓰지 않는다. 04 「such + a(n) + 형용사 + 명사 + that ~」 구문으로 쓰인다. 05 「be동사 + such that」도 결과를 나타낸다. 03~05 so, such가 문두로 이동되면 도치가 된다. (▶ Unit 21 강조와 도치 참조)

D 접속부사

01	I am Mr. Lee from Jeonju. **Therefore**, I am proud.	(따라서)
02	I don't like salads. **However**, I like vegetables.	(하지만)
03	You can use any two colors. **For example**, red and yellow.	(예를 들면)
04	Your dog got into my yard. **In addition**, he tore up my tent.	(게다가)
05	You're my friend; **nonetheless**, I feel that you're a stranger.	(그럼에도 불구하고)
06	They returned home. **Likewise**, I went home.	(마찬가지로)
07	Stop making that noise. **Otherwise**, I'll call the police.	(그렇지 않으면)
08	The railroad connects two cities, **namely**, Paju and Seoul.	(즉)
09	Well, **to sum up**, what is the message you are trying to say?	(요컨대)
10	**In fact**, the rumor was true.	(사실)

01~10 접속부사로 두 문장을 연결하려면 세미콜론(;)을 써야 한다. 01 인과: thus, hence, accordingly(따라서) as a result(결과적으로) in conclusion(결론적으로) consequently, as a consequence(결과적으로) 02 역접: instead(대신에, 오히려), conversely(정반대로) 03 예시: for instance, e.g., such as(~와 같은) 04 첨가: besides, additionally, furthermore, moreover, what is more(게다가) above all(무엇보다도) 05 양보: nevertheless, notwithstanding(그럼에도 불구하고) 06 비교·유사: similarly, in (a) similar fashion(유사하게), in the same way, in like manner(같은 방법으로), in[by] comparison(비교해 보면) 07 조건: or else 08 부연: that is (to say), i.e.(즉) in other words(다시 말해서) 09 요약: in brief, in short, in a word, in essence, in summary, in a nutshell, in sum(요컨대) 10 강조: indeed(참으로), in effect, a matter of fact(사실)

수능 Pick 1 ♦ **reply** 답장하다 **appreciate** 고맙게 여기다 C 01 **light** 불을 피우다(-lit-lit) **relax** 편히 쉬다 02 **burglar** 도둑 **fingerprint** 지문 03 **nearly** 거의 04 **mean** 야비한 05 **experience** 경험 **put ~ into words** 말로 표현하다 D 04 **yard** 마당 **tear up** 찢어버리다 08 **connect** 연결하다 10 **rumor** 소문

A 각 괄호에서 알맞은 말을 고르시오.

1 시간을 나타내는 접속사에는 while, since, until, [as long as / as soon as] 등이 있다.

2 [in that / now that]은 이유를 나타내는 접속사 역할을 한다.

3 [as if / even if]는 불확실한 사실을, [even though / as though]는 확실한 사실을 표현할 때 쓴다.

4 [if / whether] ~ or not은 명사절 또는 부사절을 유도할 수 있다.

5 「so that (조동사)」는 주로 [목적 / 결과]을(를) 표현할 때 쓴다.

B 다음 문장의 해설이 맞으면 T 그렇지 않으면 F에 체크하시오.

1 While the couple is together, there is conflict. 모의기출
   ↳ While은 '~하는 동안'이란 뜻의 접속사이고 명사절을 유도하고 있다.　　　　□ T　□ F

2 Pandora was so curious that she opened the lid.
   ↳ '매우 ~해서 …하다'의 의미인 「so ~ that」 구문으로 결과를 나타낸다.　　　　□ T　□ F

3 When the moon is directly overhead, you weigh slightly less.
   ↳ When은 '~할 때'의 의미로 Then으로 바꿔 써도 된다.　　　　□ T　□ F

4 All my life, I thought air was free until I bought a bag of chips.
   ↳ 부사절 접속사 다음의 주어와 동사는 생략할 수 있으므로 I bought를 생략해도 된다.　　　□ T　□ F

5 Fake friends: Once they stop talking to you, they'll start talking about you.
   ↳ 가짜 친구들이 너에게 말하는 것을 멈추는 것은 미래이므로 stop을 will stop으로 고쳐 써야 한다.　□ T　□ F

C 우리말과 일치하도록 빈칸에 알맞은 말을 써 넣으시오.

1 모든 전투는 싸우기 전에 이긴다.
   Every battle is won _____ it is fought. *Sun Tzu*

2 문들이 열리자마자, 좀비들이 들이닥쳤다.
   _____ _____ _____ the gates were open, zombies rushed in.

3 악플러들이 나의 성공을 목격할 수 있도록 오래 살게 해주소서. '~하소서'의 의미인 기원문 형식에서는 「May+주어+동사원형」
   구조로 쓰여요. (▶Unit 03 조동사의 의미와 용법 참조)
   May the haters live long _____ _____ they can witness my success.

4 20세가 되면 발은 더 이상 길어지지 않지만, 대부분의 발은 나이가 들면서 점점 넓어진다.
   _____ feet stop growing in length by age twenty, most feet gradually widen with age. 모의기출

5 기억해라, 용의 전사야. 네가 마음의 평화를 가지면 어떤 것이든 가능하다.
   Remember, Dragon Warrior. Anything is possible _____ you have inner peace.
   Master Shifu

B **1** conflict 갈등 **2** curious 궁금한 lid 뚜껑 **3** overhead 머리 위로 weigh 무게가 나가다 slightly 살짝 **5** fake 가짜의　C **1** battle 전투 **2** gate 문 rush in 들이 닥치다 **3** hater 악플러 witness 목격하다 **4** length 길이 gradually 서서히 widen 넓어지다 **5** warrior 전사 inner peace 마음의 평화

D 다음 〈보기〉에서 알맞은 것을 찾아 문장을 완성하시오. (문항끼리는 중복답안 없음)

| 보기 | unless | when | because | in case | since |

1 Don't open a shop _____ you know how to smile. *Israeli proverb*

2 Britain has not lifted the trophy _____ it last hosted the event.

3 _____ I forget to tell you later, I had a really good time tonight.

4 Someone is sitting in the shade today _____ someone planted a tree a long time ago.

5 Do not promise _____ you're happy. Do not reply _____ you're angry. Do not decide _____ you're sad.

E 다음 각 [ ]에서 어법에 맞는 표현을 고르시오.

1 Bats always turn left when [exited / exiting] a cave.

2 You need to work less; [i.e. / e.g.] you should take a holiday.

3 Follow your dreams [as if / even if] it means standing alone.

4 [In that / Now that] we're in Europe, we ought to visit Luxembourg.

5 You're not a true sucess [if / unless] you're not helping others be successful.

↳ 「help+목적어+(to) 목적보어」 구문에서 목적보어의 to는 생략할 수 있어요.
(▶Unit 06 부정사의 다양한 형태 참조)

F 밑줄 친 부분 중에서 어색한 것이 있으면 고치시오.

1 Usain ran <u>very</u> fast that he broke the record again.

2 When you <u>will come</u> here tomorrow, I will treat you to dinner.

3 Janet wrote that note <u>during</u> pretending to look in her handbag.

4 Never look down on anybody <u>unless</u> you're not helping him up.

5 <u>If</u> you're neat or messy, your workspace may reveal a lot about your personality. 모의기출

D 2 lift 올리다 host 개최하다 4 shade 그늘 plant 심다 5 reply 대응하다 decide 결정하다 E 1 exit 나가다 cave 동굴 5 sucess 성공한 사람 F 2 treat 한턱내다
3 pretend ~인 척하다 4 look down on 내려다보다[깔보다] 5 neat 깔끔한 messy 지저분한 workspace 작업 공간 reveal 드러내다 personality 성격

A 다음 각 [ ]에서 어법에 맞는 표현을 고르시오.

1 It doesn't matter how [slow / slowly] you go as [soon / long] as you do not stop. *Confucius*

2 Stop thinking about what you don't have and [finding / find / not find] a solution yourself! 모의기출

3 I found [what / that / whether] there was only one way to look thin: Hang out with fat people.

4 She feared to open the bill, [and / for / so] she was sure it would take the rest of her life to pay for all the medical expenses. 모의기출

5 The rich man thought [if / that] the slave was [such / so] a great person that the lion didn't kill him. 모의기출

6 [Then / When] I was a boy, I was told [whether / that] anybody could become president. I'm beginning to believe it.
직위를 나타내는 명사가 보어로 쓰이면 관사를 쓰지 않아요. e.g. chairman, governor, mayor

7 There is nothing magical about computers, and they are assuredly not "spirits" [neither / nor / or] "souls" in our environment. 수능기출

8 [Despite / Although / Nevertheless] Saturn is the second-largest planet in our solar system, it is also the lightest planet!

B 밑줄 친 부분 중에서 어색한 것이 있으면 고치시오. (정답 최대 2개)

1 Energy may <u>be changed</u> into different forms but is never created <u>nor</u> destroyed. 모의기출

2 <u>Because</u> his injury from the accident, his playing career <u>has come</u> to a premature end in 1999.

3 <u>Such</u> devastating was the earthquake that it'll take at least 10 years <u>for</u> the country to recover.

4 You never realize how boring your life is until someone <u>asks</u> you what <u>you like</u> to do for fun.

5 Not only <u>the professors have</u> their own ideas on the matter, <u>but</u> the students have theirs, too. 수능기출

6 People who change do not question <u>that</u> change is possible or look for reasons they cannot <u>be changed</u>. 수능기출

7 If you're at a bank, supermarket, or amusement park, <u>wait</u> in line is probably not your idea of fun. 모의기출

8 Then, between 1969 and 1972, the United States <u>sending</u> astronauts to the moon for their studying the moon and <u>returned</u> to the Earth with rock samples. 모의기출 *동명사의 의미상의 주어로 '그들의'가 아니라 '그들이'로 해석해야 해요. (▶Unit 07 동명사의 형태와 용법 참조)*

A **2 solution** 해결책 **3 thin** 마른 **hang out with** ~와 돌아다니다 **4 fear** 두려워하다 **bill** 고지서 **pay** 지불하다 **medical expense** 치료비 **5 slave** 노예 **7 assuredly** 확실히 **spirit** 정신 **soul** 영혼 **environment** 환경 **8 Saturn** 토성 **planet** 행성 **solar system** 태양계 B **1 form** 형태 **create** 만들다 **destroy** 파괴하다 **2 injury** 상처 **playing career** 선수 경력 **premature** 조기의 **3 devastating** 파괴적인 **4 realize** 깨닫다 **5 professor** 교수 **matter** 문제 **6 question** 묻다 **possible** 가능한 **reason** 이유 **7 amusement park** 놀이공원 **wait in line** 줄 서서 기다리다 **probably** 아마도 **8 astronaut** 우주비행사 **study** 연구하다 **sample** 표본

C 다음 밑줄 친 부분의 설명이 틀린 것을 모두 고르시오. (정답 최대 3개)

1   My wife and I were at a friend's house recently. We noticed our friend talking on the phone while simultaneously answering the door, checking on dinner, and **(a) changing** her baby's diaper. Many of us do the same when **(b) we are** speaking to someone and our mind is elsewhere. When this happens, we not only lose much of the enjoyment of what we are doing, **(c) but we also** become far less focused and effective. To take this to an extreme, imagine yourself **(d) driving** down the highway while shaving, drinking coffee, or reading the newspaper. You may be inviting an accident. When doing something, just focus on **(e) [whether / what]** you are doing. 수능기출

*simultaneously: at the same time

① (a) 주절의 talking과 병렬을 이루고 있다.
② (b) we are는 주절의 주어와 같으므로 생략할 수 있다.
③ (c) not only A but also 구문으로 also를 생략할 수 있다.
④ (d) imagine의 목적격보어로 driving은 적절하다.
⑤ (e) 전치사 on의 목적어로 whether가 적절하다.

2   Some speakers frequently look at their watches while **(a) given** their speeches. They probably do this because they don't want to go over the time they are allowed. **(b) [Therefore / However]**, it is proven that when a speaker glances at his watch, many in the audience **(c) does** the same thing. This becomes an interruption **(d) because of** the audience is not fully focusing on the speech. So place your watch on the table in front of you **(e) or** keep your eye on the clock in the back of the room. 수능기출

① (a) 주어와 be동사가 생략된 것으로 given은 적절하다.
② (b) 역접의 관계가 이어지므로 However가 적절하다.
③ (c) audience는 단수 취급도 하므로 does는 적절하다.
④ (d) 주어와 동사가 이어지므로 because로 고쳐야 한다.
⑤ (e) 「명령문 or ~」 구문으로 if you don't keep으로 바꿔 쓸 수 있다.

C **1 recently** 최근에 **notice** 지켜보다, 알아채다 **simultaneously** 동시에 **diaper** 기저귀 **focus** 집중하다 **effective** 효과적인 **to an extreme** 극도로 **shave** 면도하다 **invite** 초래하다 **accident** 사고 **2 frequently** 자주 **give one's speech** 연설하다 **go over the time** 시간을 넘기다 **allow** 허락하다 **prove** 입증하다 **glance** 힐끗 보다 **audience** 청중 **interruption** 방해

A 수일치 주어의 수에 따라 동사의 수를 일치하는 것을 의미한다.

01 I think **every** person **and** place **is** interesting. (every A and B 단수동사)

02 I can't believe **ten years have passed** since then. (시간[시간의 경과] – 복수동사)

    cf. The past **ten years is** not a lost decade. (시간[단일 개념] – 단수동사)

03 The EU says **the number of** fake notes **is** on the rise. (the number of – 단수동사)

    cf. The EU says **a number of** fake notes **are** in circulation. (a number of – 복수동사)

04 **The majority of** the **villagers are** illiterate. (the majority of 복수 – 복수동사)

    cf. **The majority** of the **island was** declared a national park. (the majority of 단수 – 단수동사)

05 **A variety of foods are** needed every day. (a variety of 복수 – 복수동사)

    cf. **A variety of food is** much better than a similar daily diet. (a variety of 단수 – 단수동사)

    cf. **The variety of all things creates** pleasure. (the variety of – 단수동사)

06 Only a few people care. **The rest are** just curious. (the rest: 복수지칭 – 복수동사)

    cf. Why is my room cold, but **the rest** of the house **is** warm? (the rest: 단수지칭 – 단수동사)

07 **The beautiful is** as useful as the useful. *Victor Hugo* (the + 형용사: 추상명사)

01 every A and B는 단수 취급한다. 02 *cf.* 시간·거리·무게·금액 등이 단일 개념으로 쓰이면 단수 취급한다. 03 the number of(~의 수)는 단수, a number of(많은)는 복수 취급한다. 04 the majority of 복수명사/단수명사는 복수/단수 취급한다. 05 대개 a variety of 복수명사/단수명사는 복수/단수 취급한다. *cf.* The variety of(~의 다양성)는 단수 취급한다. 06 the rest가 복수/단수를 지칭하면 복수/단수 취급한다. 07 「the + 형용사」는 단수 취급도 한다. (▶「the + 형용사」 다른 표현은 Unit 14 대명사·형용사·부사 참조) ※「many + a + 단수명사」, 「more than one + 단수명사」는 의미상 복수지만 단수 취급한다. e.g. Many a man is present. (많은 사람들이 출석했다.) More than one person was hurt in the accident. (그 사고에서 한 명 이상의 사람이 다쳤다.)

Further Study 수일치에 주의해야 할 표현

The team **is/are** going to win. (그 팀은 이길 것이다.)

→ team, family, committee 등의 집합명사는 단일체로 보면 단수를 개개인의 집합체로 보면 복수를 취하는 것이 원칙이나 구별이 점점 사라지고 있다.

Gold and silver **are** expensive. (금과 은은 비싸다.) Trial and error is a problem-solving method. (시행착오는 문제 해결 방법이다.)

→ A and B에서 관계가 밀접하면 단수 취급 그렇지 않으면 복수 취급한다. 쉽게 말해, A and B를 They로 바꿀 수 있는 경우는 복수 취급, 바꿀 수 없는 경우는 단수 취급한다.

These medicines are called antibiotics, which **means** "against the lives of bacteria." **모의기출**

(이런 약은 '항생 물질'이라고 불리며, 이는 '박테리아의 생명에 대항하는 것'을 의미한다.)

→ 복수(항생 물질들)를 말하는 것이 아니라 표현된 의미·개념(항생 물질)을 말하므로 단수가 적절하다.

수능 pick 1

♦ the number of ~ [are / is]

The number of people that [**watches** / **watch**] commercials [**are** / **is**] decreasing. **EBS수능완성**

→ that 이하 관계사절의 선행사는 people이므로 복수동사인 watch가 본동사의 주어는 The number이므로 단수동사인 is가 적절하다.

B 상관접속사와 수일치

01 **Both** *French* **and** *English* **are** spoken in Quebec. (both A and B: 복수동사)

02 **Either** her sons **or** *their mom* **feeds** the dog every day. (either A or B: B에 일치)

03 **Neither** he **nor** *his friends* **have** come back from the forest. (neither A nor B: B에 일치)

04 **Not only** the lion **but also** *the bears* **have** escaped from the zoo. (not only A but also B: B에 일치)

    → *The bears* **as well as** the lion **have** escaped from the zoo. (B as well as A: B에 일치)

01 both A and B에서 A와 B가 불가산 명사일지라도 복수 취급한다. 04 not only[just = merely] A but (also) B는 B as well as A로 바꾸어 쓸 수 있다. (▶Unit 18 B 상관접속사 참조)

A 02 **lost** 잃어버린 **decade** 10년 03 **fake** 가짜의 **note** 지폐 **on the rise** 증가하는 **in circulation** 유통되는 04 **villager** 마을 사람 **illiterate** 문맹의 **declare** 선포하다 05 **daily** 일일의 **diet** 식단 **create** 자아내다, 창조하다 **pleasure** 즐거움 06 **curious** 궁금한 수능 Pick 1 ♦ **commercial** 상업 광고 B 02 **feed** 먹이다 04 **escape** 탈출하다

C 「부분표현 of + 명사」 주어 기본적으로 명사가 복수면 복수동사, 명사가 단수이면 단수동사를 쓴다.

01 **All (of) the water has** frozen. ⸻ (all (of) 단수명사 – 단수동사)

cf. **All (of) the competitors have** faced adversity. ⸻ (all (of) 복수명사 – 복수동사)

02 One or **both (of the) parents suffer** from insomnia. ⸻ (both (of the) 복수명사 – 복수동사)

03 **Three-quarters of** the **beach was** destroyed by the typhoon. ⸻ (분수 of 단수명사 – 단수동사)

cf. If **two-thirds of** the **members are** boys, **one-third are** girls. ⸻ (분수 of 복수명사 – 복수동사)

04 **Each of us feels** the rain differently. ⸻ (each of 복수명사 – 단수동사)

cf. **Each apple is** individually wrapped in paper. ⸻ (each 단수명사 – 단수동사)

05 I guess **either of your answers is** wrong. ⸻ (either of 복수명사 – 단수동사)

cf. **Neither watch works.** They're both broken. ⸻ (neither 단수명사 – 단수동사)

06 **None of your friends is/are** watching your YouTube channel. ⸻ (none of 복수명사 – 단수동사)

01 「All/Most/Some of + 복수명사/단수명사」는 복수동사/단수동사를 쓴다. 02 A or B는 B에 수일치하고, both 다음에는 복수명사와 복수동사가 온다. 03 「분수/percent of + 단수명사/복수명사」는 단수동사/복수동사가 온다. *cf.* 동일어구 삭제를 하면 분수만 오며 수에 따라서 복수가 올 수 있다. ※population은 '인구, 전체 주민, 개체 수'의 뜻으로 단수 또는 복수 취급한다. e.g. About 30 percent of the population is/are Malays. (인구의 약 30%가 말레이이다.) 04 「each of + 복수명사」, 「each + 단수명사」는 각각 단수동사를 쓴다. 05 「either/neither of + 복수명사」는 단수동사를 쓴다. 06 「None of + 복수명사」는 단수동사 또는 복수 동사를 쓴다.

D 긴 주어의 수일치

01 **Knowing** others **is** intelligence; **knowing** yourself **is** true wisdom. *Lao Tzu* ⸻ (동명사 주어)

02 **To start** a sentence with an infinitive **is** not very common. ⸻ (부정사 주어)

03 **The men** *dressed in black* **were** slowly moving behind them. ⸻ (어구 수식)

04 **All months** *that begin on a Sunday* **have** a Friday the 13th. ⸻ (관계사 수식)

05 **What** first came to my mind **was/were** virtual offices. ⸻ (what = the thing(s) which)

01 동명사 주어는 단수 취급한다. 02 to부정사 주어는 단수 취급한다. 03~04 어구(전치사구, 현재분사구, 과거분사구) 또는 관계사절이 후치수식할 때 수식 받는 명사에 수일치한다. 05 What이 주어일 때 the things which의 의미로 명사보어와 수일치하는 경우도 있다. 상황에 따라 was나 were 둘 다 맞다.

수능 pick 2
♦ ~ 복수명사 who [do / does]
Jessie is the only one of our students who [**have** / **has**] received the Presidential Award.
→ 관계사절이 수식하는 것은 내용상 students(학생들)가 아니라 one(학생)이다. 따라서 단수 선행사이므로 has가 적절하다.

E 시제일치와 예외 주절과 종속절의 동사의 시제를 일치시키는 것과 그 예외를 말한다.

01 He **thinks** she **was/is/will be** nicer. ⸻ (현재 – 현재/과거/미래)

02 He **thought** she **was/had been/would be** nice. ⸻ (과거 – 과거/과거완료)

03 I **heard** that Sally **goes** shopping every day. ⸻ (과거 – 현재: 습관)

04 We **learned** that light **travels** in a straight line. ⸻ (과거 – 현재: 진리)

05 **Did** you know Napoleon **was** defeated at Waterloo? ⸻ (과거 – 과거: 역사적 사실)

06 He **looked** much stronger than he **does** now. ⸻ (과거 – 현재: 비교 표현)

01 주절이 현재시제면 종속절에는 현재/과거/미래를 다 쓸 수 있다. 02 주절이 과거면 종속절에 과거와 과거완료를 쓸 수 있다. 03 주절이 과거지만 현재의 사실·습관은 현재형을 쓴다. 04 주절이 과거지만 일반적 진리는 현재형을 쓴다. 05 주절이 과거이고 종속절이 더 먼저 일어난 일이지만 역사적 사실은 과거형으로 쓴다. 06 비교 표현에서는 시기를 비교하므로 주절이 과거이고 종속절이 현재도 가능하다.

PLUS -ed that ~ does
Mr. Bentley said that he still **drives** that same truck.
→ 주절이 과거지만 여전히 사실이거나 앞으로도 가능성이 있는 경우는 현재형 또는 will을 쓸 수도 있다.

C 01 **competitor** 경쟁자 **adversity** 역경 02 **suffer from** ~로 고생하다 **insomnia** 불면증 03 **destroy** 파괴하다 04 **individually** 개별적으로, 각각 **wrap** 포장하다 05 **broken** 고장 난 D 01 **intelligence** 총명함, 지능 **wisdom** 지혜 02 **infinitive** 부정사 **common** 일반적인 05 **virtual** 가상의 수능 Pick 2 ♦ **presidential** 대통령의 **award** 상 E 04 **travel** 이동하다 **straight line** 직선 05 **defeat** 패배시키다

Grammar Practice

A 각 괄호에서 알맞은 말을 고르시오.

1 [수 / 시제]일치는 주어의 수에 따라 동사의 수를 일치하는 것을 의미한다.

2 [A / The] number of 단수명사에는 단수동사를 쓴다.

3 「the + [부사 / 형용사]」는 단수 또는 복수로 취급될 수 있다.

4 「분수 of + 복수명사」는 [단수 / 복수] 동사가 온다.

5 「단수명사 + 복수명사로 끝나는 수식어구」는 [단수 / 복수] 취급한다.

B 다음 문장의 해설이 맞으면 T 그렇지 않으면 F에 체크하시오.

1 The singer along with her managers is going to a party.

↳ 주어가 복수이므로 is를 are로 고쳐야 한다.   □ T □ F

2 The general as well as his men were showing their fatigue.

↳ his men이 주어 역할을 하므로 were는 적절하다.   □ T □ F

3 A variety of factors were taken into account.

↳ A variety of 복수명사이므로 복수동사 were는 적절하다.   □ T □ F

4 The weak are going to die; the strong are going to live.

↳ The weak와 the strong이 복수보통명사를 의미하고 있다.   □ T □ F

5 The rescuers initially did not know that she is in the car.

↳ 그녀가 차 안에 있던 사실이 먼저이므로 has been으로 써야 한다.   □ T □ F

C 우리말과 일치하도록 괄호 안의 말을 이용하여 문장을 완성하시오. (필요시 어형 변화할 것)

1 100달러가 바닥 위에 흩어져 있었다. (scatter)

A hundred dollars _____ _____ on the floor.

2 각각의 새로운 하루가 당신 자신을 개선할 새로운 기회입니다. (day, be)

_____ new _____ _____ a new opportunity to improve yourself.

3 모든 남자와 여자는 자신의 미래의 건축가이다. (be)

Every man and woman _____ the architect of his or her own future.

4 부자들과 가난한 사람들의 격차가 점점 더 벌어지고 있다.

The gap between the _____ and the _____ is getting bigger and bigger. `EBS수능완성`

         🐿 「비교급 and 비교급」은 '점점 더 ~한/~하게'의
          뜻이에요. (▶Unit 16 비교구문의 관용표현 참조)

5 양손으로 검지와 중지로 V자 모양을 만들고 치즈라고 말하세요. (hand)

Make V shapes with your index and middle fingers on _____ _____, and say, "Cheese."

B 1 along with ~와 함께 2 general 장군 man 부하 fatigue 피로 3 factor 요인 take ~ into account ~을 고려하다 5 rescuer 구조대원 initially 처음에
C 1 scatter 흩뜨리다 2 opportunity 기회 improve 개선하다 3 architect 건축가 4 gap 격차

D 다음 〈보기〉에서 알맞은 것을 찾아 문장을 완성하시오. (중복사용 가능)

| 보기 | are | is | have | has | do | does |

1 Exploring your personal drawing styles _____ important. [모의기출]

2 The shoes I ordered last month _____ not been delivered yet.

3 Your GPA was much worse than it _____ now. (Say thank you to me.)

4 One of the surest ways to upset professors _____ to call them by their first names against their wishes. [모의기출]

5 Neither Ms. Briggs nor her daughter, Ms. Myers, _____ any qualifications in the field of psychology. [EBS파이널응용]

E 다음 각 [ ]에서 어법에 맞는 표현을 고르시오.

1 He struggled to prove that the Earth [is / was] flat.

2 Either dye or paints [is / are] used to color cloth.

3 Deep down, the young [is / are] lonelier than the old. *Anne Frank*

4 The worst distance between two people [are / is] misunderstanding.

5 97% of the people who quit too soon [is / are] employed by the 3% who never give up.

F 밑줄 친 부분 중에서 어색한 것이 있으면 고치시오.

1 The variety of wildlife <u>are called</u> biodiversity and is specific to each habitat.

2 The majority of people interviewed <u>was</u> supportive of genetically modified food.

3 The difference between the possible and the impossible <u>lie in</u> the man's determination.

4 A report says more than one half of fatal motor vehicle crashes caused by 15-24-year-olds <u>involves</u> alcohol. [EBS파이널]

5 What we need <u>are</u> more critics–citizen critics–equipped with the desire and the vocabulary to remake the city. [EBS수능특강]

D 1 **explore** 탐색하다 **personal** 자신만의, 개인의 2 **order** 주문하다 **deliver** 배달하다 3 **GPA** 평점(grade point average) 4 **upset** 화나게 하다 **professor** 교수 5 **qualification** 자격 **field** 분야 **psychology** 심리학 E 1 **struggle** 애쓰다 **prove** 입증하다 **flat** 평평한 2 **dye** 염료 3 **deep down** 마음속으로 4 **misunderstanding** 오해 5 **employ** 고용하다 F 1 **wildlife** 야생 동물 **biodiversity** 생물 다양성 **specific** 고유한 **habitat** 서식지 2 **supportive of** ~을 지지하는 **genetically** 유전적으로 **modify** 변형하다 3 **lie in** ~에 있다 **determination** 결심 4 **fatal** 치명적인 **crash** 추돌[충돌] 사고 **involve** 관련이 있다 5 **critic** 비평가 **equipped with** ~을 갖춘 **desire** 소망 **vocabulary** 어휘 **remake** 다시 만들다

A 다음 각 [ ]에서 어법에 맞는 표현을 고르시오.

1 More than half of the basketball court [are / is] used for volleyball practice.

2 Predators evolved with eyes [facing / faced] forward, which [allows / allow] for binocular vision. 모의기출

3 For many centuries, European science and knowledge in general, [were / was] recorded in Latin. 모의기출

4 Nicolson's Café is the place [where / which] J. K. Rowling [has written / wrote] a lot of the first *Harry Potter* book.

5 Though it may not be his fault, many a modern child [reach / reaches] voting age without ever [earning / having earned] a penny. EBS만점마무리

6 In the Philippines, the rural poor [venture / ventures] into steep, mountainous terrain to clear forests to make [a room / room] for crops. EBS수능특강

7 [Almost / Most] people who are sensitive to caffeine [experiences / experience] a temporary increase in energy and elevation in mood. 모의기출

8 We eat much more when a variety of good-tasting foods [is / are] available than when only one or two types of food [are / is] available. 모의기출

B 밑줄 친 부분 중에서 어색한 것이 있으면 고치시오. (정답 최대 2개)

1 What is on the list are the fundamental elements of a satisfied life. 모의기출

2 About 50 percent of the population is from Europe, that is around 47,000 people.

3 This morning, I received an e-mail from the manufacturer stated that the items will be arriving.

4 For example, more people means more kinds of diseases, particularly when those people are sedentary. 모의기출

5 The whole philosophy, in essence, is a fight between philosophers. Each of them try to prove that the rest is fools.

6 Unfortunately, young people graduated from school quickly grows impatient with their unattractive, basic-level jobs. 모의기출

7 Don't judge your beauty by the number of people who looks at you but rather by a number of people who smile at you.

8 Over four-fifths of American readers prefers e-books when they want to get a book quickly while just a little more than one-tenth picks printed books. 모의기출

A **1 practice** 연습 **2 evolve** 진화하다 **allow for** 허용하다 **binocular vision** 양안시(兩眼視) **3 in general** 일반의 **5 voting age** 투표 연령 **penny** 한 푼, 페니 **6 rural** 시골의 **venture** 위험을 무릅쓰다; 모험 **steep** 가파른 **terrain** 지형 **clear** 개간하다 **room** 공간, 여지 **7 sensitive** 민감한 **temporary** 일시적인 **increase** 증가; 증가하다 **elevation** 상승, 고도 B **1 element** 요소 **3 state** 명시하다, 진술하다 **4 particularly** 특히 **sedentary** 한 곳에 정착하는 **5 philosophy** 철학 **6 unfortunately** 불행하게도 **graduate** 졸업하다 **impatient** 짜증나는 **unattractive** 재미없는 **basic-level** 기초적인 수준의 **7 rather** 오히려 **8 pick** 선택하다

C 다음 밑줄 친 부분의 설명이 **틀린** 것을 모두 고르시오. (정답 최대 3개)

1 Science and technology **(a) have changed** a great deal since the latter part of the nineteenth century. The world has changed, too. It has become more complex and **(b) increasingly** specialized. There is **(c)** much more to know in every field. It is not only the scientist and the computer expert who **(d) needs** special training now but also the government official and the business manager. Besides, a rapid increase in the number of college graduates **(e) has made** the competition for jobs much greater than it used to be. The most qualified, the expert, wins. 수능기출

① 주어가 복수이므로 have changed는 적절하다.

② specialized를 수식하는 부사로 적절하다.

③ 비교급을 수식하며 very much로 써도 된다.

④ not only A but also B에서 B에 수일치를 했다.

⑤ 주어가 the number이므로 has made는 적절하다.

2 Imagine a school of fish swimming through pipelines at the bottom of the ocean. Only instead of **(a) live** fish searching for food, these are robots patrolling for pipe damage. Robo-fish can fit in places **(b) where** divers can't patrol. The newest **(c) is** five to eighteen inches long and have about ten parts. These robots made of a synthetic compound are designed to be flexible in the tail. The motion of the material **(d) copy** the swimming motion of a real fish. Although the latest robotic fish are pretty close to **(e) making** a splash, they are not yet swimming in lakes and oceans. 모의기출응용

*school: a large number of fish

① (a) 형용사로 '살아 있는'이란 뜻으로 쓰였다.

② (b) 장소를 선행사로 하는 관계부사로 적절하다.

③ (c) The newest (Robo-fish)가 주어이므로 적절하다.

④ (d) 주어가 The motion이므로 copies로 고쳐야 한다.

⑤ (e) close to에서 to는 전치사이므로 적절히 사용되었다.

A 「It be ~ that...」 강조구문 주어, 목적어, 부사(구·절)을 강조할 때 사용한다.

01 It is *passion* **that[which]** makes people magnetic. (주어 강조)

02 It is *Chuck Joongyung* (**that[who(m)]**) I most admire. (목적어 강조)

03 **It is** *today* **that[when]** you make your tomorrow better. (부사 강조)

04 **Was it** *in her room* **that[where]** Cindy kept a pig? (구 강조)

05 **It's** *when we hurt* **that** we learn. (절 강조)

06 **It is not** *every flower* **that** smells sweet. (부정문)

← Every flower doesn't smell sweet.

07 *What* **is it that** you want from me? (의문사 강조)

← What do you want from me?

01~07 「It be ~ that...」 강조구문에서 that은 관계사와 같은 역할을 한다. 따라서 경우에 따라 who(m), which, when, where로 바꿔 쓸 수 있다. 01 강조어가 사물이고 주격 which를 쓸 수 있다. 02 강조어가 사람이고 목적격이면 who(m)을 쓰거나 생략도 가능하다. 03 시간 부사(구)를 강조할 때는 when으로 쓸 수 있다. 04 구를 강조하며, 장소 부사(구)를 강조할 때는 where를 쓸 수 있다. 한편 be동사는 대개 원래 문장의 시제에 맞게 쓴다. 05 부사절을 강조할 수도 있다. 06 부정문의 주어 강조시 부정어(not)도 같이 강조어구에 포함한다. 07 의문사를 강조할 수도 있으며 「의문사 + is it that」의 구조를 취한다.

수능 pick 1 ♦ 「It be ~ 사람, that...」 [O/×]

It was János Irinyi, who was a Hungarian chemist, **that** invented the nonexplosive match. [O/×]

→ who was a Hungarian chemist가 삽입구이고, János Irinyi를 강조하는 「It be ~ that...」 강조구문으로 that은 적절하다. 콤마(,) 뒤에 that이 올 수도 있다.

B 기타 강조

01 I **do** *like* Ara, and I bet Nova **does**, too. (일반동사)

02 "**Do be** quiet, everyone!" she said frantically. (명령문)

03 **What** *Elly does is* (to) work for an A.I. company. (what절)

← Elly works for an A.I. company.

04 A clear rejection is always **much** *better* than a fake promise. (비교급)

05 **By far** *the best* proof is experience. *Francis Bacon* (최상급)

06 Alexander **himself** was once a crying babe. (재귀대명사: 강조 용법)

01 일반동사 강조는 do[does], did로 하며 조동사처럼 쓰이므로 뒤에 동사원형이 온다. 여기서 두 번째 does는 like의 대동사이다. 02 be로 시작하는 명령문도 do로 강조할 수 있다. 03 관계대명사 what을 이용하여 강조를 나타낼 수 있다. 「What ~ be동사 + to부정사」에서 to가 생략될 수 있음에 유의한다. (▶Unit 06 부정사의 다양한 형태 참조) 04 비교급 강조 05 최상급 강조 (04~05 ▶Unit 15 원급·비교급·최상급 참조) 06 재귀대명사의 강조 용법 (▶Unit 14 대명사·형용사·부사 참조)

수능 pick 2 ♦ did + 동사ing [O/×]

The trees made hardly any difference in the amount of noise, but they **did blocking** the view of the highway. [O/×] 모의기출

→ 일반동사의 강조로 사용되는 do도 조동사처럼 쓰인다. 따라서 뒤에는 동사원형이 와야 하므로 blocking를 block으로 고쳐야 한다.

A 01 **passion** 열정 **magnetic** 매력적인 02 **admire** 존경하다 *Chuck Joongyung* 고려시대 무신으로 여진을 정벌하는데 혁혁한 공을 세운 한반도의 소드 마스터(sword master)로 알려져 있다. 수능 Pick 1 ♦ **chemist** 화학자 **nonexplosive** 폭발하지 않는 B 01 **bet** 장담하다 02 **frantically** 미친 듯이 03 **A.I.** 인공 지능(artificial intelligence) 04 **clear** 명확한 **rejection** 거절 **fake** 가짜의 05 **proof** 증거 **experience** 경험 수능 Pick 2 ♦ **make a difference** 영향을 주다 **amount** 양 **block the view** 시야를 가리다

C 부정어(구) + 도치 부정을 의미하는 표현이 문두로 오면 의문문 어순으로 쓴다.

01 **Hardly** *does she feel* affection and human warmth. (부정어)

02 **No sooner** *had she woken* up **than** she felt hungry. (부정어구)

→ She had hardly[scarcely] woken up when[before] she felt hungry.

→ As soon as she woke up, she felt hungry.

03 **Only** if you can solve this problem *will you be* admitted. (Only 포함 어구)

04 **Not only** *was the jeep* slow, **but** it was (**also**) very uncomfortable. (Not only)

05 **Not until** the third day *did he recover* his senses. (Not until)

01~05 부정어가 문두로 오면 의문문 어순을 취한다. e.g. never, hardly (ever), seldom, scarcely, barely, little, few 01 ← She hardly feels ~ 02 ← She had no sooner woken ~ / No sooner A than B 구문은 A가 B보다 더 일찍 일어났다고 할 수 없다는 의미로 A hardly[scarcely] ~ when[before] B, As soon as A, B 구문으로 문장 전환이 가능하다. 03 only는 '다른 것이 아니고 오로지'란 의미로 넓은 의미의 부정어에 속한다. Only절 전체가 문두로 오는 것이므로 Only절 안의 주어 동사가 도치되지 않음에 유의한다. Only if can you solve(×)

수능 pick 3

♦ Not only S + V [○/×]

Not only **they could see** nothing in front of them, but they were tired and ill. [○/×] 수능기출

→ 부정어구 Not only가 문장의 앞으로 오면 의문문 어순으로 도치되므로 could they see로 고쳐야 한다.

D 기타 도치 부사(구), 보어, 분사, as절, 비교급, So/Nor 등에서 주어와 동사가 도치되는 경우가 있다.

01 Hey! **Here** *is your cellphone*. (부사)

02 **In the wooden casket** *were gold coins*. (부사구)

03 **Happy** *was the moment* we sat together. (보어)

04 **Attached** *are the files* that you requested. (분사)

05 **Not a single word** *did he say*. (부정어 포함 목적어)

06 Lions roar loud**er than** *do all wild cats*. (비교급)

07 *Were he* to cut the red line, we'd all be in trouble. (가정법)

08 Kennishi was excited **as** *were many of the little kids*. (as절)

cf. (As) *Cold* **as** it was, we felt secure in the same room. (양보절)

09 **So angry** *did he become* **that** he left the chat room. (so + 형/부 + that)

10 **Such** *was the strength of the wind* **that** we couldn't even walk. (such that)

11 I am not perfect. **Nor** *do I want* to be. (Nor)

01 Here/There 구문에서 도치가 일어나지만 대명사가 주어일 때는 도치를 하지 않는다. e.g. There he is! 02 장소 및 방향부사구가 문두로 오면 도치가 선택적으로 일어난다. 03~04 문장의 균형을 위해서 도치가 일어나기도 한다. 05 부정어를 포함하는 목적어가 문두로 오면 도치를 하지만 그렇지 않은 경우에는 도치하지 않는다. e.g. The doll he bought. 06 비교급에서 도치가 일어나기도 한다. 07 가정법의 If가 생략되면 의문문 어순이 된다. (▶Unit 09 if 가정법 참조) 08 접속사 as(~처럼, 마찬가지로)절 뒤에 선택적 도치가 일어나며 수일치와 대동사에 유의해야 한다. cf. 양보절에서 보어나 부사가 문두로 나오는 경우가 있다. 09~10 「so + 형용사/부사 + that ~」 또는 「such + 명 + that ~」 구문에서도 도치가 일어난다. 11 부정문에서 「Nor + 조동사 + 주어」 구문이 쓰이나 Nor는 and not의 의미로 접속사의 기능을 하여 문장을 유도할 수 있지만 Neither는 상대방의 말을 이을 때 외에는 그렇지 않음에 유의한다. 긍정문에서는 So가 쓰인다.

수능 pick 4

♦ as [were / did]

Swans that had floated along the spring left, as [**were** / **did**] the tourists. 모의기출

→ as가 '마찬가지로'라는 의미의 접속사로 쓰일 때 선택적 도치가 일어나는데, 주절의 본동사인 left를 대신 받으므로 were가 아닌 did로 써야 한다.

C 01 **affection** 애정 **human** 인간적인 **warmth** 따뜻함 03 **admit** 입학을 허가하다 05 **recover one's senses** 의식을 찾다 D 02 **casket** 관, 상자 04 **attach** 첨부하다 **request** 요청하다 06 **roar** 포효하다 **wild cat** 야생 고양이 08 **secure** 안심하는, 안전한 수능 Pick 4 ♦ **swan** 백조 **float** 떠다니다 **spring** 샘

〈 Grammar Practice 〉

A 각 괄호에서 알맞은 말을 고르시오.

1 「It be ~ that」 강조구문에서 주어, 목적어, [부사 / 형용사]를 강조할 수 있다.

2 일반동사를 강조할 때는 「[do / be] + 동사원형」으로 한다.

3 부정어가 문두로 나오면 [평서문 / 의문문] 어순이 된다.

4 「Only 부사절」에서 부사절 속의 주어와 동사를 도치 [한다 / 안한다].

5 「So ~ that 」 도치구문에서 어순은 [「주어 + 동사」 / 「동사 + 주어」]이다.

B 다음 문장의 해설이 맞으면 T 그렇지 않으면 F에 체크하시오.

1 Into the mist disappear the knights.

↳ the mist가 주어이므로 disappears로 고쳐야 한다. □ T □ F

2 No longer was being elderly an honorable distinction.

↳ 도치된 문장으로 주어는 an honorable distintion이다. □ T □ F

3 Flowers need time to blossom. Neither do you.

↳ Neither는 연결사 기능을 못하므로 Nor로 고쳐야 한다. □ T □ F

4 It was on Tuesday that we launched the online classes.

↳ 부사구가 강조된 것으로 that을 when으로 고쳐도 된다. □ T □ F

5 As soon as I reached the station, the subway came.

↳ Hardly I had reached the station when the subway came.으로 전환할 수 있다. □ T □ F

C 우리말과 일치하도록 괄호 안의 말을 이용하여 문장을 완성하시오. (필요시 어형 변화할 것)

1 단지 날씨 때문에 Mel과 Mini는 우울했다. (be)

Only because of the weather _____ Mel and Mini blue.
  ↳「because of + 명사」, 「because + 문장(주어 + 동사)」이에요. (▶Unit 18 전치사 참조)

2 여섯 살짜리가 번지 점프를 할 수 있다면, 당신도 할 수 있다. (so)

If a six-year-old boy can bungee-jump, then _____ _____ _____.

3 원래의 영수증과 수리비 계산서의 사본들이 동봉되어 있습니다. (enclose)

_____ are copies of the original receipt and the repair bill. 모의기출

4 자연은 인간을 결코 속이지 않는다. 우리 자신을 속이는 것은 항상 우리이다. (who)

Nature never deceives us; _____ _____ always we _____ deceive ourselves.

5 그녀는 자신이 곧 3주간의 바다 항해를 하게 될 것을 조금도 알지 못했다. (know)

Little _____ she _____ that she was about to take a three-week ocean voyage. EBS수능완성

B 1 mist 안개 knight (중세의) 기사 2 elderly 나이가 지긋한 honorable 존경할만한 distinction 특징, 구별 3 blossom (꽃이) 피다 4 launch 시작하다
C 1 blue 우울한 3 enclose 동봉하다 copy 사본 receipt 영수증 repair 수리; 수리하다 bill 계산서 4 deceive 속이다 5 ocean 바다 voyage 항해

D 다음 〈보기〉에서 알맞은 것을 찾아 문장을 완성하시오. (필요시 어형 변화할 것)

보기	it	be	do	that	which
	text		become	look	

1 Okay, I didn't phone you, but I _____ _____ you.

2 Not until the 1950s _____ dishwashers _____ popular.

3 It is only when you're alone _____ you realise where you are.

4 Just west of Times Square on 42nd Street _____ the major Broadway theaters. `EBS수능특강`

5 Not only _____ the leaf fish _____ like a leaf, but it also imitates the movement of a drifting leaf underwater. `수능기출`

E 다음 각 [ ]에서 어법에 맞는 표현을 고르시오.

1 Buyer: I haven't received the used bag yet.

Seller: I did [sent / send] it.

the thing (which) we로 목적격 관계대명사는 생략될 수 있어요.
(▶Unit 11 관계대명사 I 참조)

2 Seldom [do / does] the thing we fear come to pass.

3 It is what's invisible [which / that] creates what's visible. `모의기출`

4 [Politely / Polite] as he behaves in public, he can be very rude in private.

5 [Posting / Posted] nearby is a sign reading CAUTION: GORILLA STATUES MAY BE HOT. `EBS수능완성`

F 밑줄 친 부분 중에서 어색한 것이 있으면 고치시오.

1 In the center of the balcony <u>sits</u> a lone table with two chairs.

2 So expensive <u>was</u> the tickets that they couldn't attend the gala.

3 Success is not final. Failure is not fatal. It is the courage to continue <u>what</u> counts.

4 Hardly <u>blood defines</u> one's character. We are made by our actions, not our blood.

5 Yet Duveen told his friends, "Not only <u>Mellon will</u> buy artwork from me, but he will buy it only from me." `EBS수능특강`

D 1 **text** 문자하다 3 **realise** 깨닫다 4 **theater** 극장 5 **imitate** 흉내 내다 **drift** 떠다니다　E 2 **fear** 두려워하다 **come to pass** 일어나다 3 **invisible** 볼 수 없는 **visible** 볼 수 있는 4 **politely** 예의 바르게 **behave** 행동하다 **in pubic** 공개적으로 **rude** 무례한 **in private** 사적으로 5 **post** 게시하다 **nearby** 근처의 **sign** 표지판 **read** ~라고 쓰여 있다 **caution** 주의 **statue** 조각상　F 1 **lone** 혼자인, 단독의 2 **attend** 참석하다 **gala** 특별 자선쇼 3 **success** 성공 **fatal** 치명적인 **courage** 용기 **count** 중요하다 4 **define** 규정하다 **character** 성격 5 **artwork** 예술 작품

A 다음 각 [ ]에서 어법에 맞는 표현을 고르시오.

1 Before [I / me] was a view that I [recognizing / recognized] from the brochure. `EBS수능완성`

2 No sooner had the play [to begin / begun] than she started to doze off, [fell / falling] forward. `모의기출`

3 Here and there [was / were] groups of houses that seemed [to make / made] of crystal-clear glass.

4 Only by testing ourselves [we can / can we] actually determine [if / whether] or not we really understand.

5 [Few / Little] did he know that he was fueling his son with a passion [what / that] would last for a lifetime. `수능기출`

6 Not only [was / did] Hubble discover many faraway galaxies, but he also found [what / that] all those galaxies were moving away from us. `EBS영어독해연습`

7 We do not know [that / if] our descendants will ever live on Mars. [Neither / Nor] do we know if we will ever be able to reanimate our dead. `EBS수능완성`

8 Research has shown that most people do not like to read instructions, and much of what we do [to read / read] we either disregard or [don't / not] understand.

B 밑줄 친 부분 중에서 어색한 것이 있으면 고치시오. (정답 최대 2개)

1 In the doorway <u>stood</u> a heavily bearded man <u>worn</u> a Hawaiian shirt with white jeans.

2 <u>This</u> is the excitement of betting rather than the money itself that <u>make</u> people gamble.

3 The process is not 100-percent <u>reliably</u>, nor <u>do</u> researchers 100-percent objective. `EBS수능완성`

4 Isolated men were two to three times <u>as</u> likely to die than <u>were</u> men with close social ties. `EBS파이널`

5 While we hope most agents <u>reading</u> our communications, seldom <u>we received</u> any direct replies.

6 <u>Painting</u> on the gray board was the name DRAKE. It <u>had been</u> part of one of the lifeboats! `EBS수능완성`

7 At the bottom of a cliff <u>near</u> Solutré-Pouilly in Burgundy, France, <u>lie</u> a pile of fossilized horse bones. `EBS수능완성`

8 Only when <u>has the last tree been</u> cut down, the last fish been caught, and the last stream poisoned, <u>we will</u> realise we cannot eat money. *Indian proverb*

A 1 **recognize** 본 기억이 있다, 인정하다 2 **doze off** 졸다 3 **crystal-clear** 수정처럼 맑은 4 **determine** 결정하다 5 **fuel** 불어넣다 **passion** 열정 6 **galaxy** 은하계 **move away from** ~에서 멀어지다 7 **descendant** 후손 **Mars** 화성 **reanimate** 소생시키다 **dead** 죽음 8 **research** 연구 **instruction** (pl.) 설명서 **disregard** 무시하다 B 1 **heavily bearded** 턱수염이 더부룩한 2 **excitement** 흥분감 **gamble** 도박하다 3 **process** 과정 **reliably** 믿을 수 있게 **researcher** 연구원 **objective** 객관적인 4 **isolated** 고립된 **be likely to** ~하는 것 같다, ~하기 쉽다 **tie** 유대 관계 5 **while** ~이지만 **agent** 대행인 **communication** 서신, 의사소통 **reply** 회신, 응답 7 **cliff** 절벽 **lie** 있다, 거짓말하다 **pile** 무더기 **fossilize** 화석화하다 8 **stream** 시내, 샘 **poison** 오염시키다

C 다음 밑줄 친 부분의 설명이 틀린 것을 모두 고르시오. (정답 최대 3개)

1   On the wall of our dining room (a) <u>was</u> a framed quotation: "Let me live in a house by the side of the road and (b) <u>be</u> a friend to man." It inspired in me countless childhood daydreams about meeting new people from exotic places. I was a child (c) <u>who</u> desperately wanted to connect with others. We (d) <u>did lived</u> "by the side of the road"— on Route 9 between Keene and Portsmouth—in a place so remote (e) [this / it] was extremely difficult to be a "friend to man." 수능기출

① (a) 주어가 a framed quotation으로 적절하다.

② (b) and를 기준으로 live와 병렬을 이루므로 적절하다.

③ (c) 강조구문의 that 대신에 쓰였다.

④ (d) 일반동사 강조하는 표현으로 적절하다.

⑤ (e) to be 이하가 진주어이므로 it이 적절하다.

2   The Inca ruler received his huge power from the gods. (a) <u>It</u> was from the sun god that the ruler passed on his right to rule to his cleverest son. The land was vast; there were rich farmlands and woolly haired animals for wool. So plentiful (b) <u>was</u> precious metals that there was no lack of idols and ornaments hammered from these metals. There was always more gold (c) <u>coming</u> from the mines to fill up the supply. At the peak of his power, the Inca ruler died (d) **(naming, his successor, without)**. In 1493, his two sons began a fierce struggle for the crown. For the next four decades, the empire sank into a darkness (e) <u>caused</u> by civil war. EBS파이널

① (a) 「It be ~ that」 강조구문의 it이다.

② (b) 보어가 문두로 이동한 것으로 was는 적절하다.

③ (c) more gold가 동작의 주체이므로 coming은 적절하다.

④ (d) without his successor naming으로 배열해야 한다.

⑤ (e) a darkness가 야기된 것이므로 caused는 적절하다.

C 1 **framed** 액자에 넣은 **quotation** 글귀 **man** (무관사) 사람들 **inspire** 불러일으키다 **countless** 수많은 **exotic** 색다른 **desperately** 절실하게 **connect with** ~와 관계를 맺다, 접촉하다 **remote** 외진 **extremely** 매우 **2 huge** 거대한 **pass on ~ to...** ~을 …에게 전수하다 **vast** 광대한 **farmland** 농지 **woolly haired** 양모를 가진 **wool** 모직, 양모 **plentiful** 풍부한 **precious metal** 귀금속 **lack** 부족, 결핍 **idol** 우상 **ornament** 장식품 **hammer** 두드려 만들다 **mine** 광산 **fill up** 채우다 **supply** 공급 **peak** 절정기 **successor** 후계자 **fierce** 치열한 **struggle** 투쟁 **crown** 왕위 **decade** 10년 **empire** 제국 **sink** 빠지다 **civil war** 내전

memo

수능 영어를 향한 가벼운 발걸음

맨처음 수능 영문법

개념이해책

정답 및 해설

CHAPTER 01 동사

Unit 01 동사의 종류
p. 008

A
01 별은 어둠 속에서 빛난다.
  cf. 팀에 '알파벳 I(나)'는 없다.
02 화성에서 일몰은 파랗다.
  cf. 그녀의 어머니는 젊어서 돌아가셨다.
03 그의 열정은 그의 DNA에 있다.

B
01 사랑은 모든 것을 바꾼다.
02 온라인 쇼핑은 나에게 기쁨을 가져다준다.
03 아무도 나를 겁쟁이라고 부르지 않아!
04 그는 그의 턱을 나의 머리 위에 놓았다.

C
01 강아지: 당신은 어떻게 나를 돌보실 거죠?
02 A: 당신은 이 제안을 거절할 수는 없어요.
  B: 아니에요, 전 그것을 거절해야 해요.
03 우리는 당신을 그곳에서 만나기를 기대하고 있습니다.
04 누구든지 투표에 참여할 수 있는 것은 좋다.

Grammar Practice
p. 010

A **1** 타동사 **2** 자동사 **3** 형용사, 명사 **4** 수여동사 **5** 군동사
B **1** F **2** F **3** F **4** T **5** T
C **1** The days are long, but the years are short.
       S V(vi) C   S V(vi) C
  2 A negative mind will never give you a positive life.
         S   V(vt)   IO   DO
  3 Don't count the days. Make the days count.
      V(vt)   O   V(vt)   O   OC
  4 There are three responses to design. Yes, no, and wow!
       V(vi)   S   A
  5 South Africa has three capitals: Cape Town, Bloemfontein,
       S   V(vt)   O
    and Pretoria.
D **1** come true **2** live up to **3** came down with
  4 burst into **5** came across
E **1** ⓑ I saw you dancing, and you did just fine!
  2 ⓒ He lived a millionaire and died a beggar.
  3 ⓐ The angry man settled down and apologized.
  4 ⓔ Show me your friends, and I will show you your
    character.
  5 ⓓ A smile happens in a flash, but its memory lasts a
    lifetime.
F **1** close → closely **2** importantly → important
  3 to me → me **4** × **5** accompany with → accompany

B
1 나에게 존경심을 보여라.
2 나는 내 인생의 나머지를 내 인생의 최고로 만들 것이다.
3 너는 나를 아프게 했어. 이제 행복하니?
4 기회는 어려움의 한복판에 놓여 있다.
5 그들은 친구로 헤어져서 적으로 돌아왔다.

해설
1 show A B는 show B to A로 전환하므로 for가 아니라 to를 써야 한다.
2 the rest of my life가 목적어, the best of my life가 목적격보어이다.
3 첫 문장의 me는 hurt의 목적어이다.
4 「주어 + 자동사」 문형일지라도 부사구가 필요한 경우도 있으므로 적절하다.
5 보어를 취할 수 없는 동사가 보어를 취하는 것을 유사보어라고 하므로 적절하다.

C
1 하루하루는 길지만, 한해 한해는 짧다.
2 부정적인 마음은 당신에게 결코 긍정적인 삶을 주지 않을 것입니다.
3 하루하루를 세지 마라. 하루하루를 중요하게 만들어라.
4 디자인에는 세 개의 반응이 있다. 예스, 노, 와우!
5 남아프리카 공화국에는 세 개의 수도가 있다. Cape Town, Bloemfontein 그리고 Pretoria이다.

D
1 너의 꿈이 실현될 때까지 꿈을 꾸어라.
2 영화 버전은 원작 소설에 부응하지 못했다.
3 그러던 어느 날 그녀는 심한 열병에 걸렸다.
4 Rachel은 한 걸음 물러서며 갑자기 날카로운 소리로 웃어댔다.
5 그는 약간의 뼈들을 우연히 발견했는데, 그것들 옆에는 돌 창끝들이 있었다.

해설
1 내용상 '꿈이 실현되다'이므로 come true가 적절하다.
2 내용상 '원작 소설에 부응하지 못했다'이므로 live up to가 적절하다.
3 내용상 '병에 걸리다'이므로 came down with가 적절하다.
4 내용상 '갑자기 웃은' 것이므로 burst into가 적절하다.
5 내용상 '우연히 뼈를 발견한' 것이므로 came across가 적절하다.

E
1 난 네가 춤을 추는 것을 보았는데 넌 정말 잘했어!
2 그는 백만장자로 살다가 거지로 죽었다.
3 그 화가 난 남자는 진정하고 사과했다.
4 나에게 너의 친구를 보여줘라, 그러면 나는 너에게 너의 인격을 보여주겠다.
5 미소는 순식간에 일어나지만, 그것의 기억은 평생 지속한다.

F
1 그 계산원은 그 아이를 자세히 쳐다보았다.
2 명백히 사소한 단서들이 꽤 중요하게 판명될 수도 있다.
3 나한테 이 질문에 답이나 해줘. "넌 머물 거니, 갈 거니?"
4 너의 문제에 대해 불평하는 것을 멈춰라. 대신에, 그것의 해결책을 찾아라.
5 나는 나의 누나 Jane에게 나와 동행하도록 성공적으로 설득시켰다.

해설
1 look이 감각동사가 아니라 look at 동사구의 일부이므로 부사인 closely로 고쳐야 한다.
2 turn out은 prove와 같이 형용사를 보어로 취하는 동사구이다. 따라서 important로 고쳐야 한다.
3 answer A B는 answer B to A로 전환하므로 to me를 me로 고쳐야 한다.
4 complain은 자동사이므로 목적어를 쓰기 위해서는 about과 함께 쓴다. 따라서 밑줄 친 부분은 적절하다.

5 accompany는 타동사이므로 전치사 with와 함께 쓰지 않으므로 with를 없애야 한다.

Review Test Unit 01 ——————————————— p. 012

A 1 come **2** soft **3** you **4** carried **5** being
   6 interfere with **7** come **8** set
B 1 1) × 2) × **2** 1) × 2) × **3** 1) prettily → pretty 2) ×
   4 1) to you → you 2) gave away it → gave it away
   5 1) changing → change 2) changing → change
   6 1) × 2) tend to → tend
   7 1) contact with → contact 2) ×
   8 1) inhabit in → inhabit 2) its → their
C 1 ②, ③ **2** ②, ④

A

1 어떻게 그는 그 생각을 했을까?
2 네가 부드러워 보이면, 사람들은 너를 이용할 것이다.
3 친구들은 너에게 점심을 사주지만, 절친들은 너의 점심을 먹는다.
4 그는 동물의 생활에 단식이 미치는 영향에 관하여 매우 긴 연구를 수행했다.
5 나는 끊임없이 부모로서 그리고 내 직업에서 나 자신이 완벽주의자임을 발견한다.
6 교양이 있는 할아버지인 Edward 경은 자신의 손주의 훈육을 방해하지 않았다.
7 나는 사람들이 글쓰기가 정돈되고 깔끔한 시도라고 생각하기 때문에 많은 글쓰기의 어려움이 발생한다고 생각한다.
8 모든 이들이 기꺼이 그 분을 따랐는데, 왜냐하면 그 분이 결코 지배하려고 하는 것이 아니라, 단지 봉사하려 한다는 것을 사람들이 느꼈기 때문이다.

해설

1 come up with는 '생각해 내다,' catch up with는 '따라잡다'의 의미로 come up with의 come이 적절하다.
2 appear는 형용사를 보어로 취하므로 soft가 적절하다.
3 buy A B는 buy B for A로 전환하므로 for you가 아닌 you가 적절하다.
4 carry out은 '수행하다', figure out은 '이해하다, 계산하다'이므로 carried out의 carried가 적절하다.
5 catch는 목적격보어로 현재분사를 취하므로 being이 적절하다.
6 interfere는 자동사로 with와 함께 쓰여 '방해하다'의 뜻을 지니므로 interfere with가 적절하다.
7 come about은 '발생하다', bring about은 '초래하다'이므로 come about의 come이 적절하다.
8 set out은 '의도하다, 시작하다'이고 leave out은 '~을 빼다, 배제시키다'이므로, set out의 set이 적절하다.

B

1 가난하게 태어난 것은 너의 잘못이 아니지만, 가난하게 죽는 것은 너의 잘못이다.
2 나는 심지어 14살짜리 나의 아들이 Led Zeppelin과 Beatles의 음악을 연주하게 하기까지 했다.
3 장미는 빨갛다. 제비꽃은 파랗다. 신은 나를 예쁘게 만들었다. 너에겐 무슨 일이 있었니?
4 지난 크리스마스에 난 당신에게 나의 마음을 주었죠. 하지만 바로 그 다음 날 당신은 그것을 버렸죠.
5 너의 미소가 세상을 바꾸게 하라, 그렇지만 세상이 너의 미소를 바꾸게 하지 마라.
6 마음속으로는 농부였던 그는 자신의 자녀들이 가족의 텃밭을 돌보는 것을 돕도록 격려했다.
7 우리는 여러분을 완벽한 교습자와 연결시키고, 당신의 일정을 정하도록 여러분에게 연락을 드립니다.

8 사람들은 자신의 부나 빈곤에 따라 심지어 같은 도시에서도 매우 다른 세상에서 살 수 있다.

해설

1 1), 2) be born과 die는 유사보어를 취하는 동사이므로 형용사형 poor는 둘 다 적절하다.
2 1) get의 현재완료형으로 have even gotten의 쓰임은 적절하다.
   2) get은 목적격보어로 진행의 느낌을 살려 현재분사도 사용하므로 playing은 적절하다.
3 1) 「make + 목적어 + 목적격보어」에서 목적격보어는 부사가 아니라 형용사이다. 따라서 prettily를 pretty로 고쳐야 한다.
   2) happen은 자동사이다. 목적어를 쓰기 위해 to를 썼으므로 적절하다.
4 1) 「give A(사람) B(사물)」 구문으로 쓰이므로 to you를 you로 고쳐야 한다.
   2) 동사와 부사의 구동사에서 대명사는 「동사 + 대명사 + 부사」 순으로 쓰이므로 gave it away로 고쳐야 한다.
5 1), 2) 사역동사 let은 목적어와 목적보어의 관계가 능동일 때 동사원형을 쓰므로 changing을 change로 고쳐야 한다.
6 1) encourage는 「목적어(his children) + 목적격보어(to help)」로 쓰이므로 적절하다.
   2) 「tend to + 동사원형」은 '~하는 경향이 있다'이고 tend가 타동사로 쓰이면 '돌보다'의 뜻이므로 to를 삭제해야 한다.
7 1) contact가 '연락하다'의 타동사로 쓰였으므로 with를 삭제해야 한다.
   2) '~하기 위하여'의 부사적 용법(목적)으로 쓰인 to arrange는 적절하다.
8 1) inhabit은 타동사로 '~에 살다, 거주하다'의 의미이므로 in을 삭제해야 한다.
   2) 가리키는 대상이 the same city가 아닌 People을 의미하므로 its를 their로 고쳐야 한다.

C

1
> 코알라가 잘하는 것이 한 가지 있다면, 그것은 자는 것이다. 오랫동안 많은 과학자들은 유칼립투스 잎 속의 화합물이 그 작고 귀여운 동물들을 몽롱한 상태로 만들어서 코알라들이 그렇게도 무기력한 상태에 있는 것이라고 의심했다. 그러나 더 최근의 연구는 그 잎들이 단순히 영양분이 너무나도 적기 때문에 코알라가 거의 에너지가 없는 것임을 보여 주었다. 그래서 코알라들은 가능한 한 적게 움직이는 경향이 있고 그것들이 실제로 움직일 때에는, 흔히 그것들은 마치 슬로 모션으로 움직이는 것처럼 보인다. 그것들은 하루에 16시간에서 18시간 동안 휴식을 취하는데, 그것의 대부분을 의식이 없는 상태로 보낸다. 사실 코알라는 생각을 하는 데에 시간을 거의 사용하지 않는데, 그것들의 뇌는 실제로 지난 몇 세기 동안 크기가 줄어든 것처럼 보인다. 코알라 뇌가 겨우 두개골의 절반을 채운다고 알려진 유일한 동물이다.

해설

② 목적격보어가 아니라 목적어를 수식하는 (필수) 부사어구이다.
③ low는 the leaves를 꾸며주는 형용사로 쓰였다.

2
> 해석 핀란드 영화 제작자 Timo Vuorensola는 원작이 *Star Trek*인, 자신의 영화 *Star Wreck*에 대한 아이디어를 생각해 냈다. 그는 기존의 배급 방식을 찾는 것은 거의 불가능한 일이라 생각했다. 예산이 매우 적은 아마추어 공상 과학 코미디는 주요 제작사들에게 별로 매력이 없었을 것이다. 그래서 Vuorensola는 혼자서 그 일을 추진했다, 즉, 그는 온라인상 팬의 기반을 확보하기 위해 SNS를 이용했는데, 이들이 줄거리 구성에 기여했고, 심지어 연기 기술까지 제안했다. 도움에 대한 보답으로 Vuorensola는 2005년 *Star Wreck*을 온라인상에 무료로 배포했다. 첫 주에만 70만 건이 다운로드 되었고, 현재까지 900만 건에 달한다.

해설

② know의 목적어로 명사절은 맞으나 주어를 보충 설명하지는 않는다.
④ their acting skills가 목적어인 구조이다. 간접목적어는 소유격이 아니라 목적어이므로 목적격으로 표현한다.

Unit 02 ▶ 기본·완료·진행
p. 014

A

01 나는 아름답다. 너는 아름답다. 우리는 아름답다.

02 Donna는 늘 자신의 비밀번호를 잊는다.

03 인간은 바나나와 50%의 DNA를 공유한다.

04 그녀는 나의 소매를 붙잡고 나를 멈추었다.

05 이성계가 1392년에 조선 왕조를 건국했다.

06 결국 모든 것이 괜찮아질 것이다.

07 나는 별들을 딸랑딸랑 흔들 것이다.

B

01 그는 1개월짜리 여행 후에 막 돌아왔다.

02 붐비는 방에서 외로워 본 적이 있나요?

03 그 소년은 1시간 이상 동안 자신의 엄마를 찾았다.

   cf. 너 방금 매우 화나 보였어.

04 Chris는 지난밤 이전에 오페라에 가본 적이 없었다.

05 네가 거기 도착할 때쯤이면 그들은 떠나버릴 것이다.

06 모두가 도착하면 우린 등산을 시작할 것입니다.

   PLUS

   그는 (과거에) 2년 동안 보스턴에 살았다.

   그는 2년 동안 보스턴에 살고 있다.

   수능 pick 1

   ◆ 화재의 중심이 부엌이 아니라 바로 밑의 지하실에 있었다는 것이 밝혀졌다.

C

01 네가 지금 뭐하는지 알고 있니?

02 그는 일 끝나고 몇몇 친구들을 만날 것이다.

03 내가 집에 도착했을 때 나의 아내는 줌바 연습을 하고 있었다.

04 바로 여기서 당신을 기다리고 있겠습니다.

05 지난밤부터 눈이 내리고 있다.

D

01 San Jose행 항공기는 12시에 출발합니다.

02 네가 묻지 않는다면, 너는 결코 모를 것이다.

   cf. 이쪽으로 와 주신다면, 당신에게 당신의 방을 보여 드리겠습니다.

03 내가 혼자 걷고 있을 때, 갑자기 이 남자가 나타나는 거야.

04 난 네가 토론토로 이사한다고 들었어.

05 우리에게 겨울이 없다면, 봄은 그렇게 즐겁지 않을 것이다.

06 그들은 운 좋게 지진이 강타하기 전에 나왔다.

◀ Grammar Practice ▶
p. 016

A 1 현재 2 과거 3 현재 4 진행형 5 과거

B 1 F 2 T 3 F 4 T 5 F

C 1 lit[lighted], blew 2 has, existed 3 has, sees
   4 were, staying, had, been, converted 5 proposed, is

D 1 will go 2 have been 3 was watering 4 is
   5 had served

E 1 was 2 needs 3 has been 4 gave
   5 will have disappeared

F 1 ✕ 2 have been watching → was watching 또는 watched
   3 experience → have experienced 4 asked → asks
   5 had been → was

B

1 나는 내가 했었던 것을 취소할 수 없었다.

2 Lou는 주말엔 설거지를 하지 않는다.

3 벌 한마리가 식물원에서 자주색 꽃 냄새를 맡고 있다.

4 1주일 전, Jennie는 집으로 운전해서 돌아오다가 교통사고를 목격한다.

5 도산은 1913년 샌프란시스코에 흥사단을 설립했다.

해설

1 주절은 과거이고 종속절은 앞선 시제이므로 had done으로 써야 한다.

2 현재 사실, 습관, 반복, 일반적 진리를 현재시제로 표현한다.

3 smell이 '냄새를 맡다'의 뜻일 때는 진행형이 가능하다.

4 극적인 효과를 위해 현재시제가 과거를 나타내기도 한다.

5 명백한 과거 표현은 과거시제로 표현한다.

C

해설

1 1), 2) 과거 사실은 과거시제로 표현한다. light-lit[lighted]-lit[lighted],
   blow-blew-blown

2 과거부터 현재까지 영향을 미치는 시제이므로 현재완료인 has existed로 써
   야 한다.

3 1), 2) 일반적 진리인 격언은 현재시제로 표현한다.

4 1) 과거의 한 시점에 동작이 진행 중이므로 과거진행인 were staying이 적절
   하다.
   2) 주절보다 앞선 시제에 발생한 사건이면서 수동이므로 had been
   converted를 쓰면 된다.

5 1) 코페르니쿠스가 주장한 것은 과거 사실이므로 과거형인 proposed가 적절
   하다.
   2) 태양이 태양계의 중심에 있는 것은 진리이므로 현재형인 is로 쓰면 된다.

D

1 당신은 언제 무엇이 잘못될지 예측할 수 없습니다.

2 난 지난 할로윈 이래로 할로윈을 위해 준비되어 있다.

3 택배 기사가 벨을 울렸을 때 그는 식물에 물을 주고 있었다.

4 그는 나에게 어떤 길도 친구와 함께하면 길지 않다고 말했다.

5 Tommy는 나의 아버지가 2차 세계 대전 중 해병대에서 복무했다는 것을 알고
   있었다.

해설

1 내용상 '무엇이 잘못되다'의 go가 적절하고 when절이 명사절이므로 미래 표
   현인 will go로 쓰면 된다.

2 since last Halloween이 있으므로 과거부터 현재까지 영향을 미치는 현재
   완료형인 have been이 적절하다.

3 과거의 한 시점에 진행 중인 상황이므로 과거진행형이 어울리고, 내용상 was
   watering을 쓰면 된다.

4 속담·격언 등 일반적 진리는 현재형으로 쓰므로 is를 쓰면 된다.

5 주절의 시제보다 앞서 발생한 것으로 과거완료형이고, 내용상 had served로
   쓰면 된다.

E

1 미안해요. 다른 것을 생각하고 있었어요.

2 빗소리는 번역을 필요로 하지 않는다.

3 Bert는 UCLA에서 나의 첫날부터 (지금까지) 멘토였다.

4 내가 집에 도착했을 때, 엄마는 나를 꼭 안아 주셨다.

5 과학자들에 따르면, 2050년까지 산호초들은 사라질 것이다.

해설

1 문맥상 다른 것을 생각하고 있었다는 것이 적절하므로 과거진행형을 이루는 was가 적절하다.

2 need는 진행형을 쓰지 않는 동사이므로 needs가 적절하다.

3 since가 있으므로 현재완료형인 has been이 적절하다.

4 집에 도착했을 때 포옹을 해준 것이므로 과거형인 gave가 적절하다.

5 미래의 한 시점에 어떤 일이 완료된 것을 이야기하므로 미래완료형인 will have disappeared가 적절하다.

F

1 7마리의 새끼 돼지들 모두가 조금 전에 자고 있었다.

2 어제 저녁 나는 달무리를 바라보고 있었다.

3 지난 5년에 걸쳐, 저희는 필적할 수 없는 성장을 경험해 왔습니다.

4 보통의 4세 아이는 하루에 거의 400개의 질문을 한다.

5 이집트의 마지막 여왕인 클레오파트라는 이집트인이 아니라 그리스인이었다.

해설

1 a while ago로 보아 과거의 한 시점임을 알 수 있고 동작을 강조하기 위해 과거진행형이 바르게 사용되었다.

2 과거 한 시점에 발생 중인 동작이므로 과거진행형인 was watching 또는 watched로 고쳐야 한다.

3 '지난 오년에 걸쳐'라는 표현으로 보아 과거의 한 시점부터 현재까지 영향을 미치는 현재완료형이 적절함을 알 수 있다. 따라서 experience를 have experienced로 고쳐야 한다.

4 일반적 사실에 관한 기술이므로 현재형인 asks로 고쳐야 한다.

5 과거의 사실은 과거형으로 쓰므로 had been을 was로 고쳐야 한다.

◀ Review Test ▶ Unit 02 ———————————— p. 018

A **1** see **2** was **3** had **4** 1) is 2) have
 5 1) returned 2) had given **6** 1) was 2) to cool
 7 follow **8** 1) have been 2) which
B **1** 1) × 2) × **2** 1) × 2) ×
 3 1) changed → changes 2) traveled → travels
 4 1) × 2) × 3) × 4) ×
 5 1) is manufactured → has been manufactured 2) ×
 6 1) × 2) has taught → had taught
 7 1) has → had 2) × 3) ×
 8 1) leaves → (had) left 2) ×
C **1** ③, ⑤ **2** ②

A

1 내가 다음에 그를 만날 때, 그에게 본때를 보여 주겠다.

2 그 남자는 건널목을 건너는 동안 무지개를 보았다.

3 우리가 만나기 전에, 나의 아내와 나는 20년 동안 행복하게 살았었습니다.

4 누가 불가능한 것은 없다고 하는가? 나는 몇 년 동안 아무것도 안 하고 있는데.

5 그가 돌아왔을 때, 그는 내가 그에게 주었던 작은 낚싯대를 손에 들고 있었다.

6 예전에 뜨거운 차를 식히기 위해서 컵에서 뜨거운 차를 받침 접시로 따르는 것은 아주 흔했다.

---

7 Halley는 혜성이 궤도를 따라 태양 주위를 돌고 있으며, 주기적으로 다시 나타날 수 있다는 이론을 세웠다.

8 사실 고대 이집트에서 고안된 핀날름 자물쇠의 발명 이후 자물쇠에는 어떤 실질적 발전도 없었다.

해설

1 시간부사절에서는 현재형이 미래를 대신하므로 현재형인 see가 적절하다.

2 무지개를 본 것과 건널목을 건너는 것이 동시 발생이므로 과거진행형과 어울리는 was가 가장 적절하다.

3 우리가 만나기 전보다 더 먼저 일어난 일이므로 과거완료형인 had lived의 had가 적절하다.

4 1) 격언은 현재시제로 쓰므로 is가 적절하다.

 2) 말하는 시점은 현재이고 과거의 한 시점부터 현재까지 진행의 의미가 있으므로 현재완료진행형과 어울리는 have가 적절하다.

5 1) 말하는 시점이 과거이고 명백한 과거를 나타내는 접속사 when이 있으므로 과거형인 returned가 적절하다.

 2) 내가 그에게 낚싯대를 준 것이 앞서 일어난 일이므로 과거완료형인 had given이 적절하다.

6 1) In the old days라는 과거부사구가 있으므로 과거시제인 was가 적절하다.

 2) 술어동사가 was이므로 the saucer를 수식할 수 있는 to부정사의 형용사적 용법인 to cool이 적절하다.

7 혜성이 태양을 돌며 주기적으로 나타나는 일반적 진리를 말하고 있으므로 현재시제인 follow가 적절하다.

8 1) since로 보아 과거부터 현재까지 영향을 미치는 시제임을 알 수 있으므로 현재완료형인 have been이 적절하다.

 2) 두 문장을 연결하는 역할을 할 수 있는 관계대명사 which가 적절하다.

B

1 그가 나를 찾아 왔을 때, 그는 이미 몇 년 동안 허리 통증을 달고 살아왔었다.

2 지난 십 년간에 걸쳐, Jim Rogers는 그가 물려받은 회사를 완벽하게 재건해 왔다.

3 모네는 해가 머리 위로 지나갈 때 햇빛의 위치와 강도가 달라진다는 것을 알아차렸다.

4 삶은 눈물과 미소와 추억을 가져온다. 눈물은 마르고, 미소는 사라지지만 추억은 영원히 지속된다.

5 도자기는 신석기 시대부터 제작되어왔고 그래서 그것은 유적지에서 발견되는 가장 흔한 문화 유물이다.

6 그는 부모들이 자기에게 가르쳤던 교훈을 '정직, 근면, 그리고 절약'이라는 세 마디로 요약했다.

7 Lion King은 사자가 원래 정글에 살지 않는다는 것을 깨닫기 전까지 'King of the Jungle'이라고 불렸다.

8 Norwegian Gem호는 미국 정부가 500명의 승객 이상의 유람선을 금지하기 전인 어제 아침에 뉴욕을 떠났다.

해설

1 1) 부사적 용법의 목적 용법으로 쓰인 to see는 적절하다.

 2) 과거의 한 시점보다 앞선 시점에 발생하여 계속 진행 중인 표현으로 과거완료진행형 had been living은 적절하다.

2 1) 지난 10년에 걸쳐 현재까지에 관해 이야기하므로 현재완료형은 적절하다.

 2) 상속받은 것은 과거이므로 과거형인 inherited는 적절하다.

3 1), 2) 햇빛의 위치와 강도가 달라지는 것은 일반적 사실이므로 현재형으로 써야 한다.

4 1)~4) 현재 사실에 대한 기술이므로 현재형은 적절하다.

5 1) since로 보아 과거의 한 시점부터 현재까지 영향을 미치는 현재완료형은 has been manufactured로 고쳐야 한다.

 2) artifact가 found의 대상이므로 과거분사 found는 적절하다.

6 1) 과거 사실을 나타내므로 summed up은 적절하다.

 2) 그가 요약했던 것보다 앞선 상황으로 현재완료가 아닌 과거완료인 had taught로 써야 한다.

7 1) 주절의 시제보다 앞선 상황을 말하므로 현재완료가 아니라 과거완료형 had been originally called로 고쳐야 한다.

2) 과거 사실을 나타내므로 realized는 적절하다.

3) 현재 사실을 나타내므로 don't actually live는 적절하다.

8 1) 유람선을 금지한 것보다 *Norwegian Gem*호가 떠난 것이 먼저이므로 과거완료형 또는 전후관계가 명백하므로 과거형으로 고쳐야 한다.

2) 과거 사실을 나타내므로 banned는 적절하다.

C

1

> 가장 설득력 있는 연설가, 마케터, 그리고 지도자들은 무의식적인 마음의 '지지'를 얻기 위해 늘 처음에는 그들의 메시지를 현재시제로 구성한다. 그 무의식적인 마음의 즉각적인 관심사들이 충족된 후에라야 의식적인 마음은 어떤 것이든 확신하고 흥미를 갖기 시작할 수 있다. 대부분의 정치가들은 "선출되면 이러이러한 일을 할 것입니다."라고 말한다. 그러나 우리는 그러한 종류의 불확실한 미래에 대해 생각할 수가 없다. 우리는 '현재'만 처리할 수 있는 것이다. 이와 유사하게, 마케터들은 "오늘 시작합니다."와 '즉시 배달'과 같은 몇 가지 문구가 매우 강력하다는 것을 알아냈다. 누군가에게 "한 달 후에 준비될 것입니다." 또는 "배달에는 보통 8주가 걸립니다."라고 누군가에게 말하는 것은 판매를 훨씬 더 어렵게 만들 것이다.

해설

③ 부사절 if I am elected에서 「주어 + 동사」가 생략된 형태로 과거시제가 아니라 과거분사이다.

⑤ 설득력 있는 사람들은 현재시제를 쓴다는 것이 글의 주된 내용으로, 미래 표현을 쓰면 판매를 더 어렵게(difficult) 할 것이라는 것이 흐름상 적절하다.

2

> 마을 사람들이 재빨리 둘씩 짝을 짓고, 홀 전체(홀 안에 있는 모든 사람들)가 곧 움직이기 시작한다. 분명히, 왈츠를 출 줄 아는 사람이 아무도 없지만, 그것은 전혀 중요하지 않다. 음악이 있고, 그들은 조금 전에 노래를 했던 것처럼 각자 자신이 좋아하는 대로 춤을 춘다. 그들 대부분은 '투스텝(춤)'을 더 좋아하는데, 특히 젊은 사람들, 그들에게는 그것이 유행이다. 노인들은 고향의 춤을 추는데, (그것은) 그들(노인들)이 엄숙한 진지함으로 행하는 낯설고 복잡한 스텝이다. 몇몇은 어떤 춤도 추지 않고 그저 서로의 손을 잡고 움직임의 즐거움 그 자체를 표현하도록 허락한다. 이들 중에 Jokubas Szedvilas와 그의 부인인 Lucija가 있고, 그들은 너무 뚱뚱해서 춤을 출 수는 없지만, 그들은 (댄스) 플로어의 한가운데에 서서, 서로의 팔을 붙이면서, 좌우로 몸을 천천히 흔들면서 즐거워 싱긋 미소를 짓는다.

해설

② 주절의 시제가 현재(dance)이므로 한 시제 앞선 과거 시제인 sang으로 고쳐야 한다. 시간(time)은 과거지만 시제(tense)는 현재이다.

CHAPTER 03 조동사

Unit 03 조동사의 의미와 용법
p. 020

A

01 실례합니다. 당신의 머리가 제 시야를 가리고 있어요.

02 어제의 홈런은 오늘의 경기에서 이기지 못한다.

03 그는 고기를 양념하지 않았고, 나도 그러지 않았다.

04 당신만이 당신의 미래를 통제할 수 있습니다.

05 A: 사적인 질문해도 되나요? B: 음. 상황에 따라서 달라요.

06 더 벌기 위해서, 더 많이 배워야 한다.

07 나는 이번 생에서 아니면 다음 생에서 복수를 할 것이다.

08 몇 시에 만날까요?

수능 pick 1

♦ 큰 지진은 작은 지진보다 일어날 확률이 더 적다.

B

01 넌 Mike를 봤었을 리가 없어. 왜냐하면 그는 지금 구미에 있어.

02 그녀는 1분 또는 2분 늦었을 수도 있다.

03 그것은 사랑이었음에 틀림없어요. 하지만 그것은 지금 끝났어요.

cf. 규칙: 모든 출품작은 당신에 의해서 그려졌어야 합니다!

04 네가 나한테 무엇을 의미했는지 너에게 말했어야 했다.

cf. 그들은 소음을 들었을 것이다.

05 그녀는 나에게 메이플시럽을 보낼 필요가 없었다.

수능 pick 2

♦ 초기 백인 정착민들은 담배를 피워 보고 그것을 좋아했음에 틀림없다.

C

01 우리는 과거를 파괴할 필요가 없다. 그것은 지나갔다.

02 나 기억하니? 난 너의 가장 친한 친구였어.

cf. 때때로 그녀는 창가에 홀로 앉아 있곤 했다.

03 책은 유일하게 진실한 마법일 것 같다.

cf. 네가 그에게 화내는 것은 당연하다.

04 너는 일어난 것에 대해서 침묵을 지키는 게 낫다.

05 네가 꿈을 꾼다면, 큰 꿈을 꾸는 게 낫다.

06 네가 나에게서 떠나는 것을 보느니 난 차라리 장님이 되겠다.

cf. 저는 당신이 다른 때에 오면 좋겠어요.

수능 pick 3

♦ '멀티태스킹'이라는 용어는 1960년대가 되어서야 비로소 존재하였다. 그것은 사람이 아니라 컴퓨터를 기술하기 위하여 사용되었다.

D

01 그는 문이 24시간 열려 있어야 한다고 요청했다.

02 당신은 근로 시간이 축소되어야 한다는 나의 제안을 보았나요?

03 그의 의사는 그가 아직 직장으로 돌아가면 안 된다고 충고했다.

04 상품이 정시에 배달되어야 하는 것은 필수적이다.

수능 pick 4

♦ 대체 의학의 옹호자로서 나는 이 법안이 통과되어서는 안 된다고 주장한다.

♦ 최근에 발견된 증거는 면화를 짜는 것이 인도에서 기원했음을 시사한다.

◀ Grammar Practice ▶
p. 022

A **1** be **2** do **3** 과거 **4** used to **5** should

B **1** F **2** F **3** F **4** T **5** T

C **1** would, rather **2** had, better **3** ought[has], to **4** have, seen **5** used, to

D **1** used to **2** needn't have **3** do **4** cannot have **5** may not have

E **1** have stayed **2** may have had **3** can't **4** used **5** would rather

F **1** should → shouldn't **2** resist → had resisted **3** × **4** was → did **5** being → be

B

1 "난 충분한 보석을 갖고 있어요."라고 말한 사람은 아무도 없다.

2 부탄 사람들은 그들이 행복하게 살고 있다는 것을 당연하게 생각한다.

3 당신의 사진은 최근 6개월 이내에 촬영된 것이어야 합니다.

4 "나의 비밀은 내 안에 숨겨져 있다. 내 이름을 아무도 모르게 될 것이다."

5 나는 1월에 나의 입을 닫고 있었어야 했다고 생각한다.

[해설]

1 두 번째 have는 '가지고 있다'의 본동사로 사용되었다.

2 may as well은 '(하지 않는 것보다) ~하는 게 낫다'의 의미이므로 밑줄 친 부분과 바꿔 쓸 수 없다.

3 must have p.p.가 권고 사항을 나타낼 때는 '~했어야 한다'의 의미를 띠기도 한다.

4 shall이 2·3인칭의 평서문에 쓰이면 말하는 사람의 의사를 나타낸다.

5 후회나 유감을 나타내는 should have p.p.는 ought to have p.p.로 바꿔 쓸 수 있다.

C

[해설]

1 '~하느니 차라리 …하겠다'의 의미인 would rather[sooner]를 쓰면 된다.

2 '~하는 게 낫다'의 의미인 had better를 쓰면 된다.

3 '~해야 한다'의 의미인 ought(has) to를 쓰면 된다.

4 과거의 동작이나 사실이 현재에 영향을 미치는 현재완료 시제인 have와 seen을 쓰면 된다.

5 지금은 그렇지 않다는 과거의 상태를 나타내는 used to가 적절하다.

D

1 나는 우유부단하곤 했지만, 지금 나는 잘 모르겠다.

2 너는 저녁에 대해서 걱정할 필요가 없었다. 그것은 맛있었다.

3 우리는 보통 다른 사람들이 우리가 세상을 보는 대로 세상을 보기를 기대한다.

4 그들은 이 창문을 통해서 탈출했을 리가 없다. 그것은 너무 작다.

5 네 공연은 완벽하지 않았을 수도 있지만, 대단했어.

[해설]

1 흐름상 과거에는 우유부단했고 지금도 잘 모르겠다는 내용으로 used to를 쓰면 된다.

2 과거 행위에 대한 필요를 나타내어 '~할 필요가 없었다'인 needn't have p.p.가 적절하다.

3 우리가 세상을 보는 방식대로 다른 이들이 보기를 원하는 것이라는 의미로 see의 대동사인 do를 쓰면 된다.

4 과거 사실의 강한 부정적 추측을 나타내는 cannot have p.p.가 적절하다.

5 공연이 완벽하진 않았지만, 대단했다는 흐름으로 과거 사실에 대한 불확실한 추측을 나타내는 may have p.p.가 적절하다.

E

1 넌 (내) 말을 들었어야 했어. 난 머물렀을지도 몰라.

2 새로운 화석은 모든 공룡들이 깃털을 가지고 있었을 지도 모른다고 시사하고 있다.

3 그는 오늘 그 꽃들을 샀을 리가 없다. 왜냐하면 가게들이 닫혀 있기 때문이다.

4 나는 북극이 성에와 눈의 땅이라고 생각하곤 했다.

5 난 빛 속에서 홀로 걷느니 차라리 어둠 속에서 친구와 함께 걷겠다.

[해설]

1 과거 사실에 대한 불확실한 추측을 나타내는 might have p.p.가 적절하므로 have stayed가 옳다.

2 suggest가 '시사하다'라는 뜻으로 쓰여 당위성이 없다. 따라서 과거 사실에 대한 불확실한 추측을 나타내는 may have had가 적절하다.

---

3 가게가 닫혀 있으므로 꽃을 사지 못했다는 내용으로 과거 사실의 강한 부정적 추측을 나타내는 cannot have p.p.가 적절하다.

4 '~하곤 했다'의 의미인 「used to + 동사원형」 구문이 적절하다. 「be used to + 동사원형」은 '~하기 위해 사용되다'이다.

5 내용상 '차라리 ~하겠다'의 의미인 would rather가 적절하다. may as well은 '~하는 게 낫다'의 의미이다.

F

1 그들은 그런 경솔한 결정을 하지 말았어야 했다.

2 경찰은 Rodney King이 체포에 저항했다고 주장했다.

3 사람들은 일어났을 수도, 또는 일어나지 않았을 수도 있는 세부 사항을 자신들의 이야기에 덧붙였다.

4 나는 조심스럽게 하나뿐인 출구 쪽으로 걸어갔고 상대편 사람도 그렇게 했다.

5 그녀는 자신의 모국인 Jamaica에서 살 때 재봉사였다.

[해설]

1 내용상 경솔한 결정을 하지 말았어야 했으므로, '~하지 말았어야 했다'의 의미인 shouldn't have p.p.로 고쳐야 한다.

2 that절 이하가 당위성이 아닌 사실에 관한 진술이므로 시제일치해야 한다. 따라서 대과거인 had resisted로 고쳐 써야 한다.

3 과거 사실에 대한 불확실한 추측을 나타내는 may (not) have p.p.는 적절하다.

4 일반동사인 walked를 대신하여 써야 하므로 was를 did로 고쳐야 한다.

5 '~하곤 했다'의 과거의 상태를 나타내는 「used to + 동사원형」이 적절하므로 being을 be로 고쳐 써야 한다.

◀ Review Test ▶ Unit 03 ──────── p. 024

A **1** as well **2** does **3** give **4** should **5** does
  6 have benefited **7** worship **8** be

B **1** 1) × 2) shouldn't → should
  2 × **3** 1) been persuaded → persuaded 2) ×
  4 1) to feel → feel 2) × **5** ×
  6 1) really feel → have really felt 2) ×
  7 was used → used **8** is → does

C **1** ②, ③, ⑤ **2** ②, ④

A

1 여기에는 할 만한 흥미로운 것이 없다. 우리는 집으로 가는 게 낫겠다.

2 예를 들어서, 자이르에서 사람들이 매우 좋아하는 것인 튀긴 흰개미는 쇠고기보다 더 많은 단백질을 가지고 있다.

3 색기(色旗)는 자동차 경주 동안 운전자들에게 중요한 신호를 보내는 데 사용된다.

4 30대에 나는 더욱 잘했지만, 내가 했어야 할 만큼 여전히 집중하지 못했다.

5 모든 과업은 분노에 찬 좌절감의 표출을 불러일으키며, 모든 대립이나 요청도 그러하다.

6 우리의 조상들은 날 음식을 씹고 잘게 갈 때 사랑니로부터 득을 봤을지도 모른다.

7 왕의 아들 Prahlad는 신보다는 왕을 섬기라는 아버지의 요구를 거절했다.

8 누구나 모든 기초 분야에서 전문가가 될 필요는 없지만 다른 분야가 무엇에 관한 것인지는 최소한 알아야 한다.

[해설]

1 내용상 다른 대안이 없어서 '차라리 ~을 하겠다'는 의미의 might[may] as well이 나오는 것이 적절하므로 as well이 적절하다.

2 일반동사 have를 대신해서 쓴 동사로 does가 적절하다.

3 색기가 중요한 신호를 보내는데 사용된다는 의미로 「be used to + 동사원형」 구문이 필요하다. 따라서 give가 답이다.

4 내가 집중했어야 했던 것만큼 집중하지 않았다는 내용으로 should have p.p. 구문이 적절하다. 따라서 should가 답이다.

5 일반동사 brings를 대신해서 써야 하므로 does가 적절하다.

6 과거 사실에 대한 추측이므로 may have p.p. 구문이 적절하다. 따라서 have benefited가 답이다.

7 his father's demand에 당위성이 나타나 있으므로 that절에 should가 생략된 형태로 worship이 적절하다.

8 need가 조동사로 쓰일 때는 동사원형이 오므로 be가 적절하다.

B

1 나는 결코 굴복하지 말았어야 했다. 나는 마지막 살아남은 사람이 될 때까지 싸웠어야 했다.

2 빙하기가 없었다면, 북아메리카는 수천 년 더 사람이 살지 않는 곳으로 남아 있었을지도 모른다.

3 귀하의 추천서가 장학금 위원회로 하여금 저에게 기회를 주도록 설득했음에 틀림없습니다.

4 젊은이로서 우리는 사회 집단에서 자신의 위치를 발견하거나 획득하려고 하는데 있어서 실수를 저지르는 것을 부끄럽게 느낄 필요가 없다.

5 모든 학부모님은 Westfield 고등학교 산불 대응 계획에 관한 안내문을 한 부씩 받으셨을 것입니다.

6 평생 그녀는 실제로 정말 보잘것없는 사람인 것처럼 느꼈을지도 모른다. 왜냐하면 그녀의 작은 고향 밖에서는 그녀를 알고 있는 사람들이 거의 없었기 때문이다.

7 '감정적 식사'는 긍정적 감정과 부정적 감정 모두에 의해 영향 받는 식사를 설명하기 위해 사용되는 일반적인 용어이다.

8 세탁기는 옷을 깨끗하게 할 뿐만 아니라, 손으로 빠는 것이 요구하는 것보다 훨씬 적은 양의 물과 세제, 에너지를 가지고 그렇게 한다.

〔해설〕

1 2) 싸웠어야 했는데 그렇지 못했다는 내용으로 should have p.p. 구문이다. 따라서 shouldn't을 should로 고쳐 써야 한다.

2 과거 사실에 대한 불확실한 추측을 나타내는 might[may] have p.p. 구문은 바르게 사용되었다.

3 1) 과거에 대한 확실한 추측은 맞지만 Your recommendation이 persuade의 주체이므로 능동형인 must have persuaded로 고쳐 써야 한다.

4 1) need not으로 보아 조동사로 쓰였으므로 to feel을 feel로 고쳐야 한다.

5 should have p.p.도 과거 사실에 대한 추측을 나타내므로 적절하다.

6 1) 과거 사실에 대한 추측이므로 may have p.p. 구문이 적절하다. 따라서 may have really felt like로 고쳐 써야 한다.

7 본동사 is가 있으므로 a popular term을 꾸며 주는 분사 형태가 적절하다. 따라서 was used를 used로 고쳐 써야 한다.

8 일반동사인 cleans를 대신해야 하므로 is를 does로 고쳐야 한다.

C

1

> 초기 아메리카 원주민들은 필요한 모든 것을 만들어야 했다. 각 부족이 도구, 옷, 장난감, 주거, 음식을 만드는 데 사용한 각종 재료들은 주변에서 발견한 것에 달려 있었다. 또한, 그들이 만든 것은 자신의 생활 방식에 적합했다. 예를 들면, 대초원에서 이동을 많이 하며 사는 부족은 점토로 된 그릇을 만들지 않았다. 점토 그릇은 너무 무겁고 운반할 때 깨지기 쉬워서 그들은 동물 가죽으로 된 용기를 만들었다.

〔해설〕

② Each tribe used the kinds of things to make tools ~를 관계사로 연결한 문장이고 to는 부사적 용법의 목적으로 사용되었다.

③ The kinds of things가 주어이고 이에 따르는 동사가 필요하므로 depended로 고쳐야 한다.

⑤ 이동될 때 너무 무겁고 쉽게 깨지는 것이므로 가리키는 말은 Pots이다.

2

> 나는 항상 나의 아이들에게 공손함, 학식, 그리고 질서는 좋은 것이고 좋은 것은 스스로를 위해 요구되고 발전되는 것이라고 가르쳐 왔다. 그러나 그들은 학교에서 점심시간에 1/4마일 트랙을 달려서 Nature Trail 표를 획득하는 것을 배웠는데 매우 빨리 배웠다. 그들은 또한 운동장에서 쓰레기를 줍거나 혹은 어린아이가 화장실을 찾도록 도와주는 행동의 대가로 Lincoln dollars를 획득하는 것을 배웠다. 이러한 행동들은 '훌륭한 시민'이라고 불리곤 했다. 왜 보상과 대접을 가지고 아이들의 최소한의 협동을 구매하는 것이 필요할까? 나를 혼란스럽게 하는 것은 좋은 행동이 자극으로 강화될 수 있다는 생각이다. 아이들은 스티커, 별, 그리고 캔디 바를 받기 위해서가 아니라 그들 스스로를 위해 좋은 행동을 하도록 가르침을 받아야 한다.

〔해설〕

② and very quickly가 삽입구이고 learned의 목적어 역할을 하는 접속사로 쓰였다.

④ 아이들이 가르쳐져야 한다는 내용으로 추측이 아닌 '~해야 한다'의 의미인 의무와 필요를 나타내는 조동사로 쓰였다.

CHAPTER 04 수동태

Unit 04 수동태의 형태와 용법 p. 026

A

01 큰 물고기들은 큰 강에서 잡힌다.

02 모든 신상품이 나에게 보였다.

03 그들은 두 시간 동안 계속 기다리게 되었다.

04 출입구는 경비원에 의해 닫힌 채로 있었다.

05 나는 내가 연기를 할 수 없을 때 연기하라고 요청받았다.

06 오리 새끼들이 도로를 건너는 것이 보였다.

07 그는 진술서에 서명하게 만들어졌다.

〔수능 pick 1〕

◆ 대부분의 경우 반점들은 아이가 사춘기에 이르기 전에 사라진다.

B

01 동전은 금으로 만들어지곤 했다.

02 또 다른 창문이 깨졌다.

03 그 은행들은 정체불명의 사람에 의해서 털렸다.

04 그녀는 스쿠터가 있지만, 그것은 지금 수리되는 중이다.

05 그는 자신이 어디로 데려가지고 있는 중인지 몰랐다.

〔수능 pick 2〕

◆ 그의 연구는 국제적으로 인정받아 왔다.

C

01 하늘은 언제나 별들로 가득 차 있다.

02 그는 마을 사람들에 의해 돌봐졌고 살아남았다.

03 나는 그녀에 의해 어떤 관심도 받지 못했다.
   cf. 그녀에 의해 어떤 관심도 나에게 주어지지 않았다.

04 신뢰 받는 것은 사랑 받는 것보다 더 큰 찬사이다.
   cf. 누가 비만의 증가에 비난받아야 하는가[책임져야 하는가]?

05 당신의 집에 초대된 것을 고맙게 생각합니다.

06 그녀는 매우 협조적이었다고 말해진다.

PLUS

노래의 가사 첫 줄 이후에 당신은 꼼짝 못하게 될지도 모른다.

비행의 마지막 한 시간 동안, 승객들은 반드시 착석해 있어야 한다.

수용성 잉크는 쉽게 씻긴다.

수능 pick 3

♦ (왕족의 구성원이) 말을 걸지 않으면 왕족의 구성원에게 말을 하지 마라.

◀ Grammar Practice ▶ ——————— p. 028

A 1 불필요 2 -ing 3 현재완료 4 that 5 자동사
B 1 F 2 F 3 F 4 F 5 T
C 1 is, taught 2 irritating 3 appears, be, satisfied, with
   4 being, followed
   5 are, carried by, spread, by, accepted, by
D 1 been put 2 were born 3 be released 4 be haunted
   5 are given, are given
E 1 was 2 is 3 burned 4 offered 5 visited
F 1 forsake → be forsaken 2 training → trained
   3 observed → been observed 4 ×
   5 were respond → responded

B

1 나는 최근에 농구공에 의해 머리를 맞았다.
2 Elsa는 낯선 이들에 의해 보이는 것을 좋아하지 않는다.
3 많은 학습은 시행착오를 거쳐서 일어난다.
4 그 희생자는 카페 밖에서 기다리고 있으라고 들었다.
5 현재가 미래를 품고 있다고 말해진다.

해설

1 「get + p.p.」도 수동태의 일종으로 동작을 강조할 때 쓰인다.
2 군동사 look at의 수동형으로 being[to be] looked at으로 고쳐야 한다.
3 occur는 자동사이므로 수동태로 전환하지 못한다.
4 wait는 자동사이므로 수동태로 전환하지 못한다. 「to be + -ing」는 to부정사의 진행형이다.
5 that절이 수동태가 된 경우에 that절의 주어를 문장의 주어로 전환할 수 있다.

C

해설

1 everything이 teach의 대상이므로 수동태로 쓰며 단수 취급하므로 is taught로 쓰면 된다.
2 「find + 목적어 + 목적보어」의 수동태이고 목적어와 목적보어의 관계가 능동이므로 irritating으로 쓰면 된다.
3 appear는 자동사이므로 인칭, 수, 시제에 맞게 appears로, satisfy는 by 외의 전치사를 쓰므로 be satisfied with로 쓰면 된다.
4 미행당하고 있으므로 수동태이며 진행의 느낌이 있으므로 being followed로 쓰면 된다.
5 Rumor가 각 동사들의 동작의 대상이므로 수동태의 기본형인 「be + p.p. +

by 행위자」로 쓰고 공통된 어구 are는 생략하면 된다.

D

1 그는 평생 동안 감옥에 수감되었다.
2 대부분의 연쇄살인자들은 11월에 태어났다.
3 그 미국인 인질들은 오늘 풀려날 것으로 예상된다.
4 그 학원은 이전 건물주의 유령이 출몰한다고 말해진다.
5 학교에서 여러분은 수업을 받고 시험을 받는다. 인생에서 여러분은 시험을 받고 교훈(수업)을 받는다.

해설

1 그가 감옥에 수감되는 동작의 대상이므로 수동태로 써야 하며, 현재완료이므로 have been p.p. 형태로 쓰면 된다.
2 연쇄살인범들이 태어난 것이므로 수동태로 써야 하며 bear-bore-born의 형태로 쓰인다.
3 미국인 인질들이 풀려나는 동작의 대상이므로 수동태인 be released로 쓰면 된다.
4 학원이 귀신에 의해 출몰되는 동작의 대상이므로 수동태인 be haunted로 쓰면 된다.
5 네가 수업을 받고, 시험을 받는 동작의 대상이므로 수동형인 given을 쓰면 된다.

E

1 나는 왜 세상에 나왔을까?
2 꿈과 현실의 거리는 행동이라 불린다.
3 그의 피부는 유독 물질에 의해 심하게 탄 상태가 되었다.
4 내가 학교를 졸업하자 곧 일자리를 제안 받았다.
5 기자 피라미드들은 피라미드들 중에서 가장 크고, 보존이 가장 잘되어 있으며, 방문객이 가장 많다.

해설

1 내가 세상에 놓인 동작의 대상이므로 수동형인 was put의 was가 적절하다. what ~ for?는 'why'의 의미이다.
2 거리가 불리는 동작의 대상이므로 called와 수동태를 이루는 is가 적절하다.
3 그의 피부가 심하게 데인 동작의 대상이므로 수동형인 burned가 적절하다.
4 내가 졸업한 후 일자리를 제공받은 동작의 대상이므로 수동형인 offered가 적절하다.
5 기자 피라미드가 방문되는 동작의 대상이므로 수동형인 visited가 적절하다.

F

1 그는 혼자 있다는 것이 반드시 버림을 받는 것만은 아니라는 것을 알고 있었다.
2 캄보디아에서 쥐들은 지뢰를 냄새로 찾아내기 위해 훈련받고 있다.
3 포획 상태에서, 먹장어는 다른 물고기를 공격하고 죽이는 것이 관찰되어 왔다.
4 '현명한 사람'이라는 뜻을 지닌 호모사피엔스는 걷는 것을 지겨워해서 탈 것을 고안해 냈다.
5 심판이 볼 수 없을 때, 우리는 반칙을 인정하면서 경기에 임했다.

해설

1 그가 버리는 것이 아니라 버림을 받는 동작의 대상이므로 수동형인 be forsaken으로 고쳐야 한다.
2 쥐들이 훈련을 받고 있는 중인 동작의 대상이므로 training을 trained로 고쳐야 한다.
3 먹장어가 관찰되는 대상이므로 현재완료수동형인 have been observed로 고쳐야 한다.
4 「get + p.p.」는 동작수동태이며 tired는 by 외의 전치사 of를 쓰므로 적절하다.
5 우리가 대응하는 동작의 주체이므로 수동이 아닌 능동이다. 따라서 responded로 고쳐야 한다.

A **1** 1) paying 2) closer **2** were given
3 1) that 2) putting **4** 1) interested 2) them
5 1) was 2) met **6** 1) may 2) been searched
7 1) learning 2) studying **8** 1) receive 2) sent
B **1** 1) × 2) ×
2 1) alike → like 2) ×
3 1) frequent → frequently 2) ×
4 1) to kill → killing 2) ×
5 1) were existed → existed 2) ×
6 1) sentencing → sentenced 2) ×
7 1) × 2) thought → was thought
8 1) × 2) constructing → constructed
C **1** ②, ③ **2** ①, ③, ④

A

1 그들은 사실 확인에 더 상세한 주의를 기울였어야 했다.
2 한 연구에서 피실험자들이 갓 튀기거나 만든지 오래된 팝콘을 다른 크기의 그릇에 받았다.
3 사람들은 그 여자가 현관에 상자를 놓는 것이 보였다고 경찰들에게 말했다.
4 사람들이 무엇인가에 계속 흥미를 느끼게 하려면, 그것은 어떤 식으로든 그들의 관심을 끌어야 한다.
5 어떤 교수가 군사 기지에서 연설하도록 초대를 받아 공항에서 Ralph라는 이름의 군인에게 마중을 받았다.
6 조사 중 당신의 가방과 내용물은 금지된 품목이 있나 검사를 받을 수 있습니다.
7 Newton은 공부하는 것을 아주 좋아해서 그가 덤불 뒤에서 책을 보며 공부하는 모습이 보이기도 했다.
8 파리에 있는 Benjamin Franklin이 필라델피아에서 보낸 편지를 받는 데는 보통 다섯 주가 걸렸다.

해설

1 1) 그들이 주의를 기울이는 동작의 주체이므로 현재완료진행형의 능동형인 have been paying이 적절하다.
2) 명사 attention을 수식하는 형용사 close의 비교급 closer가 적절하다.
2 피실험자들이 팝콘을 받는 동작의 대상이므로 수동형이어야 하고 본동사가 필요하므로 were given이 적절하다.
3 1) 완전한 구조의 문장을 이끌며 접속사 역할을 하는 that이 적절하다.
2) 동작을 강조하는 지각동사의 수동태이고 그 여자가 상자를 놓는 동작의 주체이므로 능동인 putting이 적절하다.
4 1) 사람이 흥미롭게 되는 동작의 대상이므로 수동인 interested가 적절하다. 「remain + p.p.」로 일종의 수동태이다.
2) a person, anybody, everybody 등도 복수대명사로 받을 수 있다. (▶Unit 14 대명사·형용사·부사 참조)
5 1) 교수가 초대된 동작의 대상이므로 was가 적절하다.
2) 교수가 meet의 동작의 주체가 아니라 대상이므로 was와 수동태를 이루는 met이 적절하다.
6 1) 흐름상 '~이었을 수도 있다'의 의미인 may have p.p.의 may가 적절하다.
2) 가방과 내용물이 찾아지는 동작의 대상이므로 현재완료의 수동태인 have been searched가 적절하다.
7 1) Newton이 배우는 동작의 주체이므로 learning이 적절하다.
2) 「find + 목적어 + 목적보어」의 수동태이고 목적어와 목적격보어의 관계가 능동이므로 studying이 적절하다.
8 1) Benjamin이 편지를 받는 동작의 주체이므로 receive가 적절하다.

2) 편지가 보내지는 동작의 대상이므로 sent가 적절하다.

B

1 이 창의적인 보석들이 핫케이크처럼 불난 듯이 팔린다는 것은 놀랍지 않다.
2 신뢰는 종이 같다. 한번 그것이 구겨지면, 다시 완벽해질 수 없다.
3 바오바브 나무는 흔히 아프리카의 생명의 나무로 불린다.
4 만약에 누가 고양이를 죽여서 발견되면 그 사람은 사형에 처해질 수도 있었다.
5 이집트의 피라미드가 건설되고 있을 때 일부 매머드는 여전히 존재했었다.
6 유명한 그리스 철학자 소크라테스는 도시의 젊은이들을 타락하게 한다는 이유로 한 아테네의 배심원에 의해서 사형 선고를 받았다.
7 Julius Caesar가 살해당한 직후인 기원전 44년에 나타난 혜성은 그의 영혼이 돌아오는 것으로 여겨졌다.
8 16세기가 되자, 시계는 15분에 종이 울렸고, 일부는 문자반을 갖춰 만들어졌다.

해설

1 1) 「it ~ that 가주어 – 진주어」 구문으로 적절하다.
2) sell은 부사나 like와 같은 전치사와 함께 쓰여 자동사로 수동의 의미를 지닐 수 있다.
2 1) alike는 '비슷한'이란 뜻의 서술형용사이다. '~와 같은'의 전치사인 like로 고쳐야 한다.
2) 그것(종이)가 구겨지는 동작의 대상이므로 수동태인 is crumpled는 적절하다.
3 1) 동사구를 수식해야 하므로 부사인 frequently로 고쳐야 한다.
2) 'A를 B로 부르다'의 구문인 refer to A as B의 수동태로 적절하다.
4 1) '~가 …하는 것을 발견하다'의 의미인 「catch + 목적어 + 목적보어(-ing)」 구문의 수동태이므로 to kill을 killing으로 고쳐야 한다.
2) 사람이 사형 당하는 동작의 대상이므로 수동태인 be put은 적절하다.
5 1) exist는 자동사이므로 수동태가 없다.
2) 피라미드가 건설되고 있던 중이었다는 동작의 대상으로 과거진행수동태 were being built는 적절하다.
6 1) 소크라테스가 사형 선고를 받는 동작의 대상이므로 수동인 sentenced로 고쳐야 한다.
2) 동명사의 목적어로 능동의 의미로 적절하게 사용되었다.
7 2) 문장의 주어는 A comet이고 술어동사는 thought인데 혜성이 생각되는 동작의 대상이므로 수동태인 술어동사가 되어야 한다. 따라서 thought를 was thought로 고쳐야 한다.
8 1) 시계가 스스로 울리는 동작의 주체이므로 chiming이 적절하다.
2) 일부(시계)가 만들어지는 동작의 대상이므로 constructing을 constructed로 고쳐야 한다.

C

1

> Pompeii는 현재의 나폴리 근처에 있는, 부분적으로 묻힌 로마의 마을이다. 서기 79년경 오랜 기간에 걸친 Vesuvius 화산 분출로 Pompeii는 파괴되고 묻혀 버렸다. 그 분출은 Pompeii를 4~6미터의 화산재와 돌 아래로 묻었고 1599년에 우연히 발견되기 전까지 1,500년 넘도록 잊혔다. 그 이후로, 그것의 재발견은 로마 제국 전성기의 생활 속으로 자세한 통찰력을 제공해왔다. 오늘날, 이 UNESCO 세계 문화유산 유적지는 매년 2백 5십만 명의 사람들이 방문하는 이탈리아의 가장 인기 있는 관광 명소 중의 하나이다.

해설

② 분출이 묻어버린 동작의 주체이므로 buried는 적절하다.
③ 그것은 Vesuvius 산이 아니라 화산재에 묻힌 Pompeii이다. was lost로 고치는 것은 적절하다.

2

수학은 분명히 르네상스 예술에 영향을 주었다. 르네상스 예술은 여러 가지 면에서 중세의 예술과 달랐다. 르네상스 이전에는 그림에 있는 물체들이 외관상 사실적이라기보다는 편평하고 상징적이었다. 르네상스 시대의 예술가들은 그림을 다시 만들었다. 그들은 그림 속의 물체들이 정확하게 나타내지기를 원했다. 물체들의 본질적인 형태가 원근법에 의하여 인간의 눈에 보이는 대로 그리기 위해 수학이 사용되었다. 르네상스 시대의 예술가들은 기하학을 사용하여 원근법을 성취했는데 그것은 실제 세계를 사실적이고 정확하고 3차원적으로 묘사하게 했다. 수학을 예술, 특히 그림에 응용한 것은 르네상스 예술의 주된 특징 중 하나였다.

해설

① in many ways(여러 가지 면)는 르네상스의 예술을 의미하며, 편평하고 상징적은 그림은 중세의 그림이다.

③ 「be used to + 동사원형」은 '~하는데 사용되다'라는 뜻으로 적절하다. (▶Unit 17 전치사의 다양한 표현 참조) 「be used to -ing」는 '~에 익숙하다'이므로 흐름상 어색하다.

④ appear는 자동사이므로 수동태로 쓸 수 없다.

CHAPTER 05 부정사

Unit 05 부정사의 용법
p. 032

A

01 만나는 것은 헤어짐의 시작이다.

02 너의 집에서 향수병에 걸리는 것은 가능하다.

03 나의 꿈들 중 하나는 내 자신의 섬을 갖는 것이다.

04 때로는 난 너를 잊은 척 한다.

05 그녀는 웹사이트를 구축하는 것이 쉽다고 생각한다.

PLUS

내가 미안하다고 말하는 것은 어렵다.

네가 그를 화나게 한 것은 어리석었다.

수능 pick 1

♦ 그 회의는 후한 재정 지원 덕택에 가능해졌다.

♦ 농업의 채택은 새로운 정착 생활 양식을 가능하게 했다.

B

01 Yuri Gagarin은 우주로 여행한 첫 번째 사람이다.

02 Taku는 이야기할 사람이 있어본 적이 없다.

cf. 미래는 살기에 더 좋은 곳이 될 것입니다.

03 여왕은 다음 달에 Puerto Rico에 방문할 예정이다.

04 너는 바로 지금 그에게 사과해야 한다.

05 제 시간에 도착하려면 우리는 지금 떠나야 해.

06 오래된 이야기는 종종 진실로 판명된다.

C

01 우리는 평화롭게 살기 위해 전쟁을 일으킨다.

02 당신이 내 인생에 있어서 저는 운이 좋습니다.

03 그 고아는 자라서 용감한 군인이 되었다.

cf. Ralph는 그의 우편함으로 달려갔지만, 그것이 텅 빈 것을 발견했다.

04 당신한테서 소식을 들으면 모두가 기뻐할 거예요.

05 그 마녀를 믿지 않다니 그는 현명함에 틀림없다.

06 나는 함께 일하기 그렇게 어렵지 않다.

07 나는 너무 어려서 군대에 갈 수 없었다. (= 나는 군대에 가기엔 너무 어렸다.)
→ 나는 너무 어려서 군대에 갈 수 없었다.

08 그는 그 도둑을 잡을 수 있을 만큼 충분히 빨리 달렸다.
→ 그는 매우 빨리 달려서 그 도둑을 잡을 수 있었다.

PLUS

프렌치프라이가 너무 뜨거워서 (나는[우리는]) 집으로 차를 타고 오는 길에 먹을 수가 없었다.

한 무더기의 해초가 내가 붙잡기에 충분히 가까이 왔다.

수능 pick 2

♦ 더 훌륭한 지도자가 되기 위해서는, 자신의 안전지대에서 걸어 나와야 한다.

◀ Grammar Practice ▶
p. 034

A 1 명사 2 가주어 3 목적격 4 앞 5 목적

B 1 T 2 F 3 F 4 F 5 T

C 1 to, consume 2 only, to, lose 3 to, make, bandages
  4 Prepare, to, die 5 to, persuade, to, do

D 1 brave enough to cross 2 so as not to forget
  3 wants to go, wants to die 4 grow to hate you
  5 make it easier for zebras to recognize

E 1 to be 2 to dwell 3 of 4 not to 5 to talk

F 1 big too → too big 2 this → it 3 being → to be
  4 drunk → to drink 5 to be → was

B

1 나는 돌보아야 할 아이들뿐만 아니라 직장도 있다.

2 영국의 애완용 금붕어는 43세까지 살았다.

3 넘어지는 것은 괜찮지만 땅위에 머무는 것은 괜찮지 않다.

4 그 젊은 엄마는 19살 정도로 보였다.

5 대통령은 다음 주에 판문점에 추가 방문을 할 예정이다.

해설

1 look after a job as well as children이므로 after를 삭제하면 안 된다.

2 금붕어가 산 결과 43세가 되었다는 의미로 원인 용법이 아니라 결과 용법이다.

3 It은 가목적어가 아니라 주어 자리이므로 가주어이다. 따라서 to fall과 to stay는 진주어이다.

4 appear to는 seem to로 turn out to는 prove to로 바꿔 쓸 수 있다.

5 「be + to부정사」가 예정·계획을 나타내고 있다.

C

해설

1 drive A to B는 'A가 B하게 하다'의 의미로 목적격보어 자리에는 to부정사를 쓴다.

2 부사적 용법 중 '~했지만 (결국) …하다'에 해당하는 only to부정사 형식으로 쓰면 된다.

3 '~하기 위해'에 해당하는 부사적 용법 중 목적에 해당하므로 to make bandages를 쓰면 된다.

4 '준비하다'의 의미로 prepare를 쓰고 목적어로 to die를 쓰면 된다.

5 「try + to부정사」는 '~하려고 노력하다'의 의미이고 persuade는 목적격보어로 to부정사를 취하므로 to do를 쓰면 된다.

D

1 리민철은 국경을 넘을 정도로 충분히 용감했다.

2 그는 그녀의 이름을 잊지 않기 위해 손가락에 문신을 했다.

3 모두가 천국에 가기를 원하지만, 아무도 죽기를 원하지 않는다.

4 여러분이 다정하려는 노력을 기울이지 않으면, 사람들은 여러분을 증오하게 될 것이다.

5 얼룩말 줄무늬는 얼룩말들끼리 서로 인식하는 것을 쉽게 만들어 준다.

해설

1 「형용사/부사 + enough to + 동사원형」 구문으로 brave enough to cross로 쓰면 된다.

2 '~하기 위하여'란 뜻의 so as to의 부정형은 so as not to이다.

3 want는 to부정사를 목적어로 취하므로 각각 wants to go, wants to die로 쓰면 된다.

4 '~하게 되다'의 의미인 「grow to + 동사원형」 구문으로, grow to hate you로 쓰면 된다.

5 「make + 가목적어(it) + for 목적격 + to부정사」 구문으로, make it easier for zebras to recognize로 쓰면 된다.

E

1 그 정책은 값비싼 실수임이 판명되었다.

2 인생은 우리가 슬픔을 곱씹기에는 너무 짧다.

3 나는 어떤 도움도 필요없지만 당신이 제안한 것은 친절했어요.

4 어떤 사람들은 자신들의 행동에 책임을 지려 하지 않는다.

5 좋은 듣는 사람이 되어라. 다른 사람들이 자신들에 대해서 이야기하도록 격려해라.

해설

1 '~임이 판명되다'의 의미인 prove to be 구문으로 to be가 적절하다.

2 '너무 ~해서 …할 수 없다' 또는 '~하기에는 너무 …하다'의 「too ~ to…」 구문이므로 to dwell이 적절하다.

3 사람의 성품·성격을 나타내는 형용사가 있으면 to부정사의 의미상의 주어는 「of + 목적격」으로 쓰므로 of가 적절하다.

4 to부정사의 부정은 「not to + 동사원형」이므로 not to가 적절하다.

5 encourage는 목적격보어로 to부정사를 취하므로 to talk가 적절하다.

F

1 그 개는 작은 아이 주변에서 기르기에는 너무 클지도 모른다.

2 하위 계층들은 심지어 필수품을 구매하는 것조차 어렵게 여겼다.

3 '돈으로 행복을 살 수 없다'는 옛 속담이 사실인 것으로 드러난다.

4 숙면을 위한 다른 하나의 조언은 자기 전에 따뜻한 우유를 좀 마시는 것이다.

5 고대 중국에서 공무원 시험을 통과하는 것은 쉬운 일이 아니었다.

해설

1 too는 일반 부사처럼 형용사와 부사를 앞에서 수식하므로 big too를 too big으로 고쳐야 한다.

2 목적어(to부정사)가 긴 경우 뒤로 쓰고 그 자리에 가목적어를 쓰는 「find + 가목적어 + to + 동사원형」 구문으로 this를 it으로 고쳐야 한다.

3 '~로 드러나다'의 의미인 turn out to be ~ 구문으로 being을 to be로 고쳐야 한다.

4 '숙면을 위한 다른 하나의 조언'이 drink의 객체가 될 수는 없으므로 수동태는 불가하다. 따라서 drunk가 보어가 되어야 하므로 명사 역할을 할 수 있도록 drunk를 to drink로 고쳐야 한다.

5 To pass 이하가 문장의 주어인데 이에 따르는 술어동사가 없으므로 to be를 was로 고쳐야 한다.

A

01 너와 함께 오로라를 보고 있는 것은 정말 좋아.

02 그는 자신의 노예들이 Liberia로 보내지길 원했다.

03 당신이 기다리게 해서 죄송합니다.

04 그들은 불행을 겪지 않아서 다행이라고 느꼈다.

PLUS

그는 현실감을 잃었던(잃어왔던) 것처럼 보인다.

그는 현실감을 잃었었던 것처럼 보였다.

B

01 인생에서 유일한 진짜 문제는 다음에 무엇을 해야 하는지이다.

02 그는 집으로 가고 싶었지만, 그럴 수 없었다.

03 그 보안 요원은 그녀에게 조용히 떠나라고 요청했다.

cf. 그 관리자는 그녀에게 떠나라고 조용히 요청했다.

PLUS

내가 싸워야 할지 말아야 할지 모를 때마다 나는 싸운다.

푸들은 마치 자기 앞에 있는 장애물을 가늠해 보는 듯이 잠시 거기에 서 있었다.

C

01 난 골목에서 누군가 비명을 지르는 것을 들었다.

cf. 나는 나의 이름이 몇 번 되풀이 되는 것을 들었다.

02 모두가 네가 연석에서 발을 헛딛는 것을 봤어.

cf. 우리는 선수들이 버스에서 내리는 것을 보았다.

03 그녀는 뜨거운 눈물이 뺨을 타고 내리는 것을 느꼈다.

04 그들은 내가 내 친구들을 염탐하게 했다.

05 그녀가 이 서류를 복사하도록 해줄 수 있나요?

cf. 난 내 아이패드 화면이 박살나게 했다.

　　　우리는 그가 계약서에 서명하도록 할 수 없었다.

06 하지만 우선 제가 셀카를 찍게 해주세요.

07 그 유튜버는 할머니가 자신의 집을 찾는 것을 도와주었다.

cf. 소규모 교실은 학습을 더 쉽게 만들었다.

08 네가 해야만 하는 것의 모든 것은 너의 마음을 여는 것이다.

09 왜 주저하나요? 왜 시작하지 않나요?

PLUS

불행히도, 지금 우리의 일로 인해 우리 둘 다 대부분의 주마다 여행을 하고 있습니다.

D

01 이상한 말이지만, 그 형체는 갑자기 시야에서 사라졌습니다.

02 솔직히 말하면, 나는 보통 내가 찾고 있는 것을 까먹어.

03 신사숙녀 여러분, 쇼가 막 시작하려 합니다.

04 그들은 모국을 위해 기꺼이 죽으려 한다.

05 나는 단지 부당성을 몹시 막고 싶어 한다.

06 그는 택시 요금도 지불하지 못했다.

07 이 수업 후에 무슨 일이 일어날까?

08 네가 놓아둘 때, 너는 더 좋은 것을 위한 공간을 창조한다.

◀ Grammar Practice ▶ ──────────── p. 038

A **1** have **2** 주어 **3** 분리 **4** 동사원형 **5** 과거분사

B **1** T **2** F **3** F **4** F **5** F

C 1 makes, cry 2 not, to 3 to, be, collected
   4 Why, not, give 5 struggle[struggling], quit[quitting]
D 1 when to retreat 2 let you go
   3 pleased to have found out 4 is likely to set
   5 to do is cultivate
E 1 had 2 coming 3 fall 4 cross 5 decrease
F 1 diving → (to) dive 2 × 3 passing → pass
   4 routine → routinely 5 made → (to) make

B

1 그는 나에게 사랑하는 법을 가르쳐 줬지만 멈추는 법은 가르쳐 주지 않았어요.
2 그녀는 좋은 인상을 남겼던 것처럼 보인다.
3 날 웃게 하지 마. 난 너에게 화내려고 노력하는 중이야.
4 Carmen은 그녀의 딸이 처음으로 '엄마'라고 말했을 때 함박 웃었다.
5 내가 일어나서 맨 먼저 하는 일은 나의 일일 계획표를 체크하는 것이다.

해설

1 「의문사 + to부정사」는 명사 역할을 하여, 주어, 목적어, 보어로 쓰일 수 있고, 「의문사 + 주어 + can[should] + 동사원형」으로 바꿔 쓸 수 있으므로 적절하다.
2 완료부정사 구문으로 주절의 시제보다 앞선 시제를 나타낸다. 따라서 It seems that she (has) left a good impression.으로 바꿔 써야 한다.
3 목적어와 목적격보어의 관계가 능동일 때 「사역동사 + 목적어 + 동사원형」 구문으로 쓰이므로 laughing을 laugh로 고쳐 써야 한다.
4 목적어와 목적격보어의 관계가 능동일 때 「지각동사 + 목적어 + 동사원형 또는 -ing」 구문으로 쓰이므로 to say를 say(ing)으로 바꿔야 한다.
5 The first thing ~ do 형태의 보어로 오는 to부정사의 to는 생략 가능하므로 원래 문장도 맞다.

C

해설

1 「사역동사 + 목적어 + 동사원형」 구문으로 makes, cry를 쓰면 된다.
2 I told him not to send me messages에서 반복 어구를 생략하고 대부정사로 not to만 쓰면 된다.
3 to부정사의 목적어와 수동의 관계이므로 to be collected로 쓰면 된다.
4 '~하는 게 어때'의 의미로 「Why not + 동사원형」 구문으로 쓰이므로 not give를 쓰면 된다.
5 목적어와 목적격보어의 관계가 능동일 때 「지각동사 + 목적어 + 동사원형 또는 -ing」 구문으로 쓰이므로 struggle[ing], quit[ting]을 쓰면 된다.

D

1 언제 후퇴해야할지를 아는 것 또한 승리이다.
2 경찰관: 이번에는 경고만으로 보내 드리겠습니다.
3 그는 무엇이 잘못되었는지 알아서 기뻤다.
4 올해는 세계 곡물 생산량이 역사적 기록을 세울 것 같다.
5 당신이 해야만 하는 모든 것은 마음속의 예의를 함양하는 것이다.

해설

1 「의문사 + to부정사」 구문으로 when to retreat으로 쓰면 된다.
2 「사역동사 + 목적어 + 동사원형」 구문으로 let you go로 쓰면 된다.
3 감정의 원인을 나타내는 to부정사에 이어서 주절의 시제보다 앞선 시제이므로 pleased to have found out으로 쓰면 된다.
4 '~할 것 같다, ~하기 쉽다'의 의미인 「be likely to + 동사원형」 구문으로 is likely to set으로 쓰면 된다.
5 '해야만 한다'의 have to do를 쓰고 본동사 is를 쓴 후 to가 생략된 보어 cultivate를 쓰면 된다. 「All + 주어 + do + be동사」의 보어로 쓰이는 to부정사에 to를 생략해도 된다.

E

1 그녀는 완전히 활기가 없었던 듯했다.
2 어떤 차도 오지 않는 것 같아서 나는 빨간 신호등을 무시하고 달렸다.
3 그녀가 한 말은 Victoria를 한동안 깊은 생각에 잠기게 했다.
4 난 Lucy가 결승선을 통과하는 것을 보고 "네가 해냈어! 네가 이겼어!"라고 소리 질렀다.
5 단지 한 명의 친구를 갖는 것만으로도 외로움을 상당히 줄이기에 충분하다.

해설

1 주절의 시제(과거) 보다 앞선 시제를 의미하므로 현재완료형 has가 아니라 과거완료형인 had 적절하다.
2 진행을 강조하는 to부정사의 진행형으로 coming이 적절하다.
3 「사역동사 + 목적어 + 동사원형」 구문으로 fall이 적절하다.
4 목적어와 목적격보어의 관계가 능동일 때 「지각동사 + 목적어 + 동사원형 또는 -ing」 구문으로 쓰이므로 cross가 적절하다.
5 to와 동사원형 사이에 부사가 들어간 분리부정사 구문으로 decrease가 적절하다.

F

1 악어는 자신들이 더 깊게 다이빙하는 것을 돕기 위해 돌을 삼킨다.
2 놓아버리는 것은 아프지만, 때로는 붙잡고 있는 것이 더 아프다.
3 자전거를 타는 사람들은 적절하게 추월하는 법과 추월당하는 법을 알아야 한다.
4 Susan은 그에게 그의 아파트 근처에 있는 동네 카페에 일상적으로 자주 방문하라고 조언했다.
5 네가 할 일은 포스터를 만들어서 학교 여기저기에 붙이는 것뿐이야.

해설

1 「help + 목적어 + (to) 동사원형」 구문으로 쓰이므로 diving을 (to) dive로 고쳐야 한다.
2 to let go가 진주어고 let go는 관용표현으로 '놓아주다'라는 의미로 적절하다.
3 to와 pass사이에 부사 properly가 들어간 분리부정사로 passing을 pass로 고쳐야 한다.
4 「to + 부사 + 동사원형」인 분리부정사가 쓰인 구문으로 routine을 routinely로 고쳐야 한다. frequent는 동사로 '자주 다니다'라는 뜻이다.
5 All ~ do의 보어로 to부정사가 올 경우 to를 생략해도 되므로 made를 (to) make로 고쳐야 한다.

Review Test Unit 05~06 ——————— p. 040

A 1 1) To know 2) coming 2 1) What 2) write
   3 1) It 2) to serve 4 1) to do 2) do
   5 1) it 2) them 6 working
   7 1) be dressed 2) displayed 8 1) affect 2) did
B 1 1) × 2) awkwardly → awkward
   2 1) × 2) discard → discarded
   3 have been shared → have shared
   4 1) × 2) are provided → provide
   5 1) read → to read 2) ×
   6 1) Make → To make 2) be complete → complete
   7 1) × 2) play → playing 8 1) × 2) ×
C 1 ④, ⑤ 2 ②, ④

A

1 앞에 있는 길을 알기 위해서 돌아오는 사람들에게 물어라.
2 내가 하기로 결심했던 일은 뉴욕에 계신 할머니께 편지를 쓰는 것이었다.
3 기자의 임무는 독자들에게 봉사하는 것이라는 것을 기억하는 것 또한 중요하다.

4 최선을 다하는 것은 충분하지 않다. 여러분은 무엇을 해야 할지를 알아야 하고, 그러고 나서 최선을 다해야 한다.

5 어떤 종류의 먹잇감들은 포식자들이 그들을 발견하는 것을 매우 쉽게 만드는 색채를 가지고 있다.

6 그는 한 목수에게 자신의 집 지붕에 작업을 하도록 시켰을 때 그의 이름을 알았다.

7 여러분의 고양이가 수줍음을 타고 겁이 많다면 의상을 차려입고 고양이 품평회에 나가서 자신의 모습을 보여주는 것을 원치 않을 것이다.

8 현대의 인간들은 또한 초기 문명이 하지 않았던 방식으로 생태계에 부정적으로 영향을 주는 경향이 있다.

해설

1 1) ask 이하가 명령문 형식의 주절이므로, 부사 역할을 할 수 있는 To know가 적절하다.

2) 내용상 ask A to B 구문이 아니다. 따라서 those who are coming에서 who are가 생략된 형태의 coming이 적절하다.

2 1) 선행사가 없으며 뒷문장이 불완전하므로 관계대명사 What이 적절하다.

2) What ~ do 형태의 주어의 보어로 쓰인 to부정사에서 to는 생략 가능하므로 write가 적절하다.

3 1) to remember 이하가 진주어로 가주어 It이 적절하다.

2) 내용상 보어 자리이므로 명사 역할을 할 수 있는 to serve가 적절하다.

4 1) It이 가주어인 구문이며 enough를 수식하는 to부정사가 적절하다. 여기서 enough는 형용사이다.

2) '~을 해라'라는 명령문이므로 동사원형 do가 적절하다.

5 1) to detect 이하가 진목적어이므로 가목적어 it이 적절하다.

2) detect의 주체가 predators이고 객체는 Some species of prey로 서로 다르므로 재귀대명사가 아닌 일반대명사 them이 적절하다.

6 사역동사 have의 목적어와 목적격보어의 관계가 능동이면서 진행을 강조할 때는 -ing도 쓸 수 있으므로 working이 적절하다.

7 to부정사의 수식을 받는 he or she(your cat)가 입혀지고 보이게 되는 것이므로 1) be dressed up, 2) (to be) displayed가 적절하다.

8 1) to와 부정사 사이에 부사가 들어간 분리부정사이므로 affect가 적절하다.

2) 일반동사 affect를 대신하는 표현으로 did가 적절하다.

B

1 저는 저의 둘째 아들이 새 학교에 익숙해지는 것이 어색하다고 여길 것 같습니다.

2 제조업자들은 심지어 한 번 사용되고 버려지도록 의도된 품목을 발명해 내기도 했다.

3 그는 자신이 그 전에는 (다른 사람과) 나누지 못했던 이야기들을 했고, 나 역시 그랬다.

4 당신은 당신의 불필요한 신발을 우리가 제공하는 신발 수집 상자에 넣기만 하면 됩니다.

5 오랫동안 Jack의 부모는 그가 책을 읽도록 하려고 애를 썼지만, 그는 전혀 그러고 싶어 하는 것 같지 않았다.

6 지금 가능한 한 쉽게 행동할 수 있도록, 저희는 당신이 작성할 회신용 카드를 보냈습니다.

7 자네는 농구를 안 하고 그냥 복도를 왔다 갔다 하기엔 키가 너무 크군. 오늘 3시 30분에 체육관에서 만나지.

8 세상은 모든 이들의 요구를 만족시킬 정도로 충분히 크지만, 모든 이들의 탐욕을 만족시키기에는 너무 작을 것이다.

해설

1 1) 완전한 구조의 문장을 유도하는 접속사 that은 적절하다.

2) find의 목적격보어 자리이므로 awkwardly를 awkward로 고쳐야 한다. it은 가목적어이다.

2 1) 선행사 items가 주어인데 동작의 대상이면서 복수이므로 are meant는 적절하다.

2) and를 기준으로 to부정사의 수동형으로 이어진 병렬구조이므로 discard를 discarded로 고쳐야 한다.

3 주절의 시제보다 앞선 시제이므로 완료부정사 표현은 적절하다. share의 목적어가 선행사인 things이므로 수동태가 아닌 능동태가 되어야 한다. 따라서 have been shared를 have shared로 고쳐야 한다.

4 1) All ~ do 형태의 보어로 쓰인 to부정사의 to는 생략 가능하므로 적절하다.

2) boxes와 we 사이에 목적격 관계대명사가 생략된 구조이고, 우리가 박스를 제공하는 것이므로 are provided를 provide로 고쳐야 한다.

5 1) '~에게 …을 하게 하다'의 의미인 「get + 목적어 + to 동사원형」 구문으로 사용되므로 read를 to read로 고쳐야 한다.

2) 「seem + to부정사」에서 주절의 시제와 일치하므로 want는 적절하고, want to read에서 동일어구 반복을 한 대부정사 to도 적절하다.

6 1) we've 이하가 주절이므로 부사 역할을 할 수 있도록 Make를 To make로 고쳐야 한다.

2) to부정사의 목적어인 a reply card가 있으므로 be complete를 complete로 고쳐야 한다.

7 1) 진행의 느낌을 살린 to부정사의 진행형으로 be walking은 적절하다.

2) and를 기준으로 be walking과 병렬구조가 되어야 하므로 play를 playing으로 고쳐야 한다.

8 1) 「형용사 + enough to + 동사원형」 구문으로 big enough는 적절하다.

2) 「too + 형용사 + to + 동사원형」 구문으로 too는 적절하다.

C

1

1960년대 후반, Joan Cooney라는 텔레비전 프로듀서가 하나의 전염병을 퍼뜨리기 시작했다. 그녀는 3~5세 아이들을 목표 대상으로 삼았다. 전염병의 병원체는 텔레비전이었고 그녀가 퍼뜨리기를 원했던 '바이러스'는 읽고 쓰는 능력이었다. 그 쇼는 교육을 향상시킬 만큼 충분히 전염성이 있었으면 하는 희망에서 일주일에 5일, 한 시간씩 방송될 예정이었다. 그녀의 목표는 학습의 긍정적 가치를 모든 아이들과 심지어 그 부모들에게까지 전파하는 것이었다. 그녀에게는 또한 불우한 환경(기회가 더 적은)의 아이들이 초등학교를 다니기 시작할 때 유리하게 하려는 의도가 있었다. 본질적으로 그녀가 하길 원했던 것은 가난과 문맹이라는 만연해 있는 전염병에 싸우기 위해 학습 전염병을 만드는 것이었다. 그녀는 자신의 아이디어를 'Sesame Street'라고 불렀다.

해설

④ to부정사의 의미상의 주어 형식은 「for + 목적격 to + 동사원형」이므로 for it to give가 맞다.

⑤ What이 do와 함께 올 때 보어 자리의 to부정사의 to가 생략되기도 하므로 create는 적절하다.

2

사람들은 승부를 가리거나 결정을 내리기 위해 동전 던지기를 한다. 동전의 각 면은 동일한 승률을 가지고 있다고 생각되기 때문에 앞면 혹은 뒷면이 나올지는 아무도 모른다. 그러나 정말로 그럴까? 동전이 실제로 완벽하게 던져지기 위해서는 동전을 정확한 방법으로 회전시킬 필요가 있다. 그러나 실제로 동전들은 절대로 완벽하게 회전하지 않는다. 그것들은 회전하는 동안 항상 한 방향으로 흔들리거나 기울어진다. 흔들림이 동전의 회전에 어떤 영향을 미치는지 알아보기 위해 연구자들은 실제 동전 던지는 장면을 촬영하고 공중에서의 동전 각도를 측정하였다. 그들은 동전의 던져졌던 면으로 떨어졌다는 것이 53%라는 것을 발견했다. 그래서 만약 동전 앞면을 위로 해서 던지면 뒷면보다 앞면이 나올 확률이 조금 더 높다. 동전 던지기는 절대로 진정한 무작위가 아님이 판명되었다.

해설

② 「for + 목적격 + to + 부사 + 동사원형」 즉, 의미상의 주어와 분리부정사가 합쳐진 형태로 (b)는 적절하다.

④ 문장의 주어는 the researchers이고 To see는 '보기 위하여'라고 해석되는 부사적 용법의 '목적' 용법이다.

Unit 07 동명사의 형태와 용법 p. 042

A

01 설탕을 베인 상처에 놓는 것은 고통을 줄인다.

02 오늘 저희와 함께 해주신 것은 매우 좋았습니다.

03 인생은 지우개 없이 그려나가는 것이다.

04 나는 그렇게 조용한 고양이를 본 적이 없다.

05 어떤 것도 내가 나의 목표에 도달하는 것을 멈출 수 없다.

PLUS

결혼식 동안에 Tanya가 잠든 것은 웃겼다.

그들은 Miami로 돌아가지 않는 것을 고려하고 있다.

수능 pick 1

◆ 정보를 분석하는 도구는 1990년대 초반까지 구할 수 없었다.

B

01 당신은 영어 선생님인 것이 부끄럽습니까?

02 그 피고인은 그녀를 만났던 것을 부인했다.

03 아무도 비웃음 당하는 것을 즐기지 않는다.

04 그는 불공평하게 대우받았던 것에 불평했다.

05 모든 커튼들이 세탁될 필요가 있다.

C

01 나는 Quebec을 방문했던 것이 어렴풋이 기억이 난다.

그는 '닫혀라 참깨!'라고 외칠 것을 기억했다.

02 넌 내 돈을 갚은 것을 계속 잊는구나.

이번에는 화분에 물을 주는 것을 잊지 않겠다.

03 그는 화를 낸 것을 깊이 후회했다.

우리는 모든 표가 매진되었다는 것을 당신에게 말하게 되어 유감입니다.

04 내가 자려고 노력하는 거 안 보여?

난 온라인상으로 우리의 주소를 변경하는 것을 몇 번 해보았다.

05 그녀는 복권에 당첨되었을 때 일하는 것을 그만뒀다.

그들은 도로의 먼 끝을 보기 위해서 멈췄다.

수능 pick 2

◆ 예측할 수 없는 알래스카의 날씨 때문에 Denali's 비행 관광은 가벼운 방수 재킷을 입을 것을 권합니다.

D

01 가끔 우리는 떠나버릴 수밖에 없다.

02 일단 네가 약을 먹으면 돌아오는 것은 불가능하다.

03 여기를 탈출하는 것은 소용없다.

04 오늘, 나는 뭔가 다른 것을 하고 싶다.

05 나는 내 블로그에 글을 게시하느라 온 밤을 소비했다.

06 국제변호사는 될 만한 가치가 있나요?

07 왜 너는 지시 사항을 따르는데 어려움을 겪니?

08 집에 도착하자마자, 그는 조각상을 조각하기 시작했다.

◀ Grammar Practice ▶ p. 044

A **1** 명사 **2** 목적격 **3** p.p. **4** -ing **5** ~은 소용없다

B **1** F **2** T **3** F **4** F **5** F

C **1** lying[to lie] **2** being, introduced
   3 getting, getting[to get] **4** hearing **5** from, feeling

D **1** Chewing[To chew] **2** breaking **3** good **4** to place
   5 not receiving

E **1** Being **2** taking **3** to talk **4** telling **5** providing

F **1** to have paid → having paid **2** made → making[to make]
   3 to give → giving **4** carrying → being carried
   5 See → Seeing[To see]

B

1 그와 이야기하는 것은 혼잣말하는 것 같아.

2 당신은 당신의 가장 친한 친구가 당신을 너무 잘 아는 것에 대해서 걱정하지 않을 것이다.

3 당신의 과학적 비평은 추천받아 마땅합니다.

4 Blaine은 물속에서 숨을 쉬지 않는 세계 기록을 깨려고 시도했다.

5 어떤 사람들은 잠드는 데 어려움을 겪고, 어떤 사람들은 아침에 너무 일찍 잠에서 깬다.

해설

1 talking은 전치사 like의 목적어이므로 동명사인 talking이 적절하다.

2 knowing은 전치사 about의 목적어이고 your best friend는 knowing의 의미상의 주어이다.

3 deserves는 동명사를 목적어로 취하고 수동의 의미를 지니므로 being을 삭제하거나 to be recommended로 바꿔야 한다.

4 동명사의 부정은 동명사 앞에 not이나 never를 쓰므로 not breathing이 적절하다.

5 「have difficulty -ing」 구문으로 쓰이므로 to get을 getting으로 고쳐야 한다.

C

해설

1 start는 to부정사와 동명사를 목적어로 취하는 동사이므로 lying 또는 to lie가 적절하다.

2 he가 소개를 한 것이 아니라 받은 것이므로 동명사의 수동형인 being introduced로 써야 한다.

3 첫 번째 빈칸은 전치사의 목적어로 동명사인 getting이, 두 번째 빈칸은 보어가 될 수 있는 동명사 또는 to부정사가 적절하므로 getting 또는 to get이 적절하다.

4 주절의 시제보다 앞선 시제를 의미하므로 동명사인 hearing으로 써야 한다.

5 '~가 …하는 것을 막다'는 「keep A from -ing」 구문으로 쓰이므로 from feeling으로 써야 한다.

D

1 껌을 씹는 것은 한 시간당 약 11칼로리를 태운다.

2 계란을 깨지 않고서는 오믈렛을 만들 수 없다.

3 설명해봤자 소용없어요. 난 관심이 없어요.

4 당신들이 대화하는 동안 주문하는 것을 잊지 마십시오.

5 내가 초대장을 받지 않아서 아주 괴로웠다고 말해야겠어.

해설

1 '껌을 씹다'라는 표현이 와야 하므로 chew가 적절하고 주어 자리이므로 동명사 또는 to부정사 형태인 Chewing 또는 To chew가 적절하다.

2 내용상 '계란을 깨지 않고'가 적절하므로 전치사의 목적어가 될 수 있는 동명사 breaking이 적절하다.

3 내용상 '~은 소용없다'가 적절하므로 「It is no good[use] -ing」 구문에서 보기에 있는 good을 쓰면 된다.

4 내용상 '~할 것을 잊지 말라'이므로 「forget + to부정사」 구문인 to place가 적절하다.

5 내용상 '초대장을 받지 않아서'가 적절하고, 동명사의 부정은 동명사 앞에 not을 쓰므로 not receiving으로 쓰면 된다.

E

1 바쁜 것이 항상 생산적이지는 않다.

2 윤리적인 결정들은 다른 사람들을 고려하는 것을 요구한다.

3 사람들이 네가 말하는 것을 이해하지 않는 한 말하는 것은 소용없다.

4 그녀는 자기 아들이 들어오면 그를 꾸짖을 것이라고 계속 중얼거렸다.

5 Gonzales는 사람들에게 문학에 더 많은 접근을 제공하기 위해서 헌신했다.

해설

1 주어 자리이므로 주어 역할을 할 수 있는 동명사 Being이 적절하다.

2 require는 동명사를 목적어로 취하는 동사로 taking이 적절하다.

3 It's of no use[useless]는 to부정사와 어울리므로 to talk이 적절하다.

4 「keep from -ing」는 '~하지 않다, 삼가다'이고 「keep -ing」는 '계속 ~하다'이다. 내용상 telling이 적절하다.

5 '~에 헌신하다'의 의미인 「devote oneself to -ing」 구문이므로 동명사인 providing이 적절하다.

F

1 나는 그에게 주의를 거의 기울이지 않았던 것을 후회한다.

2 추억에 관한 최고의 것은 그것들을 만드는 것이다.

3 언젠가 너는 결코 포기하지 않은 것에 대해 자신에게 감사할 것이다.

4 나는 작은 소나무 사이로 그녀의 팔에 안겨 운반되었던 것이 기억난다.

5 내 방에서 거미를 보는 것은 무섭지 않다. 그것이 사라질 때 무섭다.

해설

1 「regret to + 동사원형」은 '~가 유감이다'라는 뜻이므로 '~를 후회하다'의 의미인 「regret + -ing」 형태로 써야 한다. 여기서 having paid는 완료동명사이다.

2 보어 자리이므로 명사 역할을 할 수 있는 동명사나 to부정사인 making 또는 to make가 적절하다.

3 전치사 for의 목적어 자리이므로 to give를 동명사인 giving으로 고쳐야 한다.

4 carry의 주체는 I이고 동작의 대상이 되므로 수동형인 being carried로 고쳐야 한다.

5 본동사인 isn't가 있으므로 주어 역할을 할 수 있는 동명사나 to부정사인 Seeing 또는 To see로 고쳐야 한다.

◀ Review Test ▶ Unit 07 ──────────── p. 046

A **1** to stay **2** having **3** 1) to inform **2**) been rejected
　4 1) knowing **2**) putting **5** conveying **6** growing
　7 1) never having **2**) that **8** 1) being **2**) to leave
B **1** 1) dancing → dance **2**) × **2** 1) have → having **2**) ×
　3 1) Keep → Keeping **2**) × **3**) ×
　4 1) to operate → operating **2**) ×
　5 1) × **2**) to achieve → from achieving
　6 1) × **2**) to sit → sitting **7** 1) × **2**) being → having
　8 1) change → changing **2**) ×
C **1** ①, ④ **2** ③, ④

A

1 당신이 예술가로 태어난다면, 당신은 예술가로 머물러야 할 수 밖에 없다.

2 그는 그의 평생에 걸쳐 자신감 문제와 사투를 벌여 왔던 것을 인정한다.

3 저희는 귀하의 신청서가 거절되었음을 알려드리게 되어 유감입니다.

4 지식은 토마토가 과일이라는 것을 아는 것이다. 그리고 지혜는 그것을 과일 샐러드에 넣지 않는 것이다.

5 우리는 종종 간단하고 익숙한 말로 전달하지 않음으로써 다른 사람들을 혼란스럽게 한다.

6 일반적으로 발은 사람이 20세나 21세경에 길이가 자라는 것을 멈춘다.

7 자신의 기업체를 매각한 지 5년 후에, 그는 자신을 신나게 만들어 주는 할 일이 없는 것에 싫증이 났다.

8 수아는 자신이 마음속에 그렸던 대로 완벽하고 똑같지 않은 것을 견딜 수가 없어서 그녀는 사진사 보고 떠나라고 요청했다.

해설

1 '~할 수 밖에 없다'의 의미인 「cannot help -ing」의 동의 표현인 「have no choice but to + 동사원형」이므로 to say가 적절하다.

2 '~을 인정하다'의 의미인 「admit (to) -ing」 구문으로 having이 적절하다.

3 1) 내용상 소식을 알려주게 되어 유감이란 뜻으로 「regret to + 동사원형」 구문이므로 to inform이 적절하다.
　2) 신청서가 거절된 것이므로 현재완료수동태인 been rejected가 적절하다.

4 첫 번째와 두 번째 모두 보어 자리이므로 명사 역할을 할 수 있는 동명사 knowing과 putting이 적절하다.

5 '~함으로써'의 의미인 「by + -ing」 구문에 not이 들어간 것으로 동명사인 conveying이 적절하다.

6 내용상 발이 자라는 것을 멈추는 것이므로 「stop + -ing」 구문의 동명사 growing이 적절하다. '자라다'는 자동사이므로 being grown은 어색하다.

7 1) 동명사의 부정은 일반적으로 동명사 앞에 not[never]을 쓰므로 never having이 적절하다.
　2) 선행사는 to do 앞의 anything이고 관계사절에서 주어가 없으므로 주격관계대명사 that이 적절하다.

8 1) 「stand + 의미상의 주어 + not + 동명사」 구문이다. things가 의미상의 주어이고 동명사의 부정은 「not + -ing」이므로 being이 적절하다.
　2) '~에게 …하라고 요청하다'의 의미인 「ask ~ to + 동사원형」 구문으로 to leave가 적절하다.

B

1 당신이 성취감을 느낄 때 행복은 당신 주위에서 춤을 출 수 밖에 없다.

2 나는 집을 떠난 첫 가을 동안 약간의 향수병이 있었음을 고백한다.

3 A를 유지하는 것은 A를 얻는 것보다 더 힘들다. 거의 누구든지 한 번은 A를 맞을 수 있다. 하지만, 그것을 유지하는 것, 그것이 업적이다.

4 처음부터 그 세탁기는 많은 소음을 냈으며 나중에 그것은 완전히 작동을 멈추었다.

5 목표에 지나치게 집중하는 것은 당신이 원하는 것을 성취하지 못하도록 방해할 수 있다는 것을 기억하라.

6 어린아이들이 자신의 기분을 매 순간 바꾸고 가만히 앉아 있는 것에 어려움을 겪는 것은 당연한 것이다.

7 1950년에 그는 Alabama에서 자동차 사고로 심각하게 부상을 입었고 과다출혈로 사망했다.

8 산업 혁명은 예측 가능한 생활에서 좀 더 다양한 방식으로 생활로 변화시키는 데 있어서 큰 역할을 했다.

해설

1 1) '~하지 않을 수 없다'의 「cannot help but + 동사원형」 구문으로 dancing을 dance로 고쳐야 한다.
　2) you가 fulfill의 대상이므로 수동형인 are fulfilled는 적절하다. fulfilled를 분사형용사로 봐도 된다.

2 1) '~을 고백하다'의 「confess to -ing」 구문의 완료동명사형이다. 따라서 have를 having으로 고쳐야 한다.

3 1) 술어동사는 is이고 주어가 필요하다. 그리고 than 이하 getting과 어울리도록 Keep을 Keeping으로 고쳐야 한다.

2) 주어 자리에 쓰인 동명사 keeping은 적절하다.

4 1) 문맥상 작동을 멈췄다가 되어야 하므로 「stop + -ing」 구문이 적절하다. 따라서 to operate을 operating으로 고쳐야 한다.

2) 동명사(stopping)를 수식하는 부사 entirely는 적절하다.

5 1) can prevent가 술어동사이고 focusing이 동명사로 주어로 쓰였으므로 적절하다.

2) '~가 …하는 것을 막다'의 의미인 「prevent ~ from…」 구문으로 to achieve를 from achieving으로 고쳐야 한다.

6 1) to부정사의 의미상의 주어 표시인 for는 적절하다.

2) '~하는데 어려움을 겪다'의 의미인 「have trouble[difficulty] -ing」 구문으로 to sit을 sitting으로 고쳐야 한다.

7 1) and를 기준으로 was와 병렬구조를 이루는 과거형 동사 died는 적절하다.

2) be lost는 '길을 잃다'라는 표현이다. 내용상 많은 피를 잃어서 사망했다는 것으로 완료동명사형인 having lost로 고쳐야 한다.

8 1) 전치사 in 다음이라 명사형이나 동명사형 둘 다 가능하지만 lives의 목적어가 있으므로 changing으로 고쳐야 한다.

2) 앞에 나온 복수명사 lives를 대신하여 쓴 부정대명사 one의 복수형인 ones는 적절하다.

C

1

> 2016 Pew Research Center 조사에 따르면, 23퍼센트의 사람들이 한 인기 있는 사회 관계망 사이트에서 우연으로든 의도적으로든 가짜 뉴스의 내용을 공유한 적이 있다고 인정한다. 나는 이것을 의도적으로 무지한 사람들의 탓으로 돌리고 싶은 구미가 당긴다. 그러나 뉴스 생태계가 너무나 붐비고 복잡해져서 나는 그곳을 탐색하는 것이 힘든 이유를 이해할 수 있다. 의심이 들 때, 우리는 스스로 내용을 교차 확인할 필요가 있다. 사실 확인이라는 간단한 행위는 잘못된 정보가 우리의 생각을 형성하는 것을 막아준다. 무엇이 진실인지 혹은 거짓인지, 사실인지 혹은 의견인지를 더 잘 이해하기 위해, 우리는 FactCheck.org와 같은 웹사이트를 참고할 수 있다.

해설
① 「admit (to) -ing」 구문으로 쓰이므로 to having shared는 적절하다.
④ When (we are) in dobut에서 we are가 생략된 것으로 when은 적절하다. during 다음에는 기간명사가 온다.

2

> 기억에는 내재적 그리고 외재적 두 종류가 있다. 여러분이 무언가에 대해서 진정으로 생각하지 않고서 그것을 배울 때, 그것은 내재적 기억 혹은 신체 기억이다. 태어났을 때 호흡하는 법을 아는 것은 내재적 기억이다. 아무도 여러분에게 이것을 가르쳐 주지 않았다. 또한 어릴 적부터 여러분이 배운 것 중 일부는 내재적 기억들이 된다. 내재적 기억들은 뇌의 자동화 부분에 각인된다. 그것은 자전거를 수년 동안 타지 않고서도 여전히 자전거 타는 법을 알고 있는 이유이다. 반면에 외재적 기억들은 여러분이 의식적으로 기억하려고 노력하는 기억들 혹은 특정한 것들이다. 여러분은 매일 의식적 차원에서 외재적 기억을 사용한다. 열쇠를 찾기 위해 노력하거나 행사가 언제 개최될 예정인지, 어디서 그것이 개최되는지, 그리고 누구와 함께 그 행사에 가야 하는지 기억하려고 노력할 때 여러분은 그것(외재적 기억)을 사용합니다. 외재적 기억들은 여러분이 여러분의 달력이나 일정표에 적어왔던 과업들이다.

해설
③ 주어가 Some of the things이므로 become으로 고쳐야 한다.
④ 전치사 of의 목적어 자리이므로 not riding으로 고쳐야 한다.

Unit 08 ▶ 분사와 분사구문 　　　　p. 048

A
01 흐르는 물은 거꾸로 흐르지 않는다.
02 카메라를 들고 있는 여자가 나에게 다가왔다.
03 도난당한 돈은 오토바이를 사는데 사용되었다.
04 Narsha라고 불리는 한 여인이 당신을 보기를 원합니다.
05 A: 너 내 말 안 듣고 있었지? 그렇지? B: 뭐라고?
06 관객들은 완전히 즐거워 보였다.
07 그 미스터리는 여전히 풀리지 않은 상태이다.
08 산체스 가족은 그 가방들이 도로 위에 있는 것을 발견했다.

PLUS
놀라운 사람들이 놀라운 일을 일어나게 한다.

수능 pick 1
◆ 한 발명가가 자신의 성공에 가장 많이 기여한 사람이 누구냐는 질문을 받았을 때 "제 부모님입니다."라고 재빨리 대답했다.

B
01 비눗방울을 불면서, 그녀는 정원을 뛰어다녔다.
02 우리는 아침에 출발해서 한밤중에 도착했다.
03 나는 먼지투성이의 담요를 흔들었고, 그것은 Ron이 재채기하게 했다.
04 밤하늘을 바라보는 동안 그는 유성을 보았다.
05 남은 할 일이 없었기 때문에, 도라는 집으로 갔다.
06 뒤돌아보면, 너는 돌로 변할 것이다.
07 늙어 보일지라도, 그는 꽤 젊다.

PLUS
무엇을 선택해야 할지 몰라서, 나는 아무것도 선택하지 않았다.

C
01 그의 물건을 싸면서, 그는 지난 2년에 대해 생각했다.
02 자부심으로 가득 차서, 그녀는 단상으로 올라갔다.
03 창문들을 닫은 후, 나는 빨래를 걷기 위해 서둘러 밖으로 나갔다.
04 그녀는 눈을 깜빡이며 나에게 어색한 미소를 지어보였다.
　cf. 네가 나를 그렇게 노려봐서 난 말할 수가 없다.
05 당신은 다리를 꼰 채 자주 앉나요?
　cf. 그녀는 눈을 크게 뜬 채 하품을 했다.
06 그 프로젝트가 제시간에 끝나서 우리는 기뻐서 소리 질렀다.
　cf. 위험이 없었기 때문에, 경찰은 서로 돌아갔다.
07 훌륭한 선수였기 때문에, 그는 국가 대표팀에 소집되었다.

PLUS
아이의 마음을 생각해 보라. 경험한 것이 거의 없어서 세상은 신비하고 매력적인 장소이다.

D
01 엄밀히 말하면, 당신은 지금 법을 어기고 있습니다.
02 그의 외모로 판단컨대, 그는 스칸디나비아 사람일 수도 있다.
03 그가 그렇게 말했을 지라도, 그는 약속을 지키지 않았다.
04 그녀의 나이를 고려하면, 그녀는 어휘가 풍부하다.

A 1 수동·완료 2 둘 다 3 같으면 4 앞선 5 speaking
B 1 F 2 F 3 T 4 F 5 T
C 1 being, changed 2 smiling 3 when, sharing
   4 Seen 5 being
D 1 paying 2 Having read 3 opened 4 taking 5 facing
E 1 There 2 attacked 3 having rained 4 picnicking
   5 held
F 1 × 2 surprising → surprised
   3 (Having been[Being]) Injured
   4 heard → hearing 5 being taken → taking

B

1 네 자신을 믿으면 어떤 것이든 가능하다.
2 바이올린 활은 일반적으로 말총으로 만들어진다.
3 결혼식에 초대받지 않아서, 그는 가지 않았다.
4 나는 다른 사람들을 더 흥미롭게 하기 위해 술을 마신다. (술을 마시면 사람들이 흥미로워 보인다.)
5 겨울이 끝나면, 비버는 겨울잠에서 깨어난다.

◀ 해설 ▶

1 종속절과 주절의 주어가 다르므로 You believing yourself처럼 주어를 써야 한다.
2 are commonly made 즉 수동태이므로 능동·진행이 아니라 수동·완료의 의미로 쓰였다.
3 Because he was not invited to the wedding에서 Because와 he를 생략하고 분사 앞에 Not을 쓴 구문으로 적절하다.
4 사람이라고 -ed형을 쓰는 것이 아니라 다른 사람들이 (무엇인가를) 흥미롭게 만든다는 의미로 interesting은 적절하다.
5 When the winter is over의 분사구문으로 주어가 남고 being이 생략된 구문으로 적절하다.

C

◀ 해설 ▶

1 the speed limit가 change되는 동작의 대상이므로 수동형의 being changed로 쓰면 된다. 전후 관계가 명백할 때는 굳이 완료형분사(having been changed)로 쓰지 않아도 된다.
2 동시동작의 분사구문으로 주어와의 관계가 능동이므로 smiling으로 쓰면 된다.
3 '~할 때'의 접속사 when을 쓰고, 명령문이므로 주어는 you이고 능동의 관계이므로 sharing으로 쓰면 된다.
4 the village가 see의 보이는 동작의 대상이므로 Being seen이 되는데, Being은 생략이 가능하므로 Seen을 쓰면 된다.
5 Because there were few volunteers에서 접속사를 생략하고 주어가 달라서 그대로 두고 were를 being으로 바꾸면 된다.

D

1 카드로 지불하지 않으면, 현금으로 지불해 주세요.
2 그 책을 읽어서 영화를 이해할 수 있었다.
3 일단 내용물이 개봉되면, 3일 안에 소비되어야 합니다.
4 Hannah는 물 한 모금을 위한 휴식도 하지 않고 계속해서 달렸다.
5 화면을 위로 향하게 해서 스마트폰을 충전 패드 위에 놓으세요.

◀ 해설 ▶

1 내용상 카드로 지불한다는 것이고, 명령문에서 you가 생략된 것으로 능동의 관계이다. 따라서 paying으로 쓰면 된다.

2 책을 읽은 것이 더 앞선 시제이므로 완료분사구문 형태인 Having read를 쓰면 된다.
3 내용상 내용물이 개봉되는 것이고 수동의 관계이므로 opened를 쓰면 된다.
4 내용상 휴식을 취하는 것이고, 주절의 주어와 능동의 관계이므로 taking으로 쓰면 된다.
5 「with + 목적어 + 분사」 구문의 형태이다. 내용상 화면이 위를 향하는 것이고 능동의 관계이므로 facing으로 쓰면 된다.

E

1 구름이 없었기 때문에 오늘 밤의 일몰은 매우 좋았다.
2 상어에 의해 공격을 받을 땐, 코를 쳐야 한다.
3 비가 3일 연달아 와서, 우리는 그냥 집에서 넷플릭스를 봤다.
4 지난 토요일에 우리는 다시 같은 산에서 하이킹을 했고, 같은 장소에서 소풍을 했다.
5 그녀의 아빠가 그녀를 팔에 안은 채 왔다 갔다 하는 동안에 그 아기는 잠들기 시작한다.

◀ 해설 ▶

1 Since there were no clouds의 분사구문으로 주어가 다르기 때문에 남아야 하므로 There가 적절하다.
2 주절의 주어 you가 attack의 동작의 대상이므로 수동형인 attacked가 적절하다.
3 비가 온 것이 주절보다 과거이므로 having done 형태로 쓰면 된다.
4 we가 picnic하는 동작의 주체이므로 능동의 picnicking이 적절하다. picnic–picnicking
5 「with + 목적어 + 분사」 구문에서 목적어인 her(the baby)가 hold의 동작의 대상이므로 수동의 held가 적절하다.

F

1 그의 부모가 그를 당황한 표정으로 바라보았다.
2 그녀의 질문에 다소 놀라서, 나는 "몰라"라고 말했다.
3 심하게 부상을 당해서, 그는 15일짜리 부상자 명단에 올려졌다.
4 문 잠금 장치의 삐 소리를 들었을 때, 그 개는 행복하게 짖었다.
5 그 형체에서 눈을 떼지 않으면서, 그녀는 몇 걸음 뒤로 물러서기 시작했다.

◀ 해설 ▶

1 감정을 실을 수 있는 사물에는 과거분사도 적절하다. puzzling expression이 감정의 대상이 되어서 당황한 표정이란 뜻으로 puzzled는 적절하다. puzzling expression은 '(남을) 당황하게 하는 표정'으로 어법상 옳으나 의미는 다르다.
2 I가 surprise의 동작의 주체가 아니라 대상이므로 수동의 surprised로 고쳐야 한다.
3 주절의 주어인 he가 injure의 동작의 대상이므로 수동형이고 앞선 시제에 발생한 것으로 Having been injured가 적절하다. 하지만 Having been은 생략할 수 있고 전후 관계가 명백하므로 (Being) Injured로 써도 된다.
4 접속사가 남아있는 분사구문이고 주절의 주어 the dog과 능동의 관계이므로 hearing으로 고쳐야 한다.
5 주절의 주어 she가 눈을 떼는 동작의 주체이므로 능동의 taking으로 고쳐야 한다.

A 1 1) ran 2) mindless 2 1) looking 2) himself
   3 1) permitting 2) be 4 depressed
   5 having trained 6 speaking
   7 1) touching 2) moved 8 1) increasingly 2) occurring
B 1 1) done → doing 2) establishes → establish

2 1) × 2) be meant → mean

3 1) were roamed → roamed 또는 were roaming

    2) situating → situated

4 1) × 2) drawing → drew   **5** 1) written → writing   2) ×

6 1) × 2) is thinking → thinking   **7** 1) × 2) ×

8 1) are killed → kill   2) leave → leaving

C **1** ②, ④   **2** ③, ⑤

A

1 그 아빠는 위험에 아랑곳하지 않고 불타고 있는 집으로 뛰어 들어갔다.

2 물속에 자신의 비친 모습을 보면서 그는 자기 자신과 사랑에 빠졌다.

3 날씨가 허락한다면, 콩은 이 달의 첫째 주에 심어질 수도 있다.

4 애완동물은 우울증이 있거나 만성적인 질병이 있는 환자들의 치료에 중요하다.

5 앙리 마티스는 늦게 그림에 입문했는데, 자신의 아버지를 즐겁게 하기 위해 변호사가 되기 위한 훈련을 했었기 때문이었다.

6 일반적으로 말해서, 여성의 아름다움이 클수록 그녀의 겸손함도 크다.

7 운전자들의 50퍼센트는 그 고급 차 뒤에서 정중히 기다렸고, 그것이 이동할 때까지 결코 그들의 경적을 건드리지 않았다.

8 우리 주변의 세상은 변화가 가속화된 속도로 일어나는, 점점 더 복잡한 곳으로 되어 가고 있다.

해설

1 1) 주어인 The father의 술어동사가 필요하므로 ran이 적절하다.

    2) and he was mindless of the danger의 분사구문에서 being을 생략한 분사 없는 분사구문으로 mindless가 적절하다.

2 1) 주절의 주어인 he가 look하는 능동이므로 looking이 적절하다.

    2) 자신과 사랑에 빠졌으므로 재귀대명사 himself가 적절하다.

3 1) If the weather permits의 분사구문으로 permitting이 적절하다.

    2) may have p.p.는 과거 사실에 대한 추측이므로 내용상 be가 적절하다.

4 내용상 뒤에 나오는 patients를 수식하고, patients가 depress의 동작의 대상이므로 수동의 depressed가 적절하다.

5 변호사가 되기 위해 훈련했던 것이 더 먼저 일어난 일이므로 having p.p. 형태가 맞고 train은 자동사와 타동사로 다 쓰이므로 having trained가 적절하다. having been trained가 있으면 이 또한 답이 될 수 있다.

6 관용어처럼 사용되는 표현으로 speaking이 적절하다.

7 1) 주절의 주어인 50 percent가 touch의 동작의 주체이므로 touching이 적절하다.

    2) it(= the luxury car)이 move on하는 동작의 주체이므로 moved가 적절하다.

8 1) 형용사인 complex를 수식해야 하므로 부사인 increasingly가 적절하다.

    2) 「with + 목적어 + 분사」 구문으로 changes가 occur하는 주체이므로 occurring이 적절하다.

B

1 유산소 운동을 하는 사람들이 새로운 신진대사와 더 날씬한 몸을 만든다.

2 성인의 몸으로 성장하고 있는 십대들에게 신체적인 아름다움은 모든 것을 의미할 수 있다.

3 도도새는 인도양에 위치한 열대섬 Mauritius에 한때 돌아다녔다.

4 신발을 살 여유가 없어서, 그녀는 테이프로 발을 두르고 나서 나이키의 '휙'하는 로고를 그렸다.

5 때때로 나는 모든 사람들이 자고 있는 동안에 타자 소리를 들으면서 밤에 글을 쓸 때가 더 낫다는 느낌이 든다.

6 그 언어를 알지도 못하면서, 그는 원주민이 더 잘 알아들을 것이라 생각하며 그들에게 크게 소리 지른다.

7 인상주의는 여름 풍경과 밝은 색상이 눈의 관심을 끌며 보기에 '편안하다'.

8 사자나 호랑이는 흔히 그들이 죽인 동물의 피, 심장, 간, 그리고 뇌를 먼저 먹고, 살코기는 독수리를 위해 남긴다.

해설

1 1) People이 do의 동작의 대상이 아니라 주체이므로 능동의 doing으로 고쳐야 한다.

    2) 문장의 주어가 복수명사 people이므로 복수동사형인 establish로 고쳐야 한다.

2 1) teens가 grow하는 동작의 주체이므로 growing은 적절하다.

    2) physical beauty가 mean의 동작의 주체이므로 be meant를 mean으로 고쳐야 한다.

3 1) Dodo birds가 roam의 동작의 주체이므로 능동인 roamed로 또는 진행의 느낌을 살려 were roaming으로 고쳐야 한다.

    2) a tropical island가 situate(위치시키다)의 동작의 대상이므로 수동형인 situated로 고쳐야 한다.

4 1) Being unable에서 Being이 생략된 분사 없는 분사구문으로 적절하다.

    2) 술어동사는 wrapped이고 and를 기준으로 병렬구조를 이루므로 drawing을 drew로 고쳐야 한다.

5 1) 주절의 주어 I가 write하는 동작의 주체이므로 능동의 writing으로 써야 한다.

    2) as[while] I hear의 분사구문으로 적절하다.

6 1) he yells 이하가 주절이고, 의미상의 주어인 he와 능동의 관계이면서 부정형인 Not knowing은 적절하다.

    2) 주절의 술어동사는 yells이고 연결사가 없이 술어동사가 또 이어지므로 is thinking을 분사인 thinking으로 바꿔야 한다.

7 1) to look at의 목적어가 문장의 주어인 Impressionism으로 적절하다.

    2) 「with + 목적어 + 분사」 구문으로 its summer scenes and bright colours가 appeal의 동작의 주체이므로 appealing은 바르게 사용되었다.

8 1) they(Lions and tigers)가 kill의 주체이므로 능동의 kill을 쓰는 것이 적절하다.

    2) 술어동사가 eat이므로 leave를 분사로 바꿔야 하는데 능동관계이므로 leaving으로 고쳐야 한다.

C

1

> 고고학자 Mark Aldenderfer는 지난해에 히말라야에 높이 자리 잡은 고대 정착지 근처에서 인간의 유골을 찾기 위해, 네팔 Mustang 지역에 있는 외진 절벽 사면에 있는 동굴을 탐사하려고 출발했다. 거의 즉시, 그는 자신이 찾고 있는 것에 맞닥뜨렸다. 바위에서 툭 튀어나온 채, 그가 그것을 볼 때 해골 하나가 그를 똑바로 바라보고 있었다. 아마도 2,500년까지 거슬러 올라가는 그 해골은 몇몇 매장 굴의 내부에 쌓여 있는 많은 사람 뼈 사이에 있었다. Aldenderfer와 그의 팀은 DNA 분석이 이 고립된 지역 거주자들의 기원을 정확히 찾아줄 것으로 기대하고 있는데, 그들은 티베트 고원이나 남쪽 지역에서 이주해 왔을지도 모른다.

해설

② 시제는 주절과 같지만 a skull이 stick의 동작의 주체인 능동이므로 Sticking으로 고쳐야 한다.

④ many human bones가 쌓인 것이므로 동작의 주체가 아니라 대상이다.

2

> 큰 기업의 CEO가 큰 검정색 리무진에서 내렸다. 늘 그렇듯, 그는 정문으로 가는 계단을 올랐다. 그가 커다란 유리문을 막 통과하려 할 때, 그는 "죄송합니다만, 신분증이 없으면 들어가실 수 없습니다."라고 말하는 목소리를 들었다. 그 회사에서 수년 동안 근무해 온 그 경비원은 얼굴에 감정을 전혀 드러내지 않은 채 상관의 눈을 똑바로 쳐다보았다. CEO는 할 말을 잃었다. 그는 주머니를 더듬었으나 허사였다. 그는 아마도 그의 신분증을 집에 두고 왔을

것이다. 그는 미동도 하지 않는 경비원을 다시 한번 쳐다보고 생각에 잠겨 턱을 긁적거렸다. 그런 다음 그는 발걸음을 돌려 그의 리무진으로 돌아갔다. 그 경비원은 내일 이맘때 그(경비원)가 경비실장으로 승진하게 되리라는 것을 알지 못한 채 서 있었다.

해설
③ 원래 병렬구조인 and showed no sign의 분사구문으로 병렬구조가 아니다.
⑤ and didn't know의 분사구문으로 동명사가 아니다.

CHAPTER 08 가정법

Unit 09 if 가정법 p. 054

A
01 내가 개라면, 난 너의 개가 될 텐데. 멍멍!
02 아무도 늦지 않으면, 회의를 지금 시작할 수 있을 텐데.
03 그녀가 20만 달러가 더 있다면, 페라리를 살 수 있을 텐데.
04 내가 거절한다면, 그들은 매우 실망할 텐데.
05 혹시 마음이 바뀐다면, 저에게 알려주세요.

PLUS
Greg은 모든 과제에서 만점을 얻지 못하면 실패한 사람인 것처럼 느꼈다.
네가 90년대의 아이였다면, 너는 아마도 몇 시간을 TV앞에서 보냈을 것이다.

B
01 Matthew가 거기 있었다면, 그 문제는 일어나지 않았을 텐데.
02 그가 시간이 있었다면, 그는 준비를 완료했었을 텐데.
03 내가 100년 전에 살았다면 나는 무엇을 했었을까?

수능 pick 1
♦ 만약 이 여행이 일주일 정도만 빨리 이루어졌다면, 이 모든 것이 내 눈에는 기쁘게 보였을 텐데.
♦ 목표가 이루어지면 상황이 어떻게 변할지에 대해 구체적으로 생각하라.

C
01 네가 아스피린을 먹었더라면, 지금 두통이 없을 텐데.
→ 네가 아스피린을 먹지 않아서 너는 지금 두통이 있다.
02 Jade가 러시아어를 한다면, 그는 그 군가를 이해했을 수도 있었는데.
→ Jade가 러시아어를 하지 않아서, 그녀는 그 군가를 이해하지 못했다.

D
01 내가 심사위원이라면 당신은 엄지척을 받을 거예요.
02 그들이 제시간에 도착하지 못했더라면, 그 화재는 더 안 좋았을 수도 있었다.
03 혹시 추가 도움이 필요하시다면, 망설이지 말고 저희에게 연락해주세요.

수능 pick 2
♦ Gibson이 20분만 늦게 왔어도 그 그림은 이미 쓰레기 수거인이 집어갔을 것이다.

《 Grammar Practice 》 p. 056

A 1 과거 2 were, was 3 과거 4 의문문 5 현재
B 1 F 2 T 3 F 4 F 5 F
C 1 Were, wouldn't, be 2 were[was], would, be
   3 would, have, happened, hadn't, been
   4 would, send
   5 hadn't, blown, wouldn't, have, collapsed
D 1 burned, be 2 had, do, stop 3 hadn't, stayed, be
   4 had, acted, have, been, punished 5 Should, strike
E 1 had 2 have been 3 Had 4 feel 5 be
F 1 Hadn't we arrived→ Had we not arrived 2 set → sets
   3 × 4 would have spent → would spend
   5 allowed → had allowed

B
1 그것이 쉽다면, 모두가 그것을 할 것이다.
2 내가 너라면, 나는 결코 나를 보내지 않을 것이다.
3 네가 도움이 필요한 것을 알았다면, 난 왔었겠지!
4 Alex가 그를 봤다면, 그녀는 그에게 손을 흔들었을 것이다.
5 혹시라도 밀림에서 재규어를 만난다면, 천천히 돌아서 (걸어서) 도망쳐라.

해설
1 동사의 형태로 보아 가정법 과거이고, 현재 사실과 반대되는 상황을 가정하고 있다.
2 if 가정법에서 if를 생략하고 의문문 어순으로 도치구문을 만들 수 있다.
3 If I had known you의 if 생략 도치구문으로 이상이 없지만, 주절의 would come은 would have come으로 써야 한다.
4 가정법과거완료 문장으로 과거 사실에 대한 반대의 가정이다. 따라서 Alex는 그를 못 봤고, 손을 흔들지 않았다는 의미이다.
5 '혹시'라는 의미로 If you should의 도치구문은 맞으나, 주절에 명령문도 올 수 있으므로 고치지 말아야 한다.

C
해설
1 현재 사실에 대한 가정으로 「If + 주어 + 동사의 과거형, 주어 + would + 동사원형」을 쓰면 되나, 빈칸 개수로 보아 if를 생략하고 도치해서 써야 한다.
2 현재 사실에 대한 가정으로 if절에는 were[was]와 주절에는 would, be를 써야 한다.
3 과거 사실에 대한 가정으로 주절에는 would have happened를 if절에는 hadn't, been을 써야 한다.
4 현재 사실에 대한 가정으로 if절에는 won을 주절에는 would, send를 써야 한다.
5 과거 사실에 대한 가정으로 If절에는 hadn't, blown을 주절에는 wouldn't, have, collapsed를 써야 한다.

D
1 만약 스트레스가 칼로리를 태운다면, 난 슈퍼 모델이 될 텐데.
2 A: 만약 네가 시간을 멈출 수 있는 능력이 있다면, 넌 무엇을 하겠니?
  B: 난 시간을 영원히 멈출 거야.
3 네가 지난밤에 깨어있지 않았다면, 지금은 피곤하지 않을 텐데.
4 그가 바보처럼 행동하지 않았다면, 그는 처벌을 받지 않았을 텐데.
5 여러분이 혹시 그를 만나면, 그는 여러분에게 친절하고 사려 깊다는 인상을 줄 것이다.

1 '스트레스가 칼로리를 태운다면 슈퍼 모델일 것'이라는 현재 사실에 대한 가정으로 가정법 과거형인 burned, be를 쓰면 된다.

2 '시간을 멈추는 능력이 있다면 무엇을 할 것이냐'는 현재 사실에 대한 가정으로 가정법 과거형으로 각각 had, do, stop을 쓰면 된다.

3 '지난밤에 깨어있지 않았다면, 지금 피곤하지 않을 것'이라는 혼합가정법으로 if절에는 과거 사실을 가정하는 「had + p.p.」 형태의 hadn't stayed를, 주절에는 「조동사의 과거형 + 동사원형」인 be를 쓰면 된다.

4 '그가 바보처럼 행동하지 않았다면, 그는 처벌을 받지 않았을 것'이라는 과거 사실에 대한 가정으로 가정법 과거완료형으로 써야 하는데, 앞문장의 빈칸 수가 맞지 않다. 따라서 If he had not acted를 if를 생략하고 도치시켜 Had he not acted 형태로 쓰고 주절은 수동태이므로 (wouldn't) have been punished로 쓰면 된다.

5 '그를 만난다면 그는 친근하고 사려 깊은 사람이라는 인상을 줄 것'이라는 미래의 가능성에 관한 가정이다. 따라서 If you should meet him에서 if를 빼고 도치하여 Should로 쓰면 된다.

E

1 월요일에 얼굴이 있다면, 나는 그것을 한 대 칠 텐데.

2 그가 상표를 찢어버리지 않았더라면 그는 청바지를 반품할 수 있었을 텐데.

3 태양이 더 자주 비추었더라면, 수영장의 물은 더 따뜻했었을 텐데.

4 제가 당신에게 런던의 영업 담당 임원직을 제안하면 기분이 어떻겠어요?

5 우리가 만약 아무것도 변하지 않는 행성에서 산다면, 할 일이 거의 없을 것이다.

1 현재 사실에 대한 가정으로 if절에는 과거 동사인 had가 적절하다.

2 if절의 동사구가 「had + p.p.」 형태인 것으로 보아 과거 사실에 대한 가정이다. 따라서 주절에는 「조동사의 과거형 + have + p.p.」를 쓰므로 (would) have been이 적절하다.

3 주절의 동사구가 would have been인 것으로 보아 과거 사실에 대한 가정이다. 그리고 if가 생략된 도치구문으로 had가 적절하다.

4 if절의 동사가 동사의 과거형이므로 현재 사실에 대한 가정이다. 따라서 주절에는 「조동사의 과거형 + 동사원형」을 쓰므로 feel이 적절하다.

5 if절의 동사가 동사의 과거형이므로 현재 사실에 대한 가정이다. 따라서 주절에는 「조동사의 과거형 + 동사원형」을 쓰므로 be가 적절하다.

F

1 우리가 더 일찍 도착하지 못했다면, 우리는 시작을 놓쳤을 것이다.

2 태양이 서쪽으로 지면 그것은 언제나 다음 날 아침 또다시 동쪽에서 떠오른다.

3 꽃이 언어를 한다면, 백합은 확실히 순수의 언어를 말할 것이다.

4 만약 내가 살 시간이 한 시간만 있다면, 나는 그것을 수학 시간에 보낼 것이다. 그것은 결코 끝나지 않는다.

5 그러나 만약 Wills가 자신의 아웃에 의해서 자신이 좌절하도록 내버려두었다면, 그는 결코 어떠한 기록도 세우지 못했을 것이다.

1 과거 사실에 대한 가정이며 if가 생략된 구문이다. 부정의 축약형은 도치하지 않으므로 Hadn't we arrived를 Had we not arrived로 고쳐야 한다.

2 태양이 서쪽에서 지는 사실을 말하고 있으므로 직설법 현재형이 쓰여야 한다. 따라서 set을 sets로 고쳐야 한다.

3 현재 사실에 대한 가정으로 주절에는 「조동사의 과거형 + 동사원형」이 오므로 적절하다. certainly는 부사로 speak을 꾸며주고 있다.

4 현재 사실에 대한 가정으로 주절에는 「조동사의 과거형 + 동사원형」이 와야 한다. 따라서 would have spent를 would spend로 고쳐야 한다.

5 과거 사실에 대한 가정으로 if절에는 「had + p.p.」가 와야 하므로 allowed를 had allowed로 고쳐야 한다.

Unit 10 ▶ I wish · as if 가정법   p. 058

A

01 매일이 일요일이면 좋을 텐데.

02 때때로 나는 시간을 되감을 수 있기를 바란다.

03 평범한 사춘기를 보냈다면 좋을 텐데.

04 그녀는 지난밤에 라면을 먹지 않았다면 좋을 텐데.

05 네 깊은 생각에 대해 말하지 않았다면 좋았을 텐데.

06 그날 밤, 나는 내가 천재로 태어나지 않았기를 바랐다.

수능 pick 1

♦ 그는 "George, 내가 어제 나의 아버지께 그 편지를 보내지 않았다면 좋을 텐데."라고 말했다.

B

01 Jenna는 마치 신경 쓰지 않는 것처럼 들린다.

02 너는 막 컴퓨터를 끈 것처럼 보인다.

03 그녀의 입술은 막 울려는 것처럼 떨렸다.

04 그들은 며칠 동안 씻지 않았던 것처럼 보였다.

05 그는 마법처럼 갑자기 나타났다.

PLUS

제가 오늘 오후 회의에 갈 수 없을 것 같습니다.

수능 pick 2

♦ 저희는 여러분의 자녀들이 저희 학교에 입학하던 날이 어제처럼 느껴집니다.

C

01 에펠탑이 없다면 파리는 파리가 아닐 것이다.

02 내가 원하는 것을 모두 가지면 난 기쁠 것이다.

03 작은 미소가 있었다면 더 좋았을 텐데.

04 그 늑대는 달렸다. 그렇지 않았다면 그는 잡혔을 것이다.

05 아프리카에서 태어났다면, Nicole은 주술사가 되었을 것이다.

06 그 일이 끝났어야 할 때이다.

cf. 그 일이 끝나야 할 시간이다.

07 우리가 그녀에게 식사하자고 하면 어떨까? (가능성 희박)

cf. 우리가 그녀에게 식사를 하자고 하면 어떨까? (가능성 조금 있음)

08 배심원단이 그것이 사고였다고 믿으면 어떻게 됐을까? (가능성 희박)

cf. 배심원단이 그것이 사고였다고 믿으면 어떻게 됐을까? (가능성 조금 있음)

09 네가 상식이 더 있기만 하면 좋을 텐데!

cf. 네가 상식이 더 있기만 하면 좋을 텐데! (희망)

10 아빠, 아빠가 오늘 일하러 가지 않으면 좋겠어요.

11 우리는 더 일찍 도착했을 수도 있었지만, 교통 혼잡에 갇혔다.

◀ Grammar Practice ▶ ──────── p. 060

A **1** I wish **2** as if **3** 주어 **4** Had it not been for
   5 ~할 때이다

B **1** F **2** F **3** F **4** F **5** T

C **1** could, dream **2** Were, not, for **3** high[about], took
   4 as, if[though], had, woken, up **5** What, if, asked

D **1** couldn't, have, done **2** had, happened **3** didn't, talk
   4 Had, it, not, been, for **5** would, hug

E **1** could **2** as if **3** would have reacted **4** had kept
   5 had it not been for

F **1** × **2** × **3** were telling → was telling

4 would have left → would leave

5 have fallen → had fallen

B

1 나 같은 친구가 있다면 좋을 텐데.

2 그녀는 감정이 폭발할 것처럼 보였었다.

3 우리가 저 감자들을 캐야할 때이다.

4 나쁜 사람이 없다면, 좋은 변호사가 없을 것이다.

5 네가 더 나와 같기만 하면, 너는 훨씬 더 좋아질 텐데.

해설

1 가정법 문형은 동사의 형태와 의미는 같지 않다. 동사는 과거형이지만 의미는 현재로 과거 사실이 아니라 현재 사실의 유감을 나타내고 있다.

2 as though[as if]절에 과거형은 주절과 같은 시제를 나타낸다. looked와 was going은 같은 시제이므로 '감정을 폭발했던 것처럼'이 아니라 '감정을 폭발할 것처럼'의 의미이다.

3 「It's (high[about]) time + 가정법과거」는 '~할 때이다'의 의미로 현재를 기술한다. 따라서 감자는 아직 캐지 않고 앞으로 캐야 한다는 의미이다.

4 주절이 가정법과거문형(would be)이므로, Were it not for로 바꿔 써야 한다.

5 If only 가정법은 I do wish의 느낌으로 유감을 나타낸다. 가정법과거형이 왔으므로 현재의 유감을 표현하는 것은 맞다.

C

해설

1 현재 사실에 대한 가정으로 「I wish + 가정법 과거」를 써야 한다. 따라서 could dream으로 쓰면 된다.

2 '~이 없다면'의 뜻으로 it이 들어간 if 대용어구로 were it not for가 적절하다.

3 '~할 때이다'는 「It's (high[about]) time (that) + 가정법 과거」이므로 high[about]를 쓴 후 동사는 take의 과거형인 took를 쓰면 된다.

4 보였던 것은 과거이고 일어났던 것은 대과거이므로 「as if + 가정법 과거완료」를 써야 한다. 따라서 as if[as though]와 had woken up을 쓰면 된다.

5 '~하면 어떻게 될까'의 의미인 What if를 쓰고, 현재 사실에 대한 가정으로 가정법 과거형 동사 asked로 쓰면 된다.

D

1 A: 당신의 도움이 없었더라면 그것을 할 수 없었을 겁니다.

B: 오, 이봐요. 전 아무것도 안했어요.

2 그는 아무 일도 일어나지 않았던 것처럼 집으로 갔다.

3 나는 네가 수업 중에 이야기하지 않으면 좋겠어. 그것은 정말 산만해.

4 난간이 없었다면, 난 계단으로 떨어졌을 거야.

5 누군가 나를 그냥 안고 나에게 모든 것이 괜찮다고 말하면 좋을 텐데.

해설

1 B의 대화로 보아 과거 사실에 대한 이야기이다. A의 대화에 가정법의 단서가 되는 without이 있으므로 가정법 과거완료형 「조동사의 과거형 + have + p.p.」 형태를 내용에 맞게 couldn't have done으로 쓰면 된다.

2 내용상 as if절이 먼저 일어났고, 주절이 나중에 일어난 것이다. 그런데 주절이 과거라 as if절에는 가정법과거완료형이 와야 한다. 따라서 had happened를 쓰면 된다.

3 '~가 …하면 좋겠어'의 의미인 「would rather 주어 + 가정법 동사」 구문을 이용하여 내용에 맞게 didn't talk를 쓰면 된다.

4 내용상 난간이 없었으면 계단으로 떨어졌을 것이므로 '~이 없었다면'의 뜻을 가진 4단어 표현인 Had it not been for가 적절하다.

5 현재 사실에 대한 가정으로 「wish + 가정법 과거」를 써야 한다. 따라서 would hug가 적절하다.

E

1 내 눈을 통해서 네가 네 자신을 볼 수 있다면 좋을 텐데.

2 그 노인은 '내가 어떻게 알아?'라고 말하려는 것처럼 어깨를 으쓱했다.

3 다른 상황이었다면, 어젯밤에 그는 다르게 반응했을 수도 있다.

4 종종 우리는 감정에 기초해서 말을 하고 나서 우리가 조용히 했었더라면 하고 바란다.

5 그의 숙모의 격려가 없었더라면, 그의 재능은 낭비되었을지도 모른다.

해설

1 현재 사실에 대한 가정으로 「I wish + 가정법 과거」를 써야 하므로 could가 적절하다.

2 as if절에서 주절과의 공통어구(he were(was))는 생략될 수 있지만 if는 그렇지 못하다. 따라서 as if가 적절하다.

3 지난밤에 대한 가정이므로 가정법 과거완료형 동사인 would have reacted가 적절하다.

4 주절보다 앞선 시제를 가정하므로 가정법 과거완료형 동사인 had kept가 적절하다.

5 might have been wasted로 보아 가정법 과거완료임을 알 수 있다. if it had not been for의 도치형인 had it not been for가 적절하다.

F

1 모든 게 살찌는 것만큼 쉬우면 좋을 텐데.

2 마치 성난 하늘에서 내려오는 것처럼 비가 심하게 내리쏟아졌다.

3 내가 너의 가족들에게 진실을 말하고 있을 때가 되었다.

4 자아를 버려라. 그렇지 않으면 모두가 너를 떠날 것이다.

5 그것은 매우 좋았다. 하지만 네가 자전거에서 떨어졌다면 어땠을까?

해설

1 가정법에서 were 대신에 was도 쓸 수 있으므로 적절하다.

2 as if it beat down from an angry heaven에서 공통어구인 it beat down이 생략된 것으로 적절하다.

3 「it's time (that) + 가정법 과거」에서는 주어가 3인칭 단수일지라도 were를 쓰지 않고 was를 쓴다.

4 자아를 버리지 않으면 모두가 떠날 것이라는 현재 사실에 대한 가정으로, 가정법 과거 문형이 와야 한다. 따라서 would have left를 would leave로 고쳐야 한다.

5 자전거 묘기가 끝나고 하는 말로 과거 사실에 대한 가정이다. 따라서 have fallen을 had fallen으로 고쳐야 한다.

▶ Review Test Unit 09~10 ──────── p. 062

A **1** 1) Had   2) have been   **2** 1) that   2) could

3 1) to say   2) is   **4** 1) Whenever   2) were watching

5 1) had   2) be   **6** 1) being exchanged   2) die

7 1) If only   2) would have been rescued

8 1) would have been   2) compose

B **1** 1) ×   2) ×   **2** 1) ×   2) ×

3 1) Weren't Annie → Were Annie not   2) ×

4 1) Only if → If only

2) wouldn't occur → wouldn't have occurred

5 1) ×   2) ×

6 1) will happen → would happen   2) to happen → happen

7 1) ×   2) ×   **8** 1) ×   2) danced → dancing

C **1** ①, ⑤   **2** ②, ④, ⑤

A

1 그녀가 거기서 멈췄더라면 모든 게 괜찮았을 것이다.

2 영화배우처럼 될 수 있으면 좋겠다고 바란 적이 있는가?

3 Peter는 "그는 해낼 수 없을 거야"라고 말하는 것처럼 자신의 고개를 흔들었다.

4 네가 어떤 일을 할 때마다, 모든 세상이 바라보고 있는 것처럼 행동하라.

5 달처럼 지구에 대기가 없다면 우리의 행성은 생명이 존재하지 않을 것이다.

6 만약 기체가 교환되는 대신에 소모된다면, 생명체는 죽을 것이다.

7 그가 어떻게든 마을까지 걸어가기만 했다면 그는 구조되었을 텐데.

8 집에서 지내며 재미로 오페라를 작곡했다면 Wolfgang은 아마도 행복했을 것이다.

해설

1 1), 2) 가정법 과거완료형의 도치구문으로 각각 Had와 have been이 적절하다. 주어 she 다음에 stopped가 와서 가정법 과거형의 도치가 아님을 알 수 있어야 한다.

2 1) 완전한 구조의 문장이 이어지므로 접속사 that이 적절하다.
2) I wish 가정법에는 가정법 과거동사가 오므로 could가 적절하다.

3 1) as if 다음에 주절과 같은 주어(he)와 be동사(he were(was))가 생략된 표현으로 to say가 적절하다.
2) 사실을 그대로 말하는 직설법이므로 is가 적절하다.

4 1) 완전한 구조의 문장이 이어지므로 명사인 Whenever가 적절하다.
2) 「as if + 가정법」 문형으로 가정법 동사인 were watching이 적절하다. 직설법으로 쓴다 해도 주어가 the world이므로 are watching은 틀리다.

5 1) 현재 사실에 대한 가정으로 If절에는 가정법 과거동사가 온다. 따라서 had가 적절하고 2)에도 이에 어울리는 표현이 와야 하므로 would be가 적절하다.

6 1) gases가 교환하는 것이 아니라 교환되는 동작의 대상으로 수동형인 being exchanged가 적절하다.
2) If절의 were로 보아 가정법 과거 문형임을 알 수 있으므로 would die가 적절하다.

7 1) If only는 '~하기만 하면', Only if는 '~한 경우에만'의 뜻이고 가정법과 어울리는 것은 If only이므로 If only가 적절하다.
2) If only절에 가정법 과거완료형의 had managed가 왔으므로 주절에도 이에 상응하는 would have been rescued가 적절하다.

8 1) Wolfgang Amadeus Mozart에 대한 과거 사실에 대한 가정으로 가정법 과거완료의 주절 동사 형태인 would have been이 적절하다.
2) and를 기준으로 to stay와 병렬구조를 이루는 (to) compose가 적절하다.

B

1 먹고 자는 것 외에도 네가 무엇인가 하는 방법을 배울 때야.

2 내일 죽을 것처럼 살아라. 영원히 살 것처럼 배워라.

3 Anna가 똑똑한 사람이 아니라면, 그녀는 모든 그녀의 돈을 김미영 팀장에게 줄 것이다.

4 내가 아들에게 차 열쇠를 주지 않았다면 좋았을 텐데! 그러면 그 사고가 일어나지 않았을 텐데.

5 사람들이 영원히 산다면, 인간은 더 빨리 진보할까 아니면 더 느리게 진보할까?

6 어떤 사람들은 그것이 일어나길 원하고, 어떤 사람들은 그것이 일어나길 바라고, 다른 사람들은 그것이 일어나게 한다.

7 혹시 당신이 추가의 영수증 사본들을 필요로 한다면, 영수증 당 1달러의 비용이 있을 것입니다.

8 몇몇 돌아다니는 사람들은 음악에 맞춰 춤추듯이, 이 무리에서 저 무리로 미끄러지듯 안팎으로 돌아다녔다.

해설

1 1) '~할 때이다'의 의미로 「It's time + 가정법 과거」 구문으로 적절하다.
2) besides가 beside처럼 전치사로 쓰였으므로 동명사 eating and sleeping은 적절하다. (▶Unit 17 전치사의 다양한 표현 참조)

2 1), 2) 「as if + 가정법 과거」 문형으로 as if 다음에 과거형 동사 were가 적절

히 사용되었다.

3 1) if 생략 후 도치를 하면 의문문 어순이 되지만 not은 도치하지 않으므로 Were Annie not으로 고쳐야 한다.
2) 가정법 과거 문형의 주절이 she would give이므로 적절하다.

4 1) only if는 '~한 경우에만', if only는 '~하기만 하면'의 뜻이고 가정법과 어울리는 것은 If only이므로 If only가 적절하다.
2) If only절에 가정법 과거완료형의 hadn't given이 왔으므로 주절에도 이에 상응하도록 wouldn't occur을 wouldn't have occurred로 고쳐야 한다.

5 1) were to로 보아 가정법임을 알 수 있고, supposing은 '~라면 어떨까?, 만약 ~라면, 가정해 보자'의 뜻으로 적절하다.
2) 동사 advance를 수식하고 있는 부사 more quickly and slowly는 적절하다.

6 1) 「I wish + 가정법」 구문이므로 will을 과거형인 would로 써야 한다.
2) 사역동사 make의 목적격보어이므로 to happen을 happen으로 고쳐야 한다.

7 1) If you should의 도치구문이다.
2) should가 들어간 가정법 문형은 주절에 직설법이 올 수도 있으므로 적절하다.

8 1) 의미상의 주어가 Some wanders인 분사구문으로 현재분사인 floating은 적절하다.
2) as if 다음에 주어와 be동사 they were가 생략된 것으로 danced를 dancing으로 고쳐야 한다.

C

1

> 만약 당신이 1960년대 초에 야구팬이었다면, 당신은 아마도 Maury Wills라는 이름을 가진 야구 선수를 기억할 것이다. 1960년부터 1966년까지 Wills는 최고 기록을 만들어가는 도루자였다. 1965년에, 그는 메이저리그에 있는 어떤 다른 선수보다도 더 많은 도루를 했었고, 또한 도루하다가 잡힌 횟수가 가장 많은 것에 대한 기록을 보유하고 있었다. 그러나 만약 Wills가 아웃된 것에 의해서 자신이 좌절하도록 내버려두었다면, 그는 결코 어떠한 기록도 세우지 못했을 것이다. Thomas Edison은 말했다. "나는 낙담하지 않습니다. 왜냐하면 모든 버려진 잘못된 시도가 앞으로 향하는 또 다른 발걸음이기 때문입니다." 비록 성공하지 못한 실험이 오천 번이나 된다 할지라도, 성공을 향한 길 위의 이정표는 항상 실패이다.

해설

① If절에 동사의 과거형이 있으나, 주절에 조동사의 과거형이 없다. 따라서 직설법 과거로 이해해야 하며 과거 사실에 대해서 어느 정도 가능성이 있다고 판단하여 화자가 직설법으로 쓴 것이다.

⑤ even though는 '비록 ~일지라도', as though[as if]는 '마치 ~처럼'의 의미로 가정법과 어울려 쓰인다.

2

> 나는 파도가 바위와 모래에 부서지는 해변에 서서 수평선 너머를 바라보았다. 바닷가에서 수백 야드 떨어진 곳에 노란 조가비로 뒤덮인 두 개의 검은 등과 동시에 장엄한 물보라가 하늘로 치솟는 것을 보았다. 처음으로 살아있는 고래를 보고 있는 것이었다. 고래들이 내뿜기 위해 수면으로 올라오지 않았다면 난 그것들을 볼 수 없었을 것이다. 그것으로 하여금 나는 짜릿함을 느꼈다. 나는 야생에서 그렇게 거대한 동물을 본 적이 없었다. 고래들이 헤엄쳐 지나갈 때 내가 그곳에 있었다는 것이 마치 기적처럼 느껴졌다. 이 첫 구경이 나에게 어떤 영향을 미쳤는지 말로는 도저히 표현할 수 없다.

해설

② 목적어와 수동의 관계이므로 covered로 써야 한다.

④ 형용사 large를 꾸며주는 '그렇게'라는 뜻의 부사로 쓰였다.

⑤ 주절의 시제와 같은 시제를 가정하고 있으므로 가정법 과거형인 were는 적절하다.

Unit 11 관계대명사 Ⅰ p. 064

A

01 요리를 하는 남자는 매력적이다.
02 아프간하운드는 모든 사람이 좋아하는 우아한 개다.
03 나는 내가 어떤 것도 배우지 않은 사람을 결코 만난 적이 없다.
04 소방관들은 머리가 쓰레기통에 끼인 남자아이를 구조했다.
05 그녀는 내가 이름을 잊은 여동생이 있다.

수능 pick 1

♦ 당신을 믿는 사람에게 절대 거짓말하지 말고, 당신에게 거짓말하는 사람을 절대 믿지 말라.
   네가 며칠 전에 신고한 용의자는 네 얼굴을 알고 있다.
♦ 그는 발해에 초점을 두는 역사가들을 모집했다.

B

01 너를 미소짓게 했던 어떤 것도 후회하지 마라.
02 그 집은 왕이 들어갈 수 없는 성이다.
03 우리가 서 있는 행성은 경이로운 것들로 가득 차 있다.
04 나는 비디오 램이 16기가바이트 이상인 컴퓨터가 필요하다.
05 그 의사는 그가 의존할 수 있는 능력을 가진 조수를 원했다.

수능 pick 2

♦ 동굴 속에는 몇 마리의 나비들이 날아다니고 있었다.

C

01 그 집은 헤밍웨이에 의해 취득되었는데, 그는 거기서 1960년까지 살았다.
02 아리는 회사를 설립했는데, 그녀는 그것을 '랑'이라고 이름 지었다.
03 Chang은 학교에서 나를 괴롭혔었는데, 지금은 나를 위해서 일한다.
04 경비는 그에게 경고했지만(경고했는데), 그는 그것을 무시했다.
05 그녀는 다시 살을 빼려고 했는데, 그것은 불가능했다.
06 나의 학교는 단지 길 건너지만, 그것은 나를 게으르게 만든다.

수능 pick 3

♦ 편의점 알바는 모든 손님들을 싫어하는데, 나는 그것을 이해할 수 있다.

D

01 Simpson 부인, 이 지하실에 사는 남자는 어디 있나요?
02 내가 어제 산 스웨터는 이미 얼룩이 졌다.
03 그것이 우리를 위해 남겨진 전부인가요?
04 당신은 내가 만나본 최고의 게이머입니다.
05 당신의 삶에서 일어나는 모든 것에 감사해라.
06 사고에서 살아난 두 명의 승객이 있었다.
    cf. 두 명의 승객이 있었는데, 그들은 사고에서 살아남았다.
07 이것이 그가 태어난 알이다.

수능 pick 4

♦ Ryan이 소개팅을 하던 여자는 아무 말도 하지 않았다.
♦ 내가 원했던 품목은 계절상품이었고 온라인으로만 구할 수 있었다.

◀ Grammar Practice ▶ p. 066

A 1 접속사 2 who 3 목적격 4 계속적 5 that
B 1 T 2 F 3 F 4 F 5 T
C 1 Do you have a dog [that you want to show off]?
        S   V   선행사   S'   V'
   2 We tend to talk like the people [whom we often
      S   V   선행사   S'
   meet and love].
        V'
   3 *Oliver Twist*, [which was Charles Dickens's second
      S/선행사   S'   V'
   novel], is a classic.
            V
   4 The number of visitors [who used cruise ships] was
        S   선행사   S'   V'   V
   the same in April of 2012 and 2013.
   5 There are only three countries in the world [that don't use
        S   V   선행사   S'   V'
   the metric system: Liberia, Myanmar, and the United
   States].
D 1 which[that] 2 who(m) 3 that[which] 4 which
   5 whose
E 1 which 2 who 3 whose 4 passed 5 which
F 1 whose → which[that] 2 being → is 3 ×
   4 whose → which 5 which → whose

B

1 Sue는 과외를 받아온 소녀들 중 하나이다.
2 Gloria는 원주에 관광객들에게 임대해 주는 별장이 있다.
3 격려는 희망이 달리는 연료이다.
4 일생에 한 번 우리는 모든 것을 바꾸는 누군가를 만난다.
5 한 학자가 '어떤 것에도 필수적이지 않은 다이아몬드는 돈이 많이 든다.'라고 말했다.

해설

1 내용상 과외를 받는 소녀들 중 한명이므로 선행사는 the girls이다. 따라서 has를 have로 고쳐야 한다.
2 선행사는 a cottage이고 목적격으로 생략할 수 있다.
3 목적격일지라도 「전치사 + 목적격 관계대명사」의 관계대명사는 생략할 수 없다.
4 changes는 관계사절의 동사이다. 따라서 someone을 선행사로 하는 주격 관계대명사 who로 고쳐야 한다.
5 that은 계속적 용법으로 쓸 수 없으므로 which로 고쳐야 한다.

C

〈보기〉 너는 절대로 포기하지 않는 사람을 그냥 이길 수 없다.

1 당신은 당신이 자랑하고 싶은 개가 있습니까?
2 우리는 우리가 종종 만나고 사랑하는 사람들처럼 얘기하는 경향이 있다.
3 Charles Dickens의 두 번째 소설인 *Oliver Twist*는 고전이다.
4 유람선을 이용한 방문객들의 숫자는 2018년 4월과 2019년 4월에 똑같았다.
5 세상에는 미터법을 사용하지 않는 세 나라가 있다: 라이베리아, 미얀마, 그리고 미국이다.

D

1 라듐은 어둠 속에서 빛나는 금속이다.

2 너는 내가 모든 것을 함께 할 수 있는 사람이야.

3 나는 팔리지 않는 어떤 것도 발명하고 싶지 않다.

4 용기는 모든 다른 미덕이 타고 오르는 사다리다.

5 심장이 멈춘 환자는 더 이상 죽은 것으로 간주될 수 없다.

해설

1 뒤에 동사 shines가 이어지고 앞에는 사물 선행사 a metal이 있으므로 주어 역할을 하는 관계대명사 which[that]가 적절하다.

2 뒤에 주어 I와 동사 share가 이어지고 앞에는 사람 선행사 the one이 있으므로 목적어 역할을 하는 관계대명사 whom이 적절하다.

3 선행사가 사물이고 won't sell의 주어가 필요하므로 주격관계대명사 that[which]이 적절하다.

4 선행사가 사물이고, on의 목적어가 필요하므로 목적격 관계대명사 which가 적절하다.

5 관계사절에 동사 has stopped가 있으므로 주어 역할을 할 수 있는 명사 heart를 수식하는 whose가 적절하다.

E

1 나는 슬픈 결말이 있는 단편 소설을 읽었다.

2 너는 잠자는 척하는 사람을 깨울 수 없다.

3 세빈은 손글씨가 반에서 최고인 학생이다.

4 Linda는 그녀 옆에 앉았는데, 신청서를 서명하지 않고 넘겼다.

5 내가 좋아하는 그림은 *Starry Night*인데, 그것은 Vincent van Gogh에 의해서 그려졌다.

해설

1 뒤에 동사 had가 이어지고 앞에는 사물 선행사 a short story가 있으므로 주어 역할을 하는 관계대명사 which가 적절하다.

2 뒤에 동사 is pretending이 이어지고 앞에 사람 선행사 a person이 있으므로 주어 역할을 하는 관계대명사 who가 적절하다.

3 관계사절에 동사 is가 있으므로 주어 역할을 할 수 있는 명사 handwriting을 수식하는 whose가 적절하다.

4 who ~ her는 Linda를 수식하는 관계사절이고 Linda가 주절의 주어이며 이에 따르는 술어동사가 필요하므로 passed가 적절하다.

5 선행사가 사물인 *Starry Night*이고, 콤마가 있으며 주어 역할을 하므로 계속적 용법 which가 적절하다.

F

1 역사를 잊은 민족에게 미래는 없다.

2 당신이 찾고 있는 서류는 보도록 허가되지 않습니다.

3 Jackson씨는 자신의 과목을 좋아하는 그러한 활동적인 선생님들 중 한 명이다.

4 '비극'이란 단어는 고대 그리스어에서 왔는데, 그것은 '염소 울음소리'를 의미한다.

5 그들은 자원봉사자들이 잠재적으로 자살하고 싶어 하는 노인들에게 연락할 수 있는 Friendship Line을 설립했다.

해설

1 선행사는 a nation이고 동사가 이어지므로 whose를 주격관계대명사 which[that]로 고쳐야 한다.

2 you ~ for가 목적격 관계대명사가 생략되어 the document를 수식하는데, 이의 술어동사가 필요하므로 is로 고쳐야 한다.

3 관계대명사의 선행사가 내용상 those active teachers이므로 love는 적절하다.

4 관계사절에 동사 means는 있는데 주어가 없으므로 whose를 계속적 용법의 관계대명사 which로 고쳐야 한다.

---

5 관계사절에 동사 reach out이 있으므로 주어 역할을 할 수 있는 명사 volunteers를 수식하도록 which를 whose로 고쳐야 한다.

Unit 12 관계대명사 Ⅱ
p. 068

A

01 가는 것은 돌아온다.

02 자유를 향한 갈망이 우리나라를 건설한 것이다.

03 우리는 즐겁게 배운 것은 결코 잊지 않는다.

04 다른 사람들이 네가 믿기를 원하는 것을 믿지 마라.

05 사하라 사막은 소위 죽음의 바다이다.

PLUS

한때는 그저 평범한 물건이었던 것이 점차 네트워크로 연결되고 지능화될 것이다.

수능 pick 1

◆ 거의 즉시, 그는 자신이 찾고 있는 것에 맞닥뜨렸다.

B

01 코를 고는 사람들이 항상 먼저 잠든다.

02 그는 만날 수 없는 사람들에게 전화로 연락했다.

03 모든 것들 중 최고의 생일들은 아직 오지 않은 것들이다.

04 책 뒤쪽에 있는 것(답)들과 여러분의 답을 확인하세요.

수능 pick 2

◆ 아시아 학생들 모두가 영리하다는 생각은 그렇지 못한 학생들에게는 괴로움일 수 있다.

◆ 요통으로 고생하는 이들을 위한 유서 깊은 충고는 침대에서 요양하는 것이었다.

C

01 그들은 많은 손님들을 초대했는데, 그들 중 일부는 억만장자이다.

02 그녀는 네 벌의 청바지를 입어 보았는데, 그것들 중 어느 것도 그녀에게 맞지 않았다.

03 매일 당신은 많은 사람들에게 의존하는데, 그들 중 많은 사람들을 당신은 알지 못합니다.

04 그는 많은 돈을 잃었는데, 그것의 대부분을 그가 빌렸었다.

수능 pick 3

◆ 각 서식지는 수많은 종류의 생물들이 사는 곳인데, 그들 대부분은 그 서식지에 의존한다.

◆ 젊은 성인들이 운동할 때, 그들 중 많은 사람들은 (몸이) 점점 더 커지는 느낌을 즐긴다.

◆ 과신은 여러 가지 형태로 나타나는데 그중 하나는 보증되지 않은 낙관주의이다.

D

01 내 생각에 그 고양이가 나의 동영상을 지웠다.

02 우리는 내가 생각하기에 네가 좋아할만한 장소로 가는 중이다.

03 그녀는 완벽주의자가 되길 원하지만, 나는 그것이 실수라고 생각한다.

04 그는 마침내 그가 믿기에 해결책이라는 것을 생각해 냈다.

수능 pick 4

◆ 내가 생각하기에 완전히 정직했던 CEO가 사기꾼으로 드러났다.

A **1** what **2** 보어 **3** those **4** whom **5** 「주어 + 동사」
B **1** F **2** F **3** T **4** F **5** F
C **1** what, echoes **2** Those, who, seek, Those, who, seek
  3 which[that], they, thought, was **4** one, of, them
  5 none, of, whom
D **1** what **2** what **3** Those who **4** whom **5** that[which]
E **1** what's **2** what **3** those who **4** are **5** them
F **1** which → what **2** what → that[which] **3** caring → care
  4 That → What **5** them → whom

B

1 우리 마음속에 있는 것은 언제나 드러난다.
2 너는 네가 생각하기에 네가 할 수 없다는 것을 해야만 한다.
3 자기 자신을 지휘할 수 있는 사람들이 다른 사람들을 지휘한다.
4 우리가 필요로 하는 것들은 창의적이고 혁신적인 생각을 가진 사람들입니다.
5 나는 야영지에서 많은 친구를 사귀었는데, 그들 중 일부는 나보다 더 웃겼다.

해설

1 what은 the things로 바꿔 쓸 수 있으나, 동사 is와 shows로 보아 the thing which가 적절하다.
2 you think 앞에 목적격 관계대명사 which[that]가 생략된 구문이다. ← you think (that) you cannot do the thing
3 those who에서 those가 '사람들'이고 who가 관계사로 '~하는'이므로 적절하다.
4 관계대명사 what이 주어 자리에 쓰이면 보어에 수일치를 하는 경우도 있으므로 안 바꿔도 된다.
5 「대명사 + of + 관계대명사」 구문에서 관계대명사는 전치사 of의 목적어이므로 whom으로 써야 한다.

C

해설

1 '~하는 것'이라는 뜻의 관계대명사 what을 쓰고, echo를 단수동사인 echoes로 쓰면 된다.
2 '~하는 사람들'인 those who를 쓰고 '찾다, 추구하다'의 의미인 seek을 이어서 쓰면 된다.
3 「관계사 + 삽입절」 구문으로 선행사가 something이므로 which was를 쓰고, 사이에 '그들이 생각하기에'에 해당하는 they thought를 쓰면 된다.
4 대등한 문장이 두개이고 접속사 and가 있으므로 '그들 중 하나'인 one of them을 쓰면 된다. and가 없으면 one of whom이 답이다.
5 두 문장을 연결해야 하므로 관계대명사가 필요하고 내용상 '아무도 ~없다'이므로 none of whom으로 쓰면 된다.

D

1 내가 당신에게 묻지 않으면 당신이 생각하는 것을 나에게 절대로 말하지 마세요.
2 당신은 스스로 성공할 수 있다고 믿는 것에 투자를 할 것이다.
3 사람들에게서 단점을 찾는 이들은 틀림없이 그것을 찾을 것이다.
4 어떤 훈련도 받지 않았던 그 군인들은 기차에 올라탔다.
5 당신이 생각하기에 이 프로그램은 당신의 지역 사회에서 시행할 수 있는 것입니까?

해설

1 선행사가 없고, 뒷문장이 불완전하므로 what이 적절하다
2 선행사가 없고 관계사절에 주어 역할을 할 수 있는 what을 쓰면 된다. you believe가 삽입된 구문이다.

3 '~하는 사람들'의 의미로 Those who를 쓰면 된다.
4 선행사가 사람이고 두 문장을 연결하는 역할을 해야 하므로 whom을 쓰면 된다.
5 선행사가 something이고 you think가 삽입된 것으로 관계사절에서 주어 역할을 할 수 있는 that[which]이 적절하다.

E

1 때때로 마음은 눈에 보이지 않는 것을 본다.
2 결국 가장 중요한 것은 내면에 있는 것이다.
3 누구도 열다섯 살짜리를 이해할 수 없고 심지어 열다섯 살짜리들을 포함해도 그렇다.
4 네가 생각하기에 완전히 터무니없는 도시 괴담을 알고 있는 것이 있니?
5 아침 안개가 걷히면서, 봉우리들이 서서히 모습을 드러냈고, 그 중 일부는 매우 생기가 넘쳤다.

해설

1 선행사가 없고 뒷문장이 불완전 하므로 what's가 적절하다.
2 선행사가 없으며, 관계사절 내에서 matters의 주어 역할을 하는 선행사를 포함하는 관계대명사 what이 적절하다.
3 선행사가 없으므로 those who가 적절하다. 여기서 those가 '사람들'이란 뜻이며 선행사이다.
4 you think가 관계대명사 that 다음에 삽입된 것으로 are가 적절하다. 관계사절에 반드시 동사가 있어야 한다.
5 As절은 부사절이고, 두 개의 절이 and를 기준으로 이어진 문장이다. 따라서 them이 적절하다. some 앞에 and가 없으면 연결사 역할을 할 수 있는 which가 답이다.

F

1 1퍼센트의 일부가 되기 위해서, 당신은 1%만이 과감히 하는 것을 해야 합니다.
2 우리는 우리가 믿기에 학생들이 즐길 소설들을 선택했습니다.
3 당신을 신경 쓰는 사람들만이 당신이 조용할 때 당신을 들을 수 있습니다.
4 그가 발견한 것은 '운이 좋은' 사람들은 기회를 발견하는 데 능숙하다는 것이었다.
5 둘이 다 내 친구인 한 맞벌이 부부에게는 두 명의 학령기 자녀들이 있다.

해설

1 선행사가 없으며 관계사절 내에서 do의 목적어 역할을 해야 하므로 that을 what으로 고쳐 써야 한다.
2 선행사가 novels이고 관계사절은 our students ~ 이하이다. we believe가 삽입된 것으로 what을 that[which]으로 고쳐야 한다.
3 those who도 관계사절을 이끌므로 동사가 있어야 한다. 따라서 caring을 care로 고쳐 써야 한다.
4 선행사가 없고 뒷문장이 불완전하므로 That을 What으로 고쳐야 한다.
5 두 문장을 연결하는 역할을 해야 하므로 관계대명사 whom으로 고쳐야 한다.

A **1** those who **2)** than **2** those **3** them
  4 1) what **2)** what **5** 1) which **2)** responsible for
  6 1) what **2)** go **7** 1) What **2)** that
  8 1) grow **2)** which
B **1** 1) which → what **2)** × **2** 1) That → What **2)** ×
  3 1) to pursue → pursue **2)** captures → capture
  4 1) × **2)** which → them **5** 1) × **2)** tie → to tie
  6 1) × **2)** whom → who
  7 1) influencing → influences **2)** ×
  8 1) × **2)** to be → were

C 1 ②, ⑤ 2 ②, ④

A

1 당신이 사랑하는 사람들을 아프게 한 사람보다 당신을 아프게 한 사람들을 용서하는 것이 더 쉽다.

2 감옥에 있는 사람들에게 가장 두려운 형벌은 독방 감금이다.

3 고대의 스포츠는 군사적인 목적을 가졌는데, 그것의 대부분은 젊은이들이 전쟁을 준비하게 하였다.

4 네가 원하는 것을 얻는 것과 네가 생각하기에 네가 원하는 것을 얻는 것에는 차이가 있다.

5 여러분은 수많은 이유로 인해 일자리를 잃을지도 모르는데, 여러분은 그 이유 중 몇몇에 대해서는 아무런 책임도 없을 수 있다.

6 반면에, 남자들은 그들이 사려고 하는 것을 미리 결정하고 그것을 찾으러 간다.

7 더욱 놀라운 것은, 여러분은 실제 오렌지 안에서보다 하얀 중과피 안에서 더 많은 비타민을 발견할 수 있다는 것이다.

8 대략 8천 종의 식물이 Guyana에서 자라는데 그 중 절반은 그 밖의 다른 곳에서는 발견되지 않는다.

해설

1 1) forgive의 목적어 역할을 하는 동시에 관계사절에서 주어 역할을 동시에 할 수 있는 those who가 적절하다. those가 선행사이다.
2) 문두에 비교급을 나타내는 easier가 있으므로 이와 호응하는 than이 적절하다.

2 for의 목적어 역할을 하면서 관계사절을 이끌어야 하므로 관계대명사와 동사가 있어야 한다. 따라서 those who are가 적절하나 보기에 없으므로 those가 답이다. those (who are) in prison으로 주격관계대명사와 be동사가 생략된 구문이다.

3 and를 기준으로 두 문장이 연결되고 있다. 따라서 them이 적절하다. which는 and가 있어서, what은 most가 주어 역할을 하고 있으므로 적절하지 않다.

4 1) 선행사가 없고 관계사절이 불완전하므로 what이 적절하다.
2) 선행사가 없고 관계사절이 불완전하므로 what이 적절하다. you think가 관계사 다음에 삽입된 구조이다.

5 1) 두 문장을 연결해야 하므로 연결사 역할을 하는 관계대명사 which가 적절하다.
2) 전치사 for의 목적어가 관계사로 결합된 문장으로 responsible for가 적절하다.

6 1) 선행사가 없고 관계사절의 목적어 역할을 할 수 있는 what이 적절하다. in advance는 부사구로 decide를 수식하고 있다.
2) 내용상 and를 기준으로 want와 병렬구조를 이루므로 go가 적절하다.

7 1) 선행사가 없고 관계사절에서 주어 역할을 할 수 있는 What이 적절하다.
2) 완전한 구조의 문장을 유도하는 접속사 that이 적절하다.

8 1) grow는 자동사이다. 따라서 수동형으로 쓰지 않으므로 grow가 적절하다.
2) 두 문장을 연결하는 역할을 해야 하므로 관계대명사 which가 적절하다.

B

1 네가 가진 것의 가치를 깨닫기 위해서는 네가 모든 것을 잃었다고 상상해 봐라.

2 당신이 물려받았고 지금 더불어 살아가고 있는 것이 미래 세대의 유산이 될 것이다.

3 어떤 것들은 당신의 눈길을 끌 수 있겠지만, 당신의 마음을 사로잡는 것들만 추구해라.

4 다른 강도와 리듬을 가진 다양한 울음이 있는데, 그것들 모두는 다른 메시지를 전달한다.

5 나는 대부분이 10살 정도였던 아이들에게 매듭을 묶고 자신들의 경험을 나에게 말하도록 가르쳤다.

6 월 스트리트는 지하철을 타고 다니는 사람들로부터 자문을 얻기 위해 롤스로이

스를 타고 가는 유일한 장소이다.

7 당신이 생각하는 것은 당신이 하는 것에 영향을 미친다. 당신이 하는 것은 당신의 습관이 되고, 당신의 습관은 당신의 운명을 결정한다.

8 지난 60년 동안, 기계식 공정이 우리가 생각하기에 인간에게 유일한 행동과 재능을 복제해 왔다.

해설

1 1) 선행사가 없고 관계사절에서 목적어 역할을 해야 하므로 which를 what으로 고쳐야 한다.
2) imagine의 목적어 역할을 하면서 완전한 구조의 문장을 유도하는 접속사 that은 적절하다.

2 1) 선행사가 없고 관계사절에서 주어의 역할을 할 수 있는 관계대명사 what으로 고쳐야 한다.
2) live with what(= the thing which)에서 관계사 what이 앞으로 이동한 것으로 live with은 적절하다.

3 1) but 이하에 동사가 없으므로 to pursue를 pursue로 고쳐야 한다. 이 문장은 명령문의 형태이다.
2) 복수명사 those가 선행사이므로 captures를 capture로 고쳐야 한다.

4 1) 「There be ~」 구문은 주어가 be동사 다음으로 복수명사인 a variety of cries가 왔으므로 적절하다. 단, 「a variety of + 복수명사」에는 복수동사가 오지만, there be동사 구문에서는 there is도 된다.
2) all of which 다음에 동사가 없고, 분사만 있는 것으로 보아 분사구문이다. 따라서 all of which를 all of them으로 고쳐야 한다. and all of them send의 분사구문이다.

5 1) most of them are around 10 years old를 분사구문화한 후 being을 생략한 구문이다. 따라서 them은 적절하다. 여기서 are를 생략하지 않으면 most of whom으로 되어야 한다.
2) teach A to B 구문에서 A와 to 사이에 삽입어구가 들어간 형태로 tie를 to tie로 고쳐야 한다.

6 1) 'A를 타고 B까지 가다'의 의미인 ride A to B에서 B가 선행사로 나간 구문으로 적절하다.
2) 관계대명사 whom 다음에 동사가 나오는 것으로 보아 관계사절에서 주어가 필요하다. 따라서 whom을 who로 고쳐야 한다.

7 1) 밑줄 친 부분에 술어 동사가 필요하므로 influencing을 influences로 고쳐야 한다.
2) What you do가 관계사절이면서 문장의 주어이고 become이 본동사이므로 단수동사인 becomes는 적절하다. 물론 보어인 your habits에 일치하여 become으로 해도 되나 문제가 어색하면 고치는 것으로 안 고치는 것이 답이다.

8 1) 지난 60년 동안 복제해 온 것으로 현재완료형인 have replicated는 적절하다.
2) we thought가 삽입된 관계사 구문으로 ~ behaviors and talents (that) we thought were unique의 구조이며, 이때 주격관계대명사는 생략할 수 있다. 그리고 관계사절에 동사가 필요하므로 to be를 were로 고쳐야 한다.

C

1

> 자신을 다른 사람과 비교하는 사람은 두려운 상태에서 산다. 그는 자신이 생각하기에 자신보다 위에 있다고 생각하는 사람들을 두려워한다. 그들이 우월하다고 믿고 있기 때문에, 그는 그들 수준의 능력을 자신이 결코 이루어 낼 수 없다고 느낀다. 그는 또한 자신보다 밑에 있는 사람들이 자신을 따라잡는 것처럼 보이기 때문에 그들을 두려워한다. 그는 누가 위협적인 존재로 나타나는지 확인하려고 항상 주변을 살핀다. 그가 더 위로 올라감에 따라 떨어질 것이라는 그의 두려움은 증가한다. 인생을 살아가는 유일한 방법은 사람들을 이기는 것이라고 그는 결론을 내린다. 그러나 그가 더 위로 올라가는 것에만 집중하는 한, 그의 인생은 즐거움을 잃게 된다.

② those who (he imagines) are above him의 구조로 he imagines는 삽입절이고 관계사절은 are above him이다.

⑤ He는 자기보다 위에 있는 사람이나 아래에 있는 사람을 둘 다 두려워한다. 따라서 그가 위로 올라갈수록 인생의 즐거움을 잃는다는 흐름으로 loses가 적절하다.

2

> 우리가 더 행복하고 긍정적일 때 우리는 더 성공적이게 된다. 예를 들어, 진단을 내리기 전 긍정적인 기분이 된 의사는 중립적인 상태의 의사에 비해 거의 세 배 더 높은 사고력과 창의력을 보이고, 그들은 정확한 진단을 19퍼센트 더 빠르게 내린다. 낙관적인 판매원이 비관적인 판매원보다 56퍼센트 더 많이 판매한다. 수학 성취 평가를 보기 전 기분이 좋아진 학생들은 그들의 중립적인 (기분의) 또래들 보다 훨씬 더 잘한다. 우리의 두뇌는 그것들이 부정적이거나 심지어 중립적일 때가 아니라 그것들이 긍정적일 때 최상의 상태에서 기능하도록 말 그대로 프로그램화되어 있음이 드러난다.

해설

② doctors [who are put ∼ a diagnosis]가 관계사절이므로 주어는 복수명사이다. 따라서 showing을 shows가 아니라 show로 고쳐야 한다.

⑤ 사역동사가 수동태가 될 때는 능동태의 원형부정사를 to부정사로 고쳐야 하므로 to feel로 써야 한다.

Unit 13 관계부사와 복합관계사   p. 074

A

01 네가 널 보내준 날을 기억하니?
02 그들이 도착한 곳은 푸르고 매력적이었다.
03 너는 내가 다시 웃는 이유이다.
04 나의 태도는 네가 나를 대하는 방식에 달려 있다.

PLUS

우리 모두는 우리 자신이 압박감을 느낄지도 모르는 상황에 있는 사람들을 보고 싶어 한다.
종종 현재의 있는 그대로 머무는 것이 편안하고 쉽다.

수능 pick 1

♦ 낚시꾼들은 Tallualah와 그녀의 아들들이 있는 곳에 밧줄을 던졌다.

B

01 그들은 2014년에 여기로 이사했는데, 그때 그들의 아이가 태어났다.
02 그는 마을에서 자랐는데, 거기서는 모두가 서로를 알았다.

수능 pick 2

♦ 10살 때, Einstein은 Luitpold 김나지움에 등록했는데, 그곳에서 그는 권위에 대한 의심을 발달시켰다.

C

01 행복한 사람은 누구든지 다른 사람들도 행복하게 만들 것이다.
02 네가 누구일지라도 다른 사람들처럼 너는 특별하다.
03 당신은 당신이 선호하는 것을 가질 수 있습니다.
04 어느 것이 선택될지라도, 그것을 후회하지 마라.
05 그녀가 만졌던 것은 무엇이든지 얼음이 되었다.
06 이유가 무엇이든지 혼자인 것은 괜찮다.

PLUS

Grant Wood는 농장에서 자랐고 마련할 수 있는 어떤 재료로든 그림을 그렸다.

D

01 그녀가 걸어서 지나갈 때마다, 내 친구들은 속삭였다.
02 당신이 언제 시작할지라도, 시작한 후에는 멈추지 마십시오.
03 그녀는 어디를 가더라도 아름다움을 남겨두었다.
04 아무리 그 문제에 접근해 봐도, 나는 그것을 풀 수 없었다.
05 밤이 아무리 길지라도, 동은 틀 것이다.
06 아무리 사소할지라도 친절한 행위는 헛되지 않다.
07 그녀가 아무리 나쁘게 행동했을지라도 그는 그녀를 용서했다.

수능 pick 3

♦ 당신이 어떤 문제를 가졌을지라도, 우리의 마늘 소스가 그것을 바로잡을 수 있을 것입니다.
♦ 나는 그가 나를 미워한다고 생각하지 않았던가? 그러나 그가 얼마나 인정이 많은지 보라.
♦ 평행선은 아무리 멀리 연장해도 결코 만나지 않는다.

PLUS

그 아기는 엄마를 볼 때/볼 때마다 미소 지었다.

Grammar Practice   p. 076

A 1 관계부사 2 there 3 부사 4 복합관계부사 5 be
B 1 F 2 F 3 F 4 F 5 T
C 1 where, where 2 Whatever
   3 Whenever, what, what 4 when 5 no, matter, where
D 1 the way 2 Whoever 3 whenever 4 why 5 where
E 1 where 2 what 3 the way 4 why 5 Wherever
F 1 Who → Whoever 2 in when → when 또는 in which
   3 What → Whatever 4 ✕ 5 beautiful → beautifully

B

1 운은 준비가 기회를 만나는 때이다.
2 우리들 대부분은 아마도 우리가 양육된 방식으로 자녀를 양육할 것이다.
3 내가 다니던 학원은 망했다.
4 Jenny는 일이 잘못될 때마다 내게 조언을 요청한다.
5 Matthew가 아무리 세심하게 설명을 했을지라도, 그 아이들은 이해하지 못했다.

해설

1 관계부사가 when이므로 the time이 생략된 구문이다.
2 how는 in which, why는 for which로 바꿔 쓸 수 있고, 선행사가 있는 관계부사는 that으로 바꿔 쓸 수 있다.
3 장소 선행사가 있고 뒷문장이 완전하므로 which를 where로 또는 to which로 고쳐야 한다.
4 whenever는 every time으로 바꿔 쓸 수 있지만, 복합관계대명사가 아니라 복합관계부사이다.
5 관계사절에서 동사 explained를 수식해야 하므로 careful은 carefully로 고쳐야 한다.

C

해설

1 일반적인 장소 선행사가 생략된 구조로 '∼한 곳'에 해당하는 where를 쓰면 된다.
2 '무엇이든지'의 의미에 해당하는 복합관계대명사 whatever를 쓰고, '끝난다'를 ends로 쓰면 된다.
3 '∼할 때마다'의 복합관계부사 Whenever를 쓰고, '∼하는 것'의 의미인 관계

대명사 what을 쓰면 된다.

4 선행사가 시간이고, 뒷문장이 완전하므로 관계부사 when을 쓰면 된다.

5 '어디에 있는지'의 의미를 가진 복합관계부사 wherever의 다른 표현인 no matter where를 쓰면 된다.

D

1 인터넷은 우리가 사는 방식을 변형시켜 왔다.

2 자신의 어리석음을 깨닫는 사람은 누구든지 더 이상 어리석지 않다.

3 사실상, 우리가 음악에 주의를 기울일 때는 언제나, 우리의 몸은 춤출 준비를 한다.

4 네가 포기하는 것에 대해 생각할 때, 그렇게 오랫동안 네가 견뎌온 이유를 생각해라.

5 나의 침대는 내가 해야 할 모든 것을 잊은 모든 것이 갑자기 기억이 나는 마법의 장소이다.

▶ **해설**

1 흐름상 '우리가 사는 방식'이므로 the way가 적절하다.

2 자신의 어리석음을 아는 사람은 누구든지에 해당하므로 '누구든지'의 의미인 Whoever가 적절하다.

3 우리가 음악에 집중할 때마다, 신체가 춤출 준비를 한다는 의미로 '~할 때마다'의 의미인 whenever가 적절하다.

4 선행사가 reason이고 뒷문장이 완전하므로 관계부사 why가 적절하다.

5 장소 선행사가 있고 뒷문장이 완전하므로 관계부사 where가 적절하다.

E

1 나는 작년에 타임 스퀘어를 갔는데 그곳에서 나는 볼 드롭을 보았다.

2 무엇이 일어날 지라도, 어떤 기억들은 결코 대체되지 않는다.

3 어느 누구도 어떤 일에 대해 당신의 마음이 느끼는 방식을 경험할 수 없다.

4 네가 결코 성공하지 못할 이유는 네가 꾸물거리기 때문이다.

5 그 새가 땅에 닿는 곳마다 불이 타오르기 시작했다.

▶ **해설**

1 장소 선행사를 수식하면서 두 문장을 연결할 수 있는 관계부사 where가 적절하다. 선행사는 last year가 아니라 Times Square이다.

2 happens의 주어 역할을 하며, No matter와 함께 쓰여 부사절을 이끌 수 있는 what이 적절하다.

3 뒷문장이 완전하므로 관계부사 how의 대용인 the way가 적절하다.

4 선행사가 reason이고 뒷문장이 완전하므로 관계부사 why가 적절하다.

5 wherever를 풀어 쓴 것이 no matter where이므로 no matter wherever는 틀리고 wherever가 적절하다.

F

1 네가 누구인척 할지라도, 너는 결국 네 자신을 마주해야 한다.

2 가을은 모든 이파리가 꽃이 되는 두 번째의 봄이다.

3 그들의 유형이 무엇이든, 영웅들은 비범한 행동을 해내는 이기심이 없는 사람들이다.

4 인생과 스포츠는 중요하고 어려운 결정이 내려져야 하는 많은 상황들을 제시한다.

5 당신이 아무리 아름답게 바이올린을 연주할지라도, 당신은 바이올린을 다시 한 번 훨씬 더 아름답게 연주할 수 있습니다.

▶ **해설**

1 you must 이하가 주절이므로 부사절을 이끌 수 있는 복합관계대명사 Whoever로 고쳐야 한다.

2 장소 선행사 spring이 있고, 뒷문장이 완전하므로 관계부사 when 또는 「전치사 + 관계대명사」인 in which로 고쳐야 한다.

3 heroes are 이하가 주절이므로 부사절을 이끌 수 있는 복합관계대명사 Whatever로 고쳐야 한다. their type 다음에 be동사 is가 생략되어 있다.

4 관계부사 where는 추상적 장소나 상황을 선행사로 취할 수 있다.

5 동사인 play를 수식해야 하므로 부사인 beautifully로 고쳐 써야 한다.

▶ Review Test Unit 13 ── p. 078

A **1** no matter what **2** when
　　3 1) Whatever　2) humble　**4** 1) Whoever　2) you down
　　5 1) change　2) that　**6** 1) that　2) whatever
　　7 1) where　2) whenever　**8** 1) in which　2) in which
B **1** 1) which → where　2) its → their
　　2 1) ×　2) restored → restoring
　　3 1) ×　2) are they → they are
　　4 1) What → Whatever　2) that → what
　　5 1) ×　2) ×　**6** 1) ×　2) how → however
　　7 1) ×　2) ×　**8** 1) which → where　2) ×
C **1** ②, ⑤　**2** ①, ⑤

A

1 당신의 사업이 무엇이든지간에 개방성이 중요하다.

2 네가 아이였던 때를 회상해 보라. 어떻게 놀았는가?

3 올바르게 된 것이면 무엇이던지, 아무리 초라할지라도, 고귀하다.

4 당신을 끌어내리려는 (사람은) 누구든지 이미 당신의 아래에 있습니다.

5 우울증은 당신이 세상을 보는 방식을 바꾼다.

6 그 남자는 그가 해야 할 필요가 있는 것은 무엇이든지 기꺼이 하겠다고 말했다.

7 그들은 포인트 시스템을 만들었는데, 그 시스템에서 그는 TV를 보다 적게 시청할 때마다 포인트를 획득했다.

8 우리가 언어를 쓰는 방법이 우리가 말하는 방식과 항상 정확히 똑같은 것은 아니다.

▶ **해설**

1 Openness is important가 주절이므로 부사절이 와야 한다. 따라서 부사절을 이끌 수 있는 no matter what이 적절하다.

2 선택지 뒤의 문장이 완전하므로 that과 when이 가능하며 전치사 to가 있으므로 that은 쓸 수 없다. 따라서 when이 답이다.

3 1) however ~가 삽입된 구문으로 술어동사는 is noble의 is이다. 따라서 주어 역할을 할 수 있는 Whatever가 적절하다.
　　2) however humble에서 it is가 생략되었다. 따라서 is의 보어가 될 수 있는 humble이 적절하다.

4 1) 뒷문장이 불완전하고 선행사가 없으므로 Anyone who의 의미인 Whoever가 적절하다.
　　2) 대명사가 동사와 부사와 어울리면 「동사 + 대명사 + 부사」 순으로 써야 하므로 you down이 적절하다.

5 1) 동사 강조는 do동사 다음에 동사원형을 쓰므로 change가 적절하다.
　　2) 선행사가 있고 뒷문장이 완전하므로 that이 적절하다. why는 the way를 선행사로 취하지 않는다.

6 1) said의 목적어 역할을 하면서 완전한 문장을 유도하는 접속사 that이 적절하다.
　　2) do의 목적어 역할을 하면서 불완전한 문장이 이어지므로 whatever가 적절하다. no matter what은 부사절을 이끈다.

7 1) 뒷문장이 완전하므로 where가 적절하다. 관계부사 where는 물리적 장소 이외의 선행사를 취하기도 한다.
　　2) 뒷문장이 완전하므로 복합관계부사 whenever가 적절하다.

8 1), 2) 뒷문장이 완전하고 선행사가 있으므로 「전치사 + 관계대명사」인 in which가 적절하다.
　　2) the way how는 나란히 쓰지 않는다.

B

1 다람쥐는 그들이 견과류를 숨기는 장소들의 절반을 잊는다.

2 당신이 당신 주위에서 아름다움을 창조할 때마다, 당신은 자신의 영혼을 회복시키는 것이다.

3 네가 있기를 원하는 곳으로 사람들을 떠밀지 마라. 그들이 있는 곳에서 그들을 만나라.

4 당신의 결정이 무엇이든지 간에 왜 당신의 아이들이 용돈을 받고 그것이 무엇을 의미하는지를 명확하게 하라.

5 아무리 많은 실수를 당신이 할지라도, 당신은 결코 시도하지 않았던 사람들보다 여전히 훨씬 앞서 있습니다.

6 당신이 어디를 갈지라도 또는 당신이 얼마나 나이를 먹을지라도, 항상 배울 새로운 것이 있습니다.

7 인생에서 가장 중요한 두 날은 당신이 태어난 날과 왜 태어났는지를 알게 되는 날이다.

8 사람들은 태어난 곳에서 살고 그들의 부모가 했던 일을 하고 그리고 같은 일을 하는 사람들과 사귀었다.

해설

1 1) 장소 선행사가 있고 뒷문장이 완전하므로 which를 관계부사 where로 고쳐야 한다.

2) its가 가리키는 대상이 squirrels이므로 their로 고쳐야 한다.

2 1) 완전한 문장이 이어지고 부사절을 이끌 수 있는 복합관계부사 Whenever는 적절하다.

2) you가 restore의 주체이므로 능동의 restoring으로 고쳐야 한다.

3 1) 일반적인 장소 선행사 the place가 생략된 것으로 where 이하 완전한 문장이 오므로 적절하다.

2) where they are의 간접의문문으로 「의문사 + 주어 + 동사」 어순을 따라야 하므로 are they를 they are로 고쳐야 한다.

4 1) make clear 이하가 주절이므로 What your decision절의 What은 부사절 역할을 할 수 있는 복합관계대명사 Whatever로 고쳐 써야 한다. decision 다음에 be동사 is는 생략되어 있다.

2) that it means에서 that의 선행사가 없고, 관계사절 내에서 means의 목적어가 없으므로 that을 what으로 고쳐 써야 한다.

5 1) '아무리 ~일지라도'의 뜻인 No matter how가 부사절을 적절히 이끌고 있다.

2) '~한 사람들'이란 뜻의 those who가 전치사 of의 목적절 역할을 바르게 하고 있다.

6 1) there's 이하가 주절이고, No matter where부터가 부사절이다.

2) 관계부사 how는 명사절 역할을 하므로 how를 however로 바꾸어 부사절 역할을 할 수 있게 해야 한다.

7 1), 2) 시간 선행사가 있으며 뒷문장이 완전하고 관계부사 when이 쓰였으므로 적절한 문장이다.

8 1) 선행사가 장소이며 뒷문장이 완전한 구조이므로 which를 관계부사 where로 고쳐야 한다.

2) '~하는 사람들'이란 뜻의 those who가 바르게 사용되었다.

C

1

> 자연 세계와 접하는 기쁨은 예술가에만 국한되는 것이 아니다. 그것들은 한적한 산 정상이나 숲의 고요함의 영향 아래 자신을 놓을 수 있는 누구나 이용할 수 있는 것이다. 나는 자연미가 어떤 개인이나 사회의 정신적 발달에 꼭 필요한 공간을 갖고 있다고 믿는다. 우리가 아름다움을 파괴하거나 지구의 자연적인 특징을 무엇인가 인위적인 것으로 대체할 때마다 우리는 인간의 정신적인 성장을 지체시켜 왔다고 믿는다.

해설

② anyone who는 who(m)ever로 바꿀 수 있지만, 격을 결정하는 것은 관

계사절 내에서의 역할이다. will place의 주어가 없으므로 주격인 whoever가 적절하다.

⑤ 필자는 natural beauty(자연미)와 인간의 spiritual development(정서적 발달)가 밀접한 관련이 있다고 생각하고 있으므로 빈칸에 들어갈 말로 가장 적절한 것은 spiritual이다.

2

> Sam은 그의 직업에 만족하지 않은 적이 없기 때문에, 어떤 직업도 시작하려 하지 않는 욕구가 없는 사람들의 태도를 이해할 수 없다. 그는 40년 이상 식료품을 팔아왔다. 그가 1930년대에 처음으로 그의 일을 시작했을 때, 그는 어떤 형태의 일도 거의 찾을 수 없었다. 아무리 불쾌하고 형편없이 지불되어도, 직업은 인간의 가장 귀중한 소유물이었다. 그것(직업)을 읽는 것은 재앙이었고, 다른 직업을 찾지 않는다는 것은 수치였다. 일하기를 전혀 원하지 않는다는 것은 생각할 수도 없었다.

해설

① 관계대명사의 격은 관계사절에서 결정된다. have의 주어 역할을 하는 those who로 고쳐야 한다.

⑤ 주어 자리이므로 분사가 아니다. 동명사의 부정형이 적절하다.

CHAPTER 10 품사

Unit 14 대명사·형용사·부사   p. 080

A

01 사랑하면서 현명할 수 없다.

02 낭비된 시간보다 더 큰 손해는 없다.

03 그 계획은 단순 그 자체였다.

04 Joey는 욕실 거울 속의 자신을 바라보았다.

cf. Lucy는 그녀와 함께 개를 데려갔다.

05 그의 건강 때문에 Max는 은퇴해야 했다.

수능 pick 1

♦ 그는 음악의 소리들이 자연의 것들로부터 구별될 수 있다고 말하고 있었다.

B

01 하나의 문이 닫힐 때, 또 다른 문이 열린다.

02 내 부모님 중 한 분은 가수이고, 나머지 한 분은 작곡가이다.

03 이 신발 신어 봐도 되나요? 꼭대기 선반에 있는 것들을 신어 보고 싶어요.

cf. 오렌지 주스가 없으면, 포도 (주스)를 마실게요.

04 그 아이들 중 일부는 혼자 도착했고, 다른 일부는 단체로 왔다.

cf. Andy와 나머지 (일행)들은 아직 도착하지 않았다.

05 모두가 자신들의 엄마를 사랑한다.

06 권력을 원하는 많은 사람들이 있다. 하지만 단지 소수만 진정으로 선택된다.

수능 pick 2

♦ John과 Alice는 항상 말다툼을 했으며 각각은 아주 사소한 구실로 상대방을 흠잡았다.

C

01 매일 뭔가 좋은 것이 있다.

02 나는 살아 있어서 행복하다.

03 어르신들은 자신들의 두 번째 어린 시절에 있다.

  cf. 이 쇼는 젊은이와 노인들 둘 다를 위한 것입니다.

04 만장일치로 그 피고는 유죄 판결을 받았다.

05 그는 초자연적인 것[현상]을 믿지 않는다.

06 작고한 영화배우 이소룡의 장례식은 시애틀에서 열렸다.

  cf. 취소하기에는 너무 늦었다.

07 음식의 안전은 우리의 건강에 매우 중요하다.

수능 pick 3

◆ 유머는 참을 수 없는 것을 참을 수 있게 만드는 최고의 방법이다.

D

01 나는 천천히 걷지만, 결코 뒤쪽으로 걸어가지 않는다.

02 심지어 그녀도 그의 마음을 바꿀 수가 없다.

03 내가 매우 놀랍게도, 그들은 나에게 장학금을 제공했다.

04 너의 목표를 높이 정하고, 네가 그곳에 도착할 때까지 멈추지 마라.

  cf. 광합성은 매우 복잡한 과정이다.

05 차를 두세요. 그렇게 멀지 않습니다.

◀ Grammar Practice ▶ —————————— p. 082

A **1** that **2** 불가능 **3** the other **4** they **5** 부사

B **1** T **2** F **3** F **4** F **5** T

C **1** their **2** jobless[unemployed] **3** herself **4** the, other

  5 that

D **1** were **2** lately **3** good **4** justly **5** the other

E **1** myself **2** free **3** were **4** the other **5** those

F **1** × **2** recovers → recover **3** is → are **4** ×

  5 those → that

B

1 (그들이) 원하지 않는다면 아무도 참가할 필요가 없다.

2 어떤 의미에서 당신이 만들어 내는 모든 등장인물은 당신 자신이 될 것이다.

3 내가 매우 놀랍게도, 그는 그 시를 암송했다.

4 누구도 예기치 못한 것을 위한 계획을 할 수 없다.

5 자신의 작품에서 Lotte는 자신의 가장 가까운 친구인 Gertrude Rose를 반복해서 그렸다.

해설

1 단수부정대명사 nobody, everybody, somebody 등을 they, their, them으로 받을 수 있다.

2 재귀대명사는 보어로도 쓰이며 이때는 재귀적 용법으로 생략할 수 없다.

3 much는 부사로 사용되어 '매우'라는 뜻으로 쓰였다.

4 One은 일반인이므로 you로 바꿔 쓸 수 있지만, the unexpected는 '예기치 못한 것'이라는 의미의 추상명사로 쓰였다.

5 문두의 부사구 또는 부사절 속에서 대명사가 뒤에 오는 명사를 가리킬 때도 있다.

C

해설

1 단수부정대명사 nobody, everybody, somebody 등을 their로 받을 수 있다.

2 「the + 형용사」가 복수보통명사를 나타내므로 jobless 또는 unemployed를 쓰면 된다.

3 cut의 주체와 객체가 같으므로 재귀대명사인 herself를 쓴다.

4 둘 중 하나는 one, 나머지 하나는 the other로 쓴다.

5 단수명사 the number의 반복을 피하기 위해 수식어구와 함께 쓰이는 that이 적절하다.

D

1 부상자들 중 두 명은 중환자실에 있었다.

2 나는 네가 최근에 고객을 확보하는 데 힘든 시간을 보내 왔다는 것을 알고 있단다.

3 좋은 것은 항상 아름답고, 아름다운 것은 항상 좋지 않다.

4 "나는 그와 공정하고 정당하게 경쟁했습니다."라고 Park이 기자들에게 말했다.

5 후에, 나는 우리가 다른 방향에서 오던 차를 들이박았다는 사실을 알게 되었다.

해설

1 「the + 형용사」가 복수보통명사를 나타내므로 were가 적절하다.

2 late는 '늦은, 늦게'라는 뜻이고 lately가 '최근에'라는 뜻으로 문맥상 lately가 적절하다.

3 「the + 형용사」가 추상명사를 나타내므로 good이 적절하다.

4 just는 '형. 올바른, 부. 단지'의 뜻으로 '정당하게'의 뜻인 justly가 적절하다.

5 도로가 양방향이므로 나머지 다른 한쪽을 나타내는 the other가 적절하다.

E

1 나는 고독 한가운데서 홀로 있는 내 자신을 발견한다.

2 운동은 내가 자유롭고 살아있다고 느끼게 만든다.

3 노인들과 젊은이들은 그 건물에서 대피되었다.

4 대부분 사람들은 다른 한 쪽보다 약간 큰 한쪽 발을 가지고 있다.

5 많은 현대 구조물은 순전히 물리적인 크기의 면에서는 이집트의 것들(구조물들)을 능가한다.

해설

1 find의 주체와 객체가 같으므로 재귀대명사 myself가 적절하다.

2 free는 '자유로운, 무료의'이고 freely는 '자유롭게'이다. 또한 feel은 감각동사이므로 형용사 free가 적절하다.

3 「the + 형용사」가 복수보통명사인 경우로 복수동사 were가 적절하다.

4 발은 두 개이므로 나머지 하나는 the other로 쓴다.

5 앞에 나온 복수명사 structures를 받으므로 those가 적절하다.

F

1 그는 가능한 한 빨리 달렸고 자신을 공중으로 내던졌다.

2 노인들이 즐거울 때 질병에서 더 빨리 회복이 된다.

3 그 학생들의 대부분은 네덜란드 출신인 반면 일부는 가나 출신이다.

4 우리는 악어를 그렇게 무서워하지 않아요. 그것들은 약간 예측 불가능할 뿐이에요.

5 염소의 소화 기관은 양이나 소의 것(소화 기관)과는 다르다.

해설

1 launched의 주체와 객체가 같으므로 재귀대명사인 himself는 적절하다.

2 「the + 형용사」가 복수보통명사를 나타낸 경우이므로 복수동사 recover로 고쳐야 한다.

3 some이 대명사로 쓰여 일부 사람들을 나타내므로 복수동사 are로 고쳐야 한다.

4 that이 부사로 '그렇게'라는 뜻으로 적절하다.

5 앞의 명사 the digestive system을 대신하는 것으로 단수형인 that이 적절하다.

◀ Review Test ▶ Unit 14 ————————— p. 084

A **1** 1) have I 2) those **2** 1) another 2) another

  3 1) sympathize with 2) himself **4** 1) To see 2) is

        5 1) yours   2) something else   **6** 1) regularly   2) share

        7 1) late   2) is regarded   **8** 1) are   2) immediately

    B **1** 1) ×   2) that → those   **2** 1) ×   2) ×

        3 1) ×   2) herself → her

        4 1) himself → themselves   2) ×

        5 1) many → much   2) ×   **6** 1) ×   2) which → that

        7 1) they → it   2) freely → free

        8 1) ×   2) it does → it has

    C **1** ①, ②   **2** ①, ②, ③

A

1 내 마을의 것들(하늘들)만큼 파란 하늘들은 어디에서도 본 적이 없다고 생각한다.

2 그들은 은밀히 그리고 조용히 또 다른 한 해의 또 다른 기회를 꿈꾸고 있었다.

3 시는 우리의 마음을 움직여서 시인 자신의 감정에 공감하게 한다.

4 악한 것을 보고 듣는 것은 이미 악함의 시작이다.

5 당신이 가지고 있는 어떤 것을 친구가 가지고 있는 어떤 다른 것과 교환해 본 적이 있는가?

6 정기적으로 계획된 만남 동안, 구성원들은 자신들의 이야기, 스트레스, 감정, 문제점, 그리고 극복 사례를 공유한다.

7 작고한 사진작가 Jim Marshall은 20세기의 가장 유명한 사진작가 중 한 명으로 여겨진다.

8 오리, 거위, 그리고 많은 물가에 사는 새들의 새끼들은 그들의 눈을 뜬 채로 태어나고, 스스로 즉시 먹이를 찾을 수 있다.

해설

1 1) 부정어구 nowhere가 문두로 이동했으므로, 의문문 어순인 have I가 적절하다.

2) skies를 대신하는 명사로 복수인 those가 적절하다. sky가 형용사의 수식을 받거나 하늘의 넓음을 강조할 때 skies로 쓰기도 한다.

2 1) 단수명사를 수식하는 another가 적절하다.

2) 막연한 '또 하나의'라는 의미의 another가 적절하다.

3 1) sympathize는 자동사이므로 목적어를 쓰려면 with가 필요하다.

2) the poet를 강조하므로 himself가 적절하다.

4 1) 주어 자리이므로 주어 역할을 할 수 있는 To see가 적절하다.

2) 주어가 To see and listen to the wicked이므로 단수이다. 따라서 단수동사 is가 적절하다.

5 1) 너의 일부가 아니라 너의 것 중 일부이므로 yours가 적절하다.

2) 부사 else는 (대)명사를 뒤에서 수식하므로 something else가 적절하다.

6 1) 형용사 역할을 하는 분사 scheduled를 수식해야 하므로 부사인 regularly가 적절하다.

2) 문장의 본동사가 필요하므로 share가 적절하다.

7 1) 「The late + 사람」은 '작고한'이란 뜻으로 late가 적절하다.

2) 본동사가 필요하므로 is regarded가 적절하다.

8 1) the young이 '새끼들'이란 뜻으로 복수동사인 are가 적절하다.

2) to와 동사원형 사이에 부사가 들어간 분리부정사이므로 immediately가 적절하다.

B

1 이 결과들은 이전 연구들의 것들(발견들)과 일치하지 않는다.

2 성공과 실패 사이의 차이점은 그렇게 크지 않다.

3 그녀는 그녀 자신을 바꾸기를 원해서, 그녀는 자신을 안내해 줄 좌우명을 만들었다.

4 나이 든 사람들은 자신이 실제보다 훨씬 더 젊다고 생각한다.

5 1990년에 석탄 에너지양은 수력 전기 에너지 것(양)의 세 배였다.

6 우선 무척이나 놀랍게도, 그는 자기 작품의 질이 떨어지지 않았음을 발견했다.

7 두 다리로 걷는 것이 아주 중요했는데, 그것은 사람들의 팔과 손이 자유롭게 다른 방식으로 사용될 수 있는 상태에 있게 했기 때문이다.

8 오늘날의 미국 경제는 세계 2차 대전 후의 어느 시기보다도 더 큰 빈부의 격차를 보여주고 있다.

해설

1 1) These의 수식을 받는 복수명사 findings는 적절하다. finding은 '연구 결과(물)'이란 가산명사이다.

2) 앞에 나온 복수명사 findings를 대신하여 써야 하므로 those가 적절하다.

2 1) 주어가 difference이므로 단수동사 is는 적절하다.

2) that이 부사로 '그렇게'라는 뜻으로 쓰여 형용사 great를 수식하므로 적절하다.

3 1) change의 주체와 객체가 같으므로 재귀대명사 herself는 적절하다.

2) guide의 주체는 motto이므로 객체와 다르다. 따라서 재귀대명사가 아닌 her로 고쳐야 한다.

4 1) the elderly(노인들)를 가리키므로 themselves로 고쳐야 한다.

2) they actually are young에서 공통어구 young이 생략된 것으로 are는 적절하다.

5 1) 셀 수 없는 명사인 석탄 에너지양을 비교하므로 many를 much로 고쳐야 한다.

6 1) 부사 much가 「to one's + 추상명사」를 꾸며주므로 적절하다.

2) discovered의 목적절이고 완전한 구조의 문장이 이어지므로 접속사 that으로 고쳐야 한다.

7 1) 가리키는 대상이 두 다리가 아니라 두 다리로 걷는 것이므로 they를 it으로 고쳐야 한다.

2) left는 「동사 + 목적어 + 목적격보어」 구조로 쓰이며 목적격보어 자리에 부사가 올 수 없으므로 freely를 free로 고쳐야 한다.

8 1) 「the 형용사 and 형용사」에서 대조적인 표현이 올 때는 the를 생략할 수 있으므로 rich and poor는 적절하다.

2) since가 현재완료와 어울린다. 따라서 'it has exhibited ∼'의 대동사인 it has가 적절하다.

C

1

> 몇몇 동물 종(種)들은 다른 부상당한 동물이 생존하도록 돕는다. 돌고래는 숨쉬기 위해 수면에 도달해야 한다. 만약 돌고래가 너무 심각하게 부상당해 혼자서 수면까지 헤엄칠 수 없다면, 다른 돌고래들이 그 부상당한 돌고래 아래에서 무리를 지어 그 돌고래를 (숨을 쉴 수 있도록) 물 밖으로 밀어 올린다. 만약 필요하면 돌고래들은 몇 시간 동안 이 일을 계속한다. 같은 종류의 일이 코끼리 사이에서도 일어난다. 쓰러진 코끼리는 자신의 몸무게 때문에 숨을 쉬는데 어려움을 겪기 쉽거나 태양 아래에서 과열될 수도 있다. 많은 코끼리 전문가들은 코끼리 한 마리가 쓰러지면, 무리의 다른 구성원들이 그것을 일으켜 세우려 한다고 말했다.

해설

① help의 목적격보어는 동사원형도 가능하므로 survive도 적절하다.

② 다친 돌고래 한 마리를 의미하므로 by itself가 적절하다.

2

> 아랍인들은 연장자들에 대한 존경심을 반영하는 속담을 가지고 있다. 연장자가 없는 집은 우물이 없는 과수원과 같다. 이러한 똑같은 존경심이 대부분의 아시아 문화권에서 가르쳐지고 있는데, 그 곳에서는 좋을 때나 나쁠 때나 자신의 부모를 돌보는 모범적인 아들과 딸들에 관한 이야기를 아이들이 읽는다. 연장자를 존경하는 이러한 대단한 존경심 배후의 주된 이유는 한국 같은 곳에서 과거에 대한 이해가 높이 평가되고 있기 때문이다. 말레이시아인들은 종종 조직의 더 선배이거나 나이가 지긋한 구성원을 존경하고 이 사람이 일반적으로 회의에서 말하는 첫 사람이 된다. 싱가포르에서는 노인들이

젊은이들보다 자원봉사 활동에 더 많이 참여할지 모른다. 게다가, 일본에서는 노인들에 대해 매우 순종적이고 공손하다.

해설
① 대부분의 아시아 문화권이란 뜻으로 '대부분의'란 뜻으로 쓰였다.
② the elderly가 elderly people이란 복수보통명사는 맞지만 주어가 The main reason이므로 is로 고쳐야 한다.
③ highly는 very지만 high는 형용사와 부사가 동일한 단어로 '높은; 높게'라는 뜻으로 바꿔 쓸 수 없다.

CHAPTER 11 비교구문

Unit 15 원급·비교급·최상급 p. 086

A
01 카멜레온의 혀는 그것의 신체만큼 길 수 있다.
02 Joséphine은 그녀의 남편만큼 친절하지 않았다.
03 너는 그것을 네가 할 수 있는 만큼 조심히 상자에서 꺼내야 한다.
04 그녀는 내가 생각했던 것만큼 많은 시간이 없었다.
05 나는 내 아내만큼이나 창의적인 요리사이다.

수능 pick 1
♦ Kubelik는 그가 늘 했던 것만큼 화려하게 오늘 밤 Paganini 협주곡을 연주했다.

B
01 뜨거운 물은 차가운 물보다 무겁다.
02 글쓰기는 말하기보다 더 어려운 것처럼 보인다.
03 상처는 강의보다 더 좋은 교훈이 된다.
04 우리는 이전보다 덜 친절한가요?
05 그녀는 우아하기보다는 (더) 귀엽다.
06 언젠가 현실은 당신의 꿈보다 훨씬 더 좋아질 것입니다.

수능 pick 2
♦ 조개껍데기는 당신의 책상 위에서보다 해변에서 더 아름답다.
♦ 여러분들을 기다리고 있는 훨씬 더 많은 기회가 있다.

C
01 대나무는 세상에서 가장 키가 큰 풀이다.
02 야구는 쿠바에서 가장 인기 있는 스포츠이다.
03 성공은 최고의 복수이다.
04 이 견본은 모든 것들 중에서 가장 저렴하다
05 떠나는 마지막 사람은 불을 꺼야 한다.
06 '클레멘타인'은 내가 지금까지 본 영화 중 가장 지루한 영화이다.
07 교육은 이 3년 내내 가장 드문 방문 목적이었다.
08 내 친구들 중에서 Sally가 가장 사려 깊다.
09 그녀는 낮잠을 잘 때 가장 행복해 보인다.
10 우리 가족에서, 가장 먼저 일어나는 사람은 나의 할머니이다.

PLUS
그는 매우 흥미로운 사람이다.

그는 셋 중에서 가장 흥미로운 사람이다.

◀ Grammar Practice ▶ ──────── p. 088

A 1 원급 2 more 3 much 4 -est 5 the
B 1 F 2 F 3 F 4 T 5 T
C 1 better, than 2 as, many, followers, as 3 as, much, as
  4 the, most, awesome 5 as, proudly, as
D 1 stronger 2 hardest 3 wrong 4 better 5 deadly
E 1 more 2 saddest 3 quickly 4 simple 5 much, much
F 1 shorter → shortest 2 × 3 nice → nicer 4 ×
  5 best → most

B
1 침묵은 당신이 생각하는 것보다 훨씬 더 많은 것을 말합니다.
2 간단히 말해서, 너는 받은 만큼 많이 주어야 한다.
3 나는 이른 아침에 가장 생산적이다.
4 다행히도, 그녀는 다른 사람들이 생각했던 것보다 덜 아팠다.
5 우리가 시작했던 것만큼 우리는 그 과제를 성공적으로 마쳤다.

해설
1 a lot, still은 비교급을 수식하나 very는 원급과 최상급을 수식한다.
2 여기서 '많음'은 셀 수 없는 명사이므로 more를 much로 고쳐야 한다.
3 서술적 용법에 쓰인 최상급 앞의 the는 생략할 수 있다.
4 열등 비교에 쓰이는 less 다음에는 음절수에 상관없이 원급을 쓴다.
5 「as ~ as」를 빼고 보면 finished를 수식하므로 부사인 successfully로 고쳐야 한다.

C
해설
1 '~보다 더 …한'이므로 「비교급 + than」 구문을 쓰고 good의 비교급은 better를 쓴다.
2 「as many + 가산명사 + as」 구문을 사용하여 「as many ~ as」를 쓴 후 복수명사 followers를 쓴다.
3 '~만큼 …한'이므로 「as ~ as」를 쓰고 '많이'는 부사이므로 원급인 much를 쓴다.
4 '가장 ~한'이므로 정관사 the를 쓰고 awesome의 최상급인 most awesome으로 쓴다.
5 '~만큼 …하게'이므로 「as ~ as」를 쓰고 동사 walked를 수식해야 하므로 부사인 proudly를 쓴다.

D
1 당신은 당신이 생각하는 것보다 강합니다.
2 첫걸음이 항상 가장 힘들다.
3 초과하는 것은 부족해지는 것만큼 나쁘다. (지나침은 모자람만 못하다. (過猶不及: 과유불급))
4 질투하는 여자는 FBI보다 더 나은 조사를 한다.
5 하버드 대학의 한 연구는 친구가 없는 것은 흡연만큼이나 치명적일 수 있다는 것을 발견했다.

해설
1 than이 있으므로 비교급으로 써야 하며 내용상 strong의 비교급인 stronger가 적절하다.
2 the가 있으므로 최상급으로 써야 하며 내용상 hard의 최상급인 hardest가 적절하다.
3 「as ~ as」가 있으므로 원급으로 써야 하며 내용상 wrong이 적절하다.

4 than이 있으므로 비교급으로 써야 하며 내용상 good의 비교급인 better가 적절하다.

5 「as ~ as」가 있으므로 원급으로 써야 하며 내용상 deadly가 적절하다. deadly는 형용사이다.

E

1 A: 나의 엄마는 나의 개를 나보다 더 좋아하셔. B: 우린 개도 없어.

2 인생에서 가장 슬픈 것은 낭비된 재능이다.

3 그러고 나서 그는 돌아섰고 왔던 것만큼이나 빠르게 사라졌다.

4 야간 잠수는 낮 동안의 잠수보다 확실히 덜 단순하다.

5 Sophie는 Joseph만큼 많은 돈을 벌지만, 만수르만큼은 아니다.

해설

1 better는 부사 well의 비교급이므로 해석상 어색하며 much의 비교급인 more가 적절하다.

2 the가 있으므로 최상급 형태인 saddest가 적절하다.

3 「as ~ as」를 빼고 문장 구조를 분석하면 동사 disappeared를 수식해야 하므로 부사인 quickly가 적절하다.

4 열등 비교는 less 다음에 원급을 쓰므로 simple이 적절하다.

5 「as much + 불가산 명사 + as」 구문이므로 as much가 적절하며, 뒤에도 동일어인 money가 생략된 것으로 much가 적절하다.

F

1 웃음이 두 사람 사이의 가장 가까운 거리이다.

2 그 순간, 아주 무시무시한 탁 하는 소리가 바람 속에서 들렸다.

3 아침에 일어나는 것은 좋지만, 침대에 누워있는 것은 훨씬 더 좋다.

4 어떤 사람들은 그들이 느끼는 만큼 늙고, 어떤 사람들은 그들이 보이는 만큼 늙는다.

5 그는 어린이가 성격을 발달시킴에 있어서 가장 중요한 요소는 믿음이라고 강조한다.

해설

1 the가 있으므로 shorter를 shortest로 고쳐야 한다.

2 most에서 most는 '매우'라는 뜻이 있으므로 a most도 적절하다.

3 내용상 둘을 비교하고 있고 비교급 수식어 a lot이 있으므로 nice를 nicer로 고쳐야 한다.

4 feel과 look은 형용사 보어를 취하므로 old는 적절하다.

5 비교적 긴 음절의 단어의 최상급은 best가 아니라 most를 더하므로 best를 most로 고쳐야 한다.

Unit 16 비교구문의 관용표현   p. 090

A

01 여자들은 남자들보다 거의 2배 더 눈을 깜빡인다.

02 호랑이의 야간 시력은 사람의 것보다 6배 더 좋다.

03 SNS에서 가능한 조심해라.

04 그 농부들은 그 나라에 변함없이 중요하다.

05 이번 여름은 한국에서의 어느 여름 못지않게 덥다.

B

01 호랑이의 야간 시야는 사람의 것보다 6배 더 좋다.

02 평균 강우량은 200밀리미터 이상이었다.

03 숫자 799는 800 보다 상당히 적게 느껴진다.

04 왜 모든 사람의 답이 내 것과 다르지?

05 귀보다는 눈을 믿는 것이 더 좋다.

---

06 나는 지구 외에 생명체가 있다고 믿는다.

07 Ken은 언덕을 따라 점점 더 빨리 스키를 탔다.

08 음식이 매울수록 그녀는 더 빨리 먹는다.

09 우리가 더 많은 것을 할수록, 우리는 더 많은 것을 할 수 있다.

10 개가 클수록 수명은 더 짧다.

수능 pick 1

♦ 우리가 더 혼란해질수록, 우리는 더 말을 못한다.

♦ 그러므로, 의사 결정자가 더 많은 지식과 경험을 가질수록 좋은 결정을 내릴 가능성은 더 크다.

C

01 인간은 동물보다 우월한가?

02 여기서 아무도 너보다 열등하지 않아.

03 그들은 비행하는 것보다 차를 타고 관광하는 것을 선호했다.

04 예방이 치료보다 좋다.

05 헤어스타일은 당신을 10년 더 어려 보이게 만듭니다.

D

Quiz: 세상에서 가장 아름다운 것은 무엇입니까?

01 Alice: 세상에서 사랑만큼 아름다운 것은 없다.

02 Ashley: 세상에서 닭만큼 아름다운 것은 없다.

03 Lou: 세상에서 세상 자체보다 더 아름다운 것은 없다.

04 Boodi: 세상에서 돈보다 더 중요한 것은 없다.

05 Selina: 세상에서 내가 다른 어떤 것보다 더 아름답다.

◀ Grammar Practice ▶ ─────── p. 092

A **1** 비교급 **2** as ~ as ever **3** the 비교급, the 비교급
 4 (동)명사 **5** than
B **1** F **2** F **3** F **4** F **5** T
C **1** Nothing, easier, than **2** four, times, faster, than
 3 other, than **4** as, soon, as, possible **5** More, and, more
D **1** any **2** to **3** as, as **4** than **5** other than
E **1** any **2** to **3** could **4** outrageous, faster **5** differently
F **1** better → more **2** eager → eagerly
 3 I could → you [can/could] 또는 possible
 4 more and more high → higher and higher **5** ×

B

1 동물들은 인간들과 시간을 다르게 인식한다.

2 그녀는 그에게 말하는 것보다 연속극 보는 것을 좋아하는 것처럼 보였다.

3 우리가 더 많은 새로운 정보를 받아들일수록 시간은 더 천천히 흐르는 것으로 느껴진다.

4 새벽이 왔고, 바다는 고요해졌지만, 추위는 변함없이 혹독했다.

5 자신의 이름의 철자를 잘못 쓰는 것은 다른 어떤 것보다 당혹스럽다.

해설

1 different(ly) than[from]이 오는 것은 맞으나 different가 동사인 perceive를 수식해야 하므로 differently로 고쳐야 한다.

2 prefer가 비교 대상이 있을 때는 「prefer -ing to -ing」로 쓰므로 watching과 talking으로 고쳐야 한다.

3 「the 비교급, the 비교급」 구문은 맞지만 feel이 형용사를 보어로 취하므로 slowly를 slower로 고쳐야 한다.

4 '변함없이 ~한/~하게'의 의미로 「as + 원급 + as ever」 순으로 써야 한다. 비

교급을 쓰려면 more bitter than ever처럼 more가 필요하다.

5 「비교급 + than + any other + 단수명사」는 「부정주어 + as + 원급 + as」로 전환할 수 있다.

C

해설

1 「부정 주어 + 비교급 + than」 구문으로 최상급을 표현할 수 있으므로 nothing을 쓴 후 easy의 비교급인 easier, 그리고 than을 쓰면 된다.

2 「배수사 + 비교급 + than」 구문으로 몇 배는 times로 그리고 부사 fast의 비교급을 사용하여 완성한다.

3 '~ 이외의'라는 뜻은 other than을 쓰면 된다.

4 '가능한 ~하게'는 「as ~ as possible」로 표현하며 soon을 쓰면 된다.

5 '점점 더'는 비교급 and 비교급으로 표현하며 '많은(many)'의 비교급인 more and more를 쓴 후 people을 쓰면 된다.

D

1 번개는 다른 어떤 질병에 못지않게 더 많은 오렌지 나무를 죽인다.

2 다른 문화보다 더 우세하거나 더 열등한 문화는 없다.

3 슈베르트는 (한 사람이) 다정한 편지를 쓰는 사람만큼이나 자유롭게 음악을 썼다.

4 하지만 때때로 한 단어에 대한 여러분의 의미는 다른 사람들의 것(의미)과 다르다.

5 "Jean, 규칙적임이 숙달의 열쇠야. 그 외의 모든 것은 시간 낭비야."

해설

1 번개가 다른 질병 못지않게 오렌지 나무를 죽인다는 내용으로 「as ~ as any + 명사」 구문을 쓰면 된다.

2 superior나 inferior는 than이 아닌 to를 쓰므로 to를 쓰면 된다.

3 자유롭게 음악을 썼다는 흐름으로 '~만큼 …하게'의 원급 표현으로 「as ~ as」 구문을 쓰면 된다.

4 different는 비교를 나타낼 때 than 또는 from과 어울리므로 보기에 있는 than을 쓰면 된다.

5 규칙적임이 숙달의 열쇠이고 그 외의 것은 시간 낭비라는 흐름으로 '~이외의, ~와 다른'의 의미인 other than을 쓰면 된다.

E

1 그녀는 어느 댄서에 못지않게 우아하게 걷고 있었다.

2 그러면 왜 사람들은 일요일보다 금요일을 더 선호하는 것일까?

3 그 위원회는 그것이 할 수 있는 만큼 빨리 회담을 재개하기로 동의했다.

4 소문이 더 터무니없을수록 더 빨리 퍼져 나간다.

5 아이들의 몸은 어른들의 것(몸)과는 매우 다르게 약물에 반응한다.

해설

1 [any / ever] 다음에 명사가 있으므로 '어느 ~(것[사람])에도 못지않게'의 의미인 「as ~ as any」 구문의 any가 적절하다. 「as ~ as ever」는 동사 표현과 어울린다.

2 prefer는 than이 아니라 to와 어울리므로 to가 적절하다.

3 「as ~ as + 주어 + can」에서 시제가 과거이면 could를 써야 하므로 could가 적절하다.

4 「the 비교급, the 비교급」 구문으로 앞에는 a rumor 다음에 be동사가 생략된 구문으로, 보어로 쓰일 수 있는 outrageous가 적절하고, 뒤에는 travels를 수식하는 부사 fast의 비교급인 faster가 적절하다.

5 선택지가 수식하는 것은 동사 react이므로 differently가 적절하다.

F

1 네가 더 먹으면 먹을수록, 너는 더 먹기를 바란다.

2 내가 그것에게 먹이를 주러 갈 때마다, 그것은 나의 무릎으로 변함없이 열심히 뛰어올랐다.

---

3 가능한 한 빨리 세탁기를 수리할 서비스 기사를 보내 주시기 바랍니다.

4 우리들의 목소리는 점점 더 높이 올라갔고, 갑자기 탁자 위에 있던 유리컵이 산산조각 나 버렸습니다.

5 최소한 다섯 명 중에 한 명의 아동을 포함하여, 미국인들의 절반 이상이 과체중이다.

해설

1 「the 비교급, the 비교급」 구문에서 much의 비교급이 쓰여야 하므로 better를 more로 고쳐야 한다.

2 「as ~ as ever」를 떼어 보면 동사인 jumped를 수식해야 하므로 eager를 eagerly로 고쳐야 한다.

3 주어인 you가 생략된 명령문이고 현재시제이므로 I could를 you can으로 또는 possible로 고쳐야 한다. 공손하게 표현하기 위해 could를 써도 된다.

4 비교적 짧은 단어에는 -er를 붙이므로 higher and higher로 고쳐야 한다.

5 more than 다음에 수치가 나오면 '~ 이상'으로 쓰이므로 more than은 적절하다.

Review Test ▶ Unit 15~16 — p. 094

A **1** 1) worse   2) Finding   **2** 1) bad   2) good
3 1) produce   2) many   **4** 1) to become   2) than
5 1) more   2) to replace   **6** 1) by far   2) that hits
7 1) nothing   2) while   **8** most

B **1** ×   **2** 1) closely → closer   2) ×
3 many → much[still, a lot] 등
4 1) sure → surely   2) ×   **5** 1) fry → frying   2) ×
6 1) ×   2) even good → even better
7 1) ×   2) were → did   **8** 1) best → most   2) ×

C **1** ②, ④   **2** ①, ⑤

A

1 A: 당신의 사과에서 벌레 한 마리를 찾는 것보다 더 나쁜 것은 무엇인가요?
B: 당신의 사과에서 벌레 반 마리를 찾는 것이죠.

2 사람들을 그들이 나쁜 만큼 대우하지 말아라. 그들이 착한 만큼 대우해라.

3 어린 물고기는 몸집이 큰 동물들보다 훨씬 더 적은 수의 알을 낳는다.

4 여러분이 로또에 당첨되는 것보다 대통령이 될 가능성이 더 큽니다.

5 그 신념들이 기본적일수록 그것들은 바꾸기 더욱 어렵다.

6 사이버 관련 사기는 개인들을 공격하는 단연코 가장 흔한 범죄 형태이다.

7 당신이 잠이 드는 동안에 거센 비의 소리보다 더 좋은 것은 없다.

8 일반 상식 외에도 사업에 있어서 가장 중요한 자산은 자신 또는 (처한) 상황에 웃을 수 있는 능력인 유머 감각이다.

해설

1 1) 비교급을 나타내는 than이 있으므로 bad의 비교급인 worse가 적절하다.
2) Find가 오면 명령문이 되므로 '찾는 것'의 의미인 동명사 Finding이 적절하다.

2 1) treat A (as) B(형용사)는 'A를 B로 대우하다'의 의미로 bad가 적절하다.
2) as 뒤의 they are의 보어가 필요하므로 형용사 good이 적절하다.

3 1) fish가 복수명사로 사용되어 produce가 적절하다.
2) very는 원급과 최상급을 수식하므로 many가 적절하다. many는 「many + 비교급 + 복수명사」로 수식할 수 있다.

4 1) '~할 가능성이 있다'는 「be likely to + 동사원형」이므로 to become이 적절하다.
2) 문두에 비교급임을 보여주는 more가 있으므로 than이 적절하다.

5 1) 문장의 중간에 the more가 보이므로 이와 상응하는 the 비교급인 more가 적절하다.

2)「the 비교급, the 비교급」 구문을 위해 they are difficult to replace에서 difficult가 앞으로 이동한 구조이다. 따라서 to replace가 적절하다.

6 1) very와 by far 둘 다 최상급을 수식하지만 very는 「the very + 최상급」 형태로 수식하므로 by far가 적절하다.

2) is가 본동사이므로 두 문장을 연결할 수 있도록 관계대명사와 동사가 함께 쓰인 that hits가 적절하다.

7 1) 최상급을 나타내는 표현으로 nothing이 적절하다.

2) 주어와 동사가 이어지므로 접속사인 while이 적절하다.

8 the는 최상급과 어울리고 important의 최상급은 best important가 아니라 most important이다. 따라서 most가 적절하다.

B

1 모든 문제에, 매우 단순한 해결책이 있다.

2 당신이 도시 중심부에 더 가까워질수록, 더 작은 나무가 발견된다.

3 당신 앞에 있는 인생이 당신 뒤에 있는 인생보다 훨씬 더 중요합니다.

4 아픔은 그녀의 휠체어에 끌려오는 산소 튜브처럼 확실히 그녀를 따라다녔다.

5 석쇠로 굽거나 찌는 것은 음식에 기름이 사용되거나 첨가되지 않기 때문에 튀기는 것보다 더 바람직하다.

6 절대 변화를 두려워하지 마세요. 좋은 것을 잃을 수도 있지만, 훨씬 더 좋은 것을 얻을 수도 있습니다.

7 압도적인 다수의 기자와 편집자들이 지금은 예전에 그랬던 것과는 다르게 정보를 얻는다.

8 뇌는 가장 뛰어난 장기이다. 그것은 출생부터 하루에 24시간 1년에 365일 작동한다. 네가 사랑에 빠지기 전까지.

해설

1 a most로 쓰이면 most가 '매우'라는 뜻으로 적절하다.

2 1) closely는 '면밀히'란 뜻으로 어울리지 않고, closer가 부사로 '가까이'라는 뜻이 있으므로 「the 비교급, the 비교급」 구문에 맞게 closer로 고쳐야 한다.

2) less는 little(작은)의 비교급으로 이상 없다. 물론 fewer로 써도 '더 적은'으로 해석될 수 있지만 어색한 것이 있으면 고치라고 했으므로 less는 옳다.

3 many가 비교급 강조부사로 쓰이면 복수명사가 와야 한다. 따라서 many를 much, still, a lot 등으로 바꿔야 한다.

4 1) 「as ~ as」를 빼고 분석하면 동사 followed를 수식해야 하므로 sure를 부사인 surely로 고쳐야 한다.

2) tube가 trail하는 동작의 주체이므로 trailing은 적절하다. which was가 trailing 앞에 생략되어 있다.

5 1) preferable to에서 to가 전치사이므로 fry를 동명사인 frying으로 고쳐야 한다.

2) fat이 use나 add의 동작의 대상이므로 수동형인 is used or added는 적절하다.

6 1) something은 형용사가 후치 수식하므로 something good은 적절하다.

2) 내용상 '더 좋은'이 와야 하므로 even good에서 good을 비교급인 better로 고쳐야 한다.

7 1) differently가 from과 than 둘 다와 함께 쓰이므로 than은 적절하다.

2) 앞에 나온 일반동사 get을 대신해서 써야 하므로 were를 did로 고쳐야 한다.

8 1) 비교적 긴 음절의 단어의 최상급은 best가 아니라 most를 더하므로 best를 most로 고쳐야 한다.

2) 시간·조건 부사절에서는 현재형이 미래의 의미이므로 fall은 적절하다.

C

1

> 당신은 배경이 겨울로 설정된 영화가 어떻게 여름에 촬영되는지 궁금해 해 본 적이 있는가? 이 질문에 대한 대답은 특수 효과이다. 특수 효과는 영화가 보다 사실적으로 보이도록 만든다. 예를 들어, Hollywood 영화에서는 겨울이라는 착각을 불러일으키도록 기계에 의해서 눈이 만들어진다. 하지만

> 관객들은 영화에서의 눈이 진짜가 아니라는 것을 모른다. 1946년에 만들어진 연휴에 즐겨 보는 고전 영화 *It's a Wonderful Life*는 특수 효과를 통해서 만들어진 눈을 보여준다. 그 영화는 실제 여름에 촬영되었다. 또 다른 예는 비인데, Hollywood 영화에서 비는 눈보다는 좀 더 흔하게 특수 효과로 만들어진다. Hollywood에서는 비가 내리기를 기다리기보다는 직접 비를 만든다.

해설

② 보어로 쓰였으므로 부사가 아닌 형용사인 realistic으로 고쳐야 한다.

④ a bit도 비교급을 수식할 수 있으므로 a bit도 적절하다.

2

> 그래프는 2011년과 2019년에 승객들이 이용한 한국의 선호되는 교통수단의 변화를 보여준다. 2011년과 2019년 모두 자가용이 가장 선호되는 승객 교통수단이었다. 그러나 2019년에 이용된 자가용의 비율은 2011년 보다 적었다. 2011년과 비교하면 2019년에 세 개의 교통수단이 증가된 비율을 보여주었다. 2011년에는 기차가 세 번째로 선호되는 교통수단이었고, 항공기와 배가 그 뒤를 이었다. 2019년에 배는 2011년과 같은 비율을 차지했다.

해설

① 동일 대상의 비교도 아니고 서술적 용법으로 쓰이지도 않았으므로 the는 생략할 수 없다.

⑤ 「as ~ as」를 떼어내면 was의 보어가 필요하므로 equally를 equal로 바꿔야 한다.

CHAPTER **12 전치사**

Unit 17 전치사의 다양한 표현 p. 096

A

01 그 경기는 밤 동안에 두 시간 동안 지속했다.

02 마을 사람들은 그의 행동을 이상하게 여겼다.

03 이누이트족은 최근까지 유목 생활을 했다.

04 그림자가 벽 뒤에서부터 나왔다.

05 이 약은 아침을 먹기 전에 반드시 복용되어야 합니다.

06 우리는 우리 중 누가 논쟁을 더 잘하는지에 대해 논쟁했다.

07 너는 훌륭한 선생님이 있다는 점에서 운이 좋아.

수능 pick 1

♦ 어느 정도의 반복은 우리가 다음에 무엇이 올지 안다는 점에서 우리에게 안정감을 준다.

B

01 아무도 아프리카인들을 대표해서 아프리카에 와서 개발할 수 없다.

02 우리의 예산 부족 때문에, 우리는 그 연구를 끝낼 수 없었습니다.

03 저는 귀하의 일자리 제안에 관하여 편지를 쓰고 있습니다.

04 그가 70살이라는 것을 고려하면 그는 여전히 활동적이다.

C

01 프랑스 혁명 동안에 많은 사람들이 단두대로 처형당했다.

→ 프랑스 혁명이 있었을 때 많은 사람들이 단두대로 처형당했다.
02 그가 키가 작다는 사실에도 불구하고 그는 뛰어난 농구 선수이다.
　　→ 그가 키가 작을지라도, 그는 뛰어난 농구 선수이다.
03 큰비 때문에 강이 빨리 불었다.
　　→ 비가 세차게 내려서 강이 빨리 불었다.

수능 pick 2

◆ 방문 시간 동안에 환자당 방문객들은 2명으로 제한됩니다.

D

01 Lucy는 그녀의 직업에 매우 흥미가 있다.
　　그것은 문신과 관련 있다.
　　그녀의 부모님들은 그녀를 매우 많이 걱정하신다.
02 그 농부들은 더 많은 비를 열망했다.
　　가뭄은 농부들이 그들의 작물에 대해 걱정하게 했다.
03 수출품은 커피, 후추, 그리고 코코넛이다.
　　그 나라의 부는 노동력에 있다.
04 SNS 중독은 스트레스에서 비롯될 수 있다.
　　스트레스는 SNS 중독을 야기할 수 있다.
05 이 규칙은 국제 학생에게만 적용됩니다.
　　나의 아빠는 미국 대학에 지원하는 것에 관해 이야기하셨다.
　　장학금 (받을) 기회를 신청하는 것을 잊지 마세요!

E

01 말하는 것에서 행동하기까지는 긴 걸음이다.
02 그는 결코 당황했다고 인정하지 않는다.
03 우리는 귀하를 그곳에서 뵙기를 기대합니다.
04 그는 글쓰기에 전념하기로 결심했다.
05 여전히 나는 렌즈를 착용하는 것에 익숙하지 않다.
06 파트너를 찾는 것에 관해서라면, 첫인상이 아주 중요하다.
07 일광욕을 하는 것 외에도, 여러분은 스노클링과 고기잡이를 할 수 있습니다.

수능 pick 3

◆ 슈퍼히어로 워커톤은 말기의 어린이 환자의 소원을 들어주는데 헌신하는 자선 단체를 지원하기 위해 개최됩니다.

◀ Grammar Practice ▶ ─────────── p. 098

A 1 있다 2 전치사 3 while 4 to 5 (동)명사
B 1 T 2 T 3 F 4 F 5 F
C 1 in, charge, of 2 regardless, of 3 with, regard, to
　4 According, to 5 On, behalf, of
D 1 consist in 2 anxious for 3 apply to 4 result from
　5 known as
E 1 protect 2 because 3 Given 4 carrying 5 dealing
F 1 compete → competing 2 While → During
　3 take → taking
　4 Despite → (Al)Though 또는 Even though
　　또는 tempted → being tempted
　5 ×

B

1 외형의 변화는 우리가 안에서 변화한 후에 온다.
2 부유함은 네가 무엇을 가졌는지에 관한 것이 아니다. 그것은 네가 누구인지에

관한 것이다.
3 감옥에 있는 동안, 그는 수많은 지지의 편지를 받았다.
4 골격은 뇌나 심장과 같은 부드러운 내부 장기들을 보호한다.
5 사람들은 바라는 것들을 충족시키는 것에 몰두하는 것처럼 보인다.

해설

1 전치사의 목적어로 전치사가 올 수 있으며 이를 이중전치사라 부른다.
2 전치사의 목적어는 명사, 대명사, 구, 절 등 다양하게 올 수 있다.
3 while (he was) in jail에서 주어와 be동사가 생략된 것으로 while로 고쳐야 한다. (▶Unit 19 부사절 접속사 참조)
4 문맥상 '두뇌와 심장과 같은'이란 뜻으로 like는 전치사로 쓰였다.
5 'A를 B에 몰두[헌신]하다'라는 뜻의 devote A to B에서 to는 전치사이므로 satisfying은 적절하다.

C

해설

1 '～을 책임지는'이란 뜻의 전치사가 들어간 3단어짜리 구전치사는 in charge of이다.
2 '～에 관계[상관] 없이'라는 뜻의 2단어짜리 구전치사는 regardless of이다.
3 '～에 관한'이란 뜻의 regard가 들어가는 3단어짜리 구전치사는 with[in] regard to이다.
4 '～에 따르면'이라는 뜻의 2단어짜리 구전치사는 according to이다.
5 '～을 대표하여'라는 뜻의 3단어짜리 구전치사는 on behalf of이다.

D

1 어린이에게 예술의 가치의 상당 부분은 그것을 만드는 데 있다.
2 긴 겨울 후에, 우리 모두는 봄이 여기 오기를 갈망합니다.
3 조약에 따른 이 합의 사항들은 유럽 전체에 적용된다.
4 우리의 성격은 유전자와 환경 사이의 복잡한 상호 작용에서 비롯된다.
5 Cesaria Evora는 항상 신발을 신지 않고 공연을 했기 때문에 '맨발의 디바'로 알려졌다.

해설

1 '아이에게 예술의 가치가 그것을 만든다는 것에 있다'는 흐름으로 '～에 있다'의 의미인 consists in을 쓰면 된다.
2 '긴 겨울 후에 봄이 오기를 갈망한다'는 흐름으로 '～을 열망하는'의 의미인 anxious for가 적절하다.
3 '협약들이 유럽 전체에 적용된다'는 흐름으로 apply to가 적절하다.
4 '성격이 유전과 환경에서 비롯된다'는 흐름으로 result from이 적절하다.
5 Cesaria Evora가 '맨발의 디바'로 알려진 것이므로 known as를 쓰면 된다.

E

1 아연은 부식으로부터 다른 금속들을 보호하는데 사용된다.
2 당신의 눈물이 떨어지지 않기 때문에 당신은 우주에서 울 수가 없어요.
3 중고 자전거가 완벽한 상태가 아닌 것을 고려하면, 그것은 여전히 잘산 물건이죠!
4 당분간 그럼 저는 이사회 일반 위원으로서 계속 역할을 수행할 것을 기대합니다.
5 매일 아침, 가장 두려워하는 해야 할 일들의 항목을 처리하는데 전념하라.

해설

1 아연이 부식으로부터 다른 금속을 보호하는데 사용된다는 의미로, 「be used to + 동사원형」 구문인 protect가 적절하다.
2 선택지 다음에 주어와 동사를 포함한 문장이 이어지므로 because가 적절하다.
3 '～을 고려하면' 이란 의미로 given은 전치사로도 쓰인다.
4 「look forward to -ing」로 쓰이므로 carrying이 적절하다.
5 「commit to -ing」는 '～에 전념하다[헌신하다]'라는 뜻으로 dealing이 적절하다.

F

1 현재 Brian은 철인 3종 경기에 참여하는데 그의 삶을 바치고 있다.

2 아바나에서 그들의 체류 동안에, 그들은 우리와 차를 마시러 왔다.

3 모든 근로자의 1/4은 자신들이 아프지 않을 때 휴가를 냈다고 인정한다.

4 John을 전근시키고 싶은 유혹에 빠졌지만, 그 관리자는 다른 방법을 시도하기로 결심했다.

5 그는 학교 농구부 코치였던 것 외에도, 학교의 규율 담당 교사로서의 명성도 있었다.

해설

1 dedicate A to B(-ing) 구문이므로 compete를 competing으로 고쳐야 한다.

2 while 다음에는 「주어 + 동사」가 오므로 during으로 고쳐야 한다. 여기서 stay는 명사이다.

3 take → taking: '~을 인정하다'의 의미인 「admit to -ing」 구문으로 쓰이므로 take를 taking으로 고쳐야 한다.

4 선택지 다음에 주어와 동사(she/he was)가 생략된 것으로 접속사인 (Al)though 또는 Even though로 고쳐야 한다. 또는 Despite가 전치사이므로 tempted를 being tempted로 써도 된다.

5 besides가 전치사로 쓰이면 beside의 의미와 같으므로 어색한 것은 없다. 부사로 쓰이면 '게다가'의 뜻이다.

Review Test Unit 17 — p. 100

A 1 1) persuading 2) try 2 1) like 2) moving
  3 1) Make 2) eliminating 4 1) When 2) unlike
  5 1) vaccinated 2) being 6 1) While 2) surrounding
  7 1) having 2) because of 8 1) Thanks to 2) although

B 1 1) × 2) in → of
  2 1) in which → in that 2) need → to need
  3 1) × 2) prepare → preparing
  4 1) you → do you 2) was devoted → devoted
  5 1) Despite → Even though[(Al)Though]
    2) cheering → cheered
  6 1) prove → proving 2) which → that
  7 1) × 2) text → texting 8 1) in → from 2) ×

C 1 ①, ⑤ 2 ①, ④

A

1 다른 사람을 설득하는 것에 관련해서는 분위기를 밝게 하려고 노력하라.

2 인생은 자전거를 타는 것과 같다. 너의 균형을 유지하기 위해서, 너는 계속해서 움직여야 한다.

3 성공을 위한 계획을 짜고 실패의 선택권을 없애는 데 몰두하라.

4 Dufresne가 탈출했을 때, Hatlen과는 달리 그는 새로운 삶을 받아들이고 자신의 꿈을 추구했다.

5 보호소 개들은 백신 접종을 받고, 다수는 사람들과 다른 개들과 어울리는데 익숙하다.

6 그곳에 있는 동안 Alexander는 그 마을의 유명한 매듭인 'Gordian 매듭'을 둘러싼 전설에 대해 들었다.

7 18세기 영국에서 바나나를 소유하는 것은 높은 수입세 때문에 부의 상징으로 여겨졌다.

8 최첨단 의료 기술 덕분에, 그 기타리스트는 그가 뇌졸중을 겪었지만 다시 연주하기를 희망하고 있다.

해설

1 1) '~에 관해서라면'은 「when it comes to -ing」 구문으로 쓰이므로

---

persuading이 적절하다.

2) 주어 you가 생략된 것으로 명령문이다. 따라서 try가 적절하다.

2 1) 동명사 riding을 목적어로 취할 수 있는 전치사 like가 적절하다. alike는 '비슷한' 또는 '비슷하게'의 형용사 내지는 부사이다.

2) '계속해서 ~하다'의 의미인 keep은 동명사를 목적어로 취하므로 moving이 적절하다.

3 1) 문장에 술어동사가 없으므로 명령문을 만드는 Make가 적절하다.

2) 'A를 B에 몰두[전념]시키다'의 dedicate A to B(-ing)의 수동태로 to는 전치사이다. 따라서 eliminating이 적절하다.

4 1) 두 문장을 이어주는 역할을 해야 하므로 접속사 when이 적절하다.

2) 'Hatlen과는 달리'라는 뜻이 되어야 하므로 전치사 unlike가 적절하다. unlikely는 형용사로 '일어날 것 같지 않은', 부사로 '있을 법하지 않게'의 뜻이다.

5 1) Shelter dogs가 vaccinate하는 동작의 대상이므로 수동형인 vaccinated가 적절하다.

2) 내용상 사람들과 다른 개들과 함께 어울리는 것에 익숙한 것이므로 「be used to -ing」의 being이 적절하다.

6 1) while he was there에서 he was가 생략된 것으로 while이 적절하다. there는 부사이므로 전치사 during의 목적어가 될 수 없다.

2) the legend가 surround의 동작의 주체이므로 surrounding이 적절하다. the legend는 동명사의 의미상의 주어이다.

7 1) 술어동사 was가 있으므로 주어 역할을 해야 한다. 따라서 동명사 having이 적절하다.

2) high import fees라는 명사만 왔으므로 구전치사 because of가 적절하다.

8 1) 내용상 '~덕분에'의 뜻을 가진 Thanks to가 적절하다.

2) 선택지 다음에 주어와 동사가 이어지므로 접속사 although가 적절하다.

B

1 거의 모든 자연의 소리들은 지속적으로 변동하는 주파수로 구성되어 있다.

2 우리는 자신에게 다른 사람을 필요로 하게 한다는 점에서 우리 자신을 취약하게 한다.

3 당신의 몸과 마음에 음식을 공급하는 데 있어서, 가정에서 음식을 준비하는 것보다 더 우수한 것은 없다.

4 그 보통의 부부가 그 시간 중 얼마나 많은 시간을 서로에게 이야기를 하는 데 몰두할 것이라고 추측하는가?

5 그녀의 발이 거의 움직이지 않았음에도 불구하고, Nura는 얼굴에 가득히 미소를 지었고, 그녀의 반 친구들은 그녀를 응원했다.

6 캐나다의 세균학자인 Oswald Avery는 DNA가 유전적인 분자라는 것을 밝히는 데 가장 근접했다.

7 안전 위원회에서는 모든 주에서 운전 중일 때 핸즈프리로 대화하는 것부터 문자 보내기에 이르기까지 휴대폰 사용을 불법으로 하려고 노력하는 중이다.

8 대부분의 사상자들은 땅의 움직임이 유발하는 붕괴하는 건물, 화재, 거대한 파도와 화산(활동)에서 기인한다.

해설

1 1) 부사 virtually가 다른 부사인 all을 그리고 all이 형용사 natural을 수식하는 구조로 적절하다.

2) consist in은 '~에 있다'의 의미로 흐름상 '~로 구성되다'의 의미인 consist of가 적절하므로 in을 of로 고쳐야 한다.

2 1) 「in that + 완전한 문장」은 '~라는 점에서'로 쓰인다. 완전한 문장이 왔으므로 in which를 in that으로 고쳐야 한다.

2) allow A to B(동사원형) 구문으로 쓰이므로 need를 to need로 고쳐야 한다.

3 1) '~에 관해서라면'의 뜻을 가진 「when it comes to -ing」 구문으로 쓰이므로 적절하다.

2) '~보다 우세한[우수한]'의 뜻을 가진 superior to에서 to는 전치사이므로

preparing으로 써야 한다. (▶Unit 16 원급·비교급·최상급 참조)

4 1) 「You suppose + how much of the time ~?」의 간접의문문으로 의문
문 어순에 맞게 do you suppose로 고쳐야 한다.
2) devote A to B(-ing) 구문에서 A인 How much of the time이 문두로
이동된 것으로 was devoted를 devoted로 고쳐야 한다.

5 1) 선택지 다음에 주어(her feet)와 동사(moved)가 이어지므로 접속사 역할
을 하는 even though 또는 (al)though로 고쳐야 한다.
2) 접속사 and가 있으므로 cheering을 cheered로 고쳐야 한다. cheering
을 쓰려면 and를 지우고 분사구문으로 만들면 된다. (▶Unit 08 분사와 분사구
문 참조)

6 1) '~에 근접하다, 거의 ~할 뻔하다'의 의미인 「come close to -ing」 구문에
서 close의 최상급이 쓰인 것으로 prove를 동명사 proving으로 고쳐야 한다.
2) prove의 목적어 역할을 하면서 완전한 구조의 문장을 이끄므로 which를
접속사 that으로 고쳐야 한다.

7 1) 부정사의 부사적 용법 중 목적으로 to make는 적절하다.
2) from A(-ing) to B(-ing) 구문으로 text를 동명사인 texting으로 고쳐야
한다.

8 1) result in은 '결과적으로 ~가 되다, 초래하다'의 뜻이고 result from은 '~
에서 기인하다, 비롯되다'의 뜻이다. 따라서 내용상 in을 from으로 고쳐야 한다.
2) gigantic sea waves and volcanoes를 선행사로 하는 목적격 관계대명
사로 that은 적절하다.

C

1

> 고맙다는 말을 하는 한 가지 방법으로 Darling은 Harris에게 그녀가 지니
> 고 있던 현금 전부를 주었다. 그러고 나서 그녀의 남편 Bill Krejci가 Harris
> 를 위한 돈을 모금하기 위해 Give Forward 페이지를 시작하였다. 화요일
> 오전 중간부로 거의 152,000달러가 기부되었다. 주말 동안, 그는 Harris와
> 그 기부금을 가지고 하고자 계획하는 일에 대해 이야기를 나누었고 그가 그
> 것을 실현시킬 매우 확고한 계획을 가지고 있다는 것을 알게 되었다.

해설
① '~로서'라는 의미의 전치사로 사용되었다.
⑤ Darling의 남편은 Harris가 아니라 Bill Krejci이다.

2

> 사람들은 자신을 따뜻하게 하기 위해서 담요를 사용하는데 익숙하다. 그래
> 서 그들은 얼음을 차게 유지하고 녹지 않게 하는 데 담요가 사용되는 것을
> 보면 놀란다. 담요가 어떤 것을 언제나 따뜻하게 한다고 기대하고 있기 때
> 문에, 그들은 이것이 얼음도 따뜻하게 할 것이라고 생각하는 것이다. 그러나
> 담요가 언제나 하는 역할은 열이 한 쪽 면을 통해서 다른 쪽 면으로 전달되
> 는 것을 막아주는 것이다. 그러므로, 그것(담요)은 몸의 열이 그것(담요)을 둘
> 러싸고 있는 보다 차가운 공기로 전달되는 것을 막아주고, 공기의 열이 보다
> 차가운 공기로 전달되지 못하게 한다.

해설
① be accustomed to에서 to는 전치사이므로 using이 적절하다.
④ 해석상 '그것의 한 쪽을 통해서'이므로 it이 가리키는 것은 blanket이다.

Unit 18 병렬구조·명사절 접속사 　p. 102

A

01 두려움과 창의력은 섞이지 않는다.
02 쭉 가라, 그러면 너는 허수아비를 볼 것이다.
　　cf. 지금 당장 나와, 그리고 개를 산책시켜.
03 그녀는 바다에서 수영하는 것을 즐기지만, 수영장에서는 아니다.
04 어딘가에서 누군가의 생일이어서 나는 케이크를 먹는다.
05 A: 오늘 목요일이니 아니면 금요일이니?
　　B: 월요일이야.
06 개에게 친절해라, 그렇지 않으면 그것은 너를 물 것이다.
　　cf. 지하철을 타라 또는 택시를 불러라.
07 스위스는 EU에 있지 않고, NATO의 회원국도 아니다.
08 비가 몇 시간 동안 왔기 때문에 방문객이 거의 없었다.
09 그는 88세이지만, 규칙적으로 턱걸이를 한다.

PLUS
너는 옷을 껴입어야 한다. 그렇지 않으면 얼어 죽는다.
시암, 즉 태국은 불교의 나라로 알려져 있다.

수능 pick 1
◆ 메트로에서는 단추를 누르거나 레버를 누르거나 문을 옆으로 밀어서 당신 스
스로 문을 열어야 한다.

B

01 그 주인공은 호감이 가고 현실적이다.
02 투표는 우리의 권리일 뿐만 아니라 우리의 힘이다.
03 나는 결코 지지 않는다. 나는 이기거나 나는 배운다.
04 너의 공연은 완벽하지도 아름답지도 않았어.

수능 pick 2
◆ 그는 자신의 일을 잘 하지 못했고, 나아지는 것 같지도 않았다.

C

01 최고의 것들이 가장 어렵다는 것은 사실이다.
02 도둑은 모든 사람이 훔친다고 생각한다.
03 문제는 네가 시간이 있다고 생각하는 것이다.
04 그 추장은 비가 오지 않는 것을 이상하게 생각했다.
05 그가 짜고 친 경기를 했다는 증거가 어디 있나요?
06 그가 떠나든지 아닌지는 나에게 중요하지 않아요.
07 우리는 당신의 계획이 옳은 것인지 아닌지 말할 수 없습니다.
08 진짜 문제는 그가 죄책감을 느끼는지 아닌지이다.
09 그는 그 소녀에게 버릇없었는지 착했는지 물었다.

수능 pick 3
◆ Baylor 대학의 연구자들은 다양한 종류의 글쓰기가 사람들을 편하게 하여 잠
들도록 해 줄 수 있는지 아닌지를 조사하였다.

D

01 그가 어떻게 승려가 되었는지는 수수께끼이다.
02 전치사의 목적어가 무엇인지 설명해 주실 수 있나요?

cf. 최고의 정부 형태가 무엇이라고 생각하시나요?

03 그는 내가 아프리카에서 어떤 동물들을 사냥했는지 물었다.

04 문제는 네가 우리의 차를 어디에 주차했는지이다.

05 잠시 시간을 내어 당신이 얼마나 축복 받았는지 생각하세요.

수능 pick 4

◆ 나는 점원에게 컴퓨터에 관한 책이 어디에 있는지 물었다.

《 Grammar Practice 》 ─────── p. 104

```
A  1 등위   2 nor   3 세미콜론(;)   4 진목적어   5 that
B  1 T   2 F   3 F   4 T   5 T
C  1 and   2 but[yet]   3 either   4 nor, do, they   5 whether
D  1 and   2 whether   3 Not   4 that   5 either
E  1 that   2 nor   3 and   4 Whether   5 using
F  1 that → whether   2 what → that   3 whether → that
   4 never → neither   5 nor → or
```

B

1 문제는 네가 너무 많이 안다는 것이다.

2 인생은 길지만, 시간은 짧다.

3 나는 노래를 못하고 춤도 못 춘다.

4 종이 접시나 냅킨뿐만 아니라 심지어 1회용 면도기나 카메라도 있다.

5 그들은 여성들은 고되고 위험한 일들을 처리할 수 없다는 생각에 도전했다.

해설

1 that은 주어인 the problem의 보어 역할을 하고 있다.

2 대조되는 문장이 이어지므로 빈칸에는 but 또는 yet이 적절하다.

3 nor는 연결사 역할을 하지만, neither는 그렇지 못하다.

4 not only A but also B에서 A가 등위접속사로 연결될 수도 있고, also도 생략될 수 있다.

5 동격접속사 that은 앞의 표현을 재진술하며 완전한 구조의 문장을 이끈다.

C

해설

1 대등한 관계의 문장이 이어지므로 and가 적절하다.

2 대조적인 문장이 이어지므로 but 또는 yet이 적절하다. 한편 however(그러나)는 접속부사이므로 두 문장을 연결하지 못한다.

3 or가 중간에 있으며 '둘 중 하나'라는 의미로 either가 적절하다.

4 부정문에 연달아 또 다른 부정이 이어지고, 연결사 역할을 해야 하므로 nor가 들어가고 다음에는 도치가 되므로 nor do they가 적절하다.

5 불확실성을 표현하면서 '~인지 아닌지'의 뜻인 whether[if]를 쓰면 된다. 단 if는 보어 자리에 자주 안 쓰인다.

D

1 해군에 입대해라, 그러면 너는 세상을 볼 것이다.

2 아무도 너의 집이 깨끗한지 아닌지 신경 쓰지 않는다.

3 우리는 별 사이에 살뿐만 아니라 별들도 우리 안에 산다.

4 그들은 우리에게 관계가 점점 더 심각해지고 있다고 말했다.

5 고양이는 환경에 따라 액체도 될 수 있고 고체도 될 수 있다.

해설

1 '~해라 그러면 …할 것이다'의 의미인 「명령문 ~, and」 구문으로 and가 적절하다.

2 '~인지 아닌지'의 의미로 if와 whether가 있는데 or not과 나란히 쓰는 것은 whether이므로 whether가 적절하다.

3 'A뿐만 아니라 B도'의 의미인 not only A but also B 구문에서 only 대신에 just가 쓰이고 but 대신에 세미콜론(;)이 쓰이고 also 또한 생략된 구문으로 Not이 적절하다.

4 간접목적어 역할을 하면서 완전한 문장을 유도하는 that이 적절하다.

5 'A 또는 B 둘 중 하나'의 의미로 either A or B 구문으로 either가 적절하다.

E

1 그는 아무도 죽지 않은 것을 기적이라고 여겼다.

2 우리는 돈이 없었고, 계획도 없었다.

3 너 자신을 존중해라, 그러면 다른 이들이 너를 존중할 것이다.

4 내가 어질러진 방에서 지내는 것을 좋아하느냐 아니냐는 전적으로 다른 문제였다.

5 창가에서 작업하거나 책상 전등에 있는 모든 파장이 있는 전구를 사용하여 실험해 보아라.

해설

1 considered의 진목적어 역할을 하면서 완전한 구조의 문장이 이어지므로 that이 적절하다. it은 가목적어이다.

2 neither에는 연결사의 기능이 없으므로 nor가 적절하다.

3 '~해라 그러면 …할 것이다'의 의미인 「명령문 ~, and…」 구문으로 and가 적절하다.

4 술어 동사는 was이고 선택지가 있는 곳이 주어 자리이므로 명사절을 유도할 수 있는 whether가 적절하다.

5 or를 기준으로 working과 병렬 관계에 있으므로 using이 적절하다. 병렬구조는 해석으로 풀어야 한다.

F

1 나는 네가 웃는지 우는지 모르겠다.

2 그는 그녀가 여행하는 것을 좋아하지 않는다는 것을 이상하게 생각했다.

3 나는 소가 위쪽의 앞니를 갖고 있지 않다는 것을 몰랐다.

4 Plumb씨는 그 남자를 알아보지도, 이름을 기억해 내지도 못했기 때문에 미안함을 느꼈다.

5 남: 그녀가 너를 구석에 가두지 못하게 해야 해, 그렇지 않으면 너는 이 시합에서 지게 될 거야.

여: 명심하겠어요. 다른 건요, 코치님?

해설

1 의문을 나타내는 '인지 아닌지'의 의미로 whether로 고쳐 써야 한다.

2 found의 진목적어 역할을 하면서 완전한 문장이 이어지므로 that으로 고쳐 써야 한다.

3 사실을 말하고 있으면서 know의 목적어 역할을 할 수 있는 that으로 고쳐 써야 한다.

4 nor가 있으므로 이와 어울리는 상관접속사인 neither로 고쳐 써야 한다. never가 답이 되려면 nor를 or로 써야 한다.

5 흐름상 '그렇지 않으면'의 뜻으로 or가 적절하다. or 앞에 명령문의 형식이 아니더라도, 충고·권유·금지 등의 의미가 있으면 '그렇지 않으면'이라고 해석한다.

Unit 19 부사절 접속사 · 접속부사   p. 106

A

01 내가 나의 인내심을 잃기 전에 너의 인내심을 찾아라.

02 네가 떠난 직후 택배 기사님이 오셨어.

03 마음이 앞을 볼 수 없을 때[경우에] 눈은 쓸모없다.

cf. '제발요'라고 말하면, 그것을 너에게 주겠다.

04 너는 코를 막는 동안 콧노래를 부를 수 없다.

05 그녀는 우리가 도로를 걸어 내려가면서 우리에게 무서운 이야기를 해줬다.

06 나는 2학년 이후로 수학을 공부하지 않았다.

07 블루베리는 수확할 때까지 익지 않는다.

08 일단 네가 희망을 선택하면, 어떤 것이든 가능하다.

09 종이 울리자마자 시험은 시작할 것입니다.

10 내가 미래를 생각할 때마다, 난 네가 보여.

11 사람들이 너의 가치를 알아차릴 무렵, 너는 더 가치 있게 될 것이다.

B

01 나는 굶주려서 빵을 훔쳤습니다.

02 네가 그렇게 말하니까, 그것을 믿을게.

03 그가 매우 지쳐서, 그는 침대로 털썩 드러누웠다.

04 네가 그것을 언급했으니까(말이 나왔으니까), 그녀는 최근에 우울해 보였다.
   cf. 그는 믿을만한 친구들이 있다는 점에서 운이 좋았다.

05 음식이 타액과 섞이지 않으면, 당신은 그것을 맛볼 수 없습니다.

06 네가 사실을 말한다면 어떤 것도 기억할 필요가 없다.

07 실패는 습관이 되지 않는 한 좋다.
   cf. 그녀의 머리는 나의 것만큼 길다.

08 주어가 복수인 경우에(만) 동사는 복수형이다.

09 혀에는 뼈가 없을지라도, 그것은 마음을 부술 수 있다.

10 너의 목소리가 떨릴지라도 진실을 말하라.

11 네가 (그것을) 좋아하든 말든 사람들은 언제나 변한다.

수능 pick 1

♦ 만약 저에게 답장을 해주실 의향이 있다면, 저는 그것을 매우 고맙게 생각할 것입니다.

C

01 그는 모두가 편히 쉴 수 있도록 불을 붙였다.

02 도둑은 장갑을 끼고 있어서, 남은 지문이 없었다.

03 그녀의 미소는 매우 아름다워서 나의 심장은 거의 멈췄다.

04 그는 매우 야비한 사람이어서 아무도 그와 함께 있기를 원하지 않는다.

05 그 경험은 내가 말로 표현할 수 없을 정도였다.

D

01 나는 전주 이씨다. 따라서 나는 자랑스럽다.

02 나는 샐러드를 좋아하지 않는다. 하지만, 나는 야채를 좋아한다.

03 당신은 어떤 두 가지 색상을 써도 됩니다. 예를 들면, 빨강이나 노랑입니다.

04 당신의 개가 나의 마당에 들어왔어요. 게다가, 그는 나의 텐트를 찢어버렸어요.

05 너는 나의 친구이다. 그럼에도 불구하고, 나는 네가 멀리 떨어져 있는 것 같이 느낀다.

06 그들은 집으로 돌아갔다. 마찬가지로 나도 집으로 갔다.

07 그 소음 좀 멈추세요. 그렇지 않으면 경찰을 부르겠어요.

08 그 기찻길은 두 도시를 연결한다. 즉, 파주와 서울이다.

09 음, 요약하자면, 당신이 말하고자 하는 메시지가 뭔가요?

10 사실, 그 소문은 사실이었다.

◀ Grammar Practice ▶ —————————— p. 108

A **1** as soon as **2** now that **3** even if, even though
  4 whether **5** 목적
B **1** F **2** T **3** F **4** F **5** F
C **1** before **2** As, soon, as **3** so, that **4** While **5** when
D **1** unless **2** since **3** In case **4** because
  5 when, when, when

E **1** exiting **2** i.e. **3** even if **4** Now that **5** if
F **1** very → so **2** will come → come **3** during → while
  4 unless → if **5** If → Whether

B

1 커플이 함께하는 동안 갈등은 존재한다.

2 Pandora는 너무 궁금해서 그 뚜껑을 열었다.

3 달이 바로 머리 위에 있을 때, 당신은 몸무게가 살짝 덜 나갑니다.

4 내 평생 동안, 나는 과자 봉지를 사기 전까지 공기가 공짜라고 생각했다.

5 가짜 친구들: 일단 그들이 너에게 말하는 것을 그만두면, 그들은 너에 대해서 얘기하기 시작할 것이다.

해설

1 there is conflict가 주절이고, while 이하는 명사절이 아니라 부사절이다.

2 「so + 형용사/부사 + that」 구문은 결과를 나타내는 접속사이다.

3 when은 접속사이므로 두 문장을 연결할 수 있지만 then은 부사이므로 두 문장을 연결할 수 없다.

4 because를 제외한 대부분의 부사절 접속사의 주어와 be동사의 생략은 부사절의 주어와 주절의 주어가 같을 때이다.

5 시간·조건 부사절에서는 현재형이 미래를 대신하므로 stop은 고치지 말아야 한다.

C

해설

1 '~하기 전에'의 의미를 지닌 접속사 before가 적절하다.

2 '~하자마자'의 의미인 as soon as가 적절하다.

3 '~하도록, ~하기 위해서'의 목적을 나타내는 접속사 so that이 적절하다. may는 기원문 형식에서 문두로 이동한다.

4 '~하는 반면'의 뜻을 지닌 While이 적절하다. while은 시간뿐만 아니라 양보의 접속사로도 자주 사용된다.

5 '~하면, ~할 때, ~한 경우에'의 뜻을 지닌 접속사 when이 적절하다.

D

1 웃는 법을 모르면, 가게를 열지 마라.

2 Britain은 마지막으로 그 행사를 개최한 이후로 트로피를 들어 올리지 못하고 있다.

3 나중에 너에게 말할 것을 까먹을 경우에 대비해서, 난 오늘 밤 정말로 즐거운 시간을 보냈어.

4 오늘 누군가 그늘에 앉아 있다. 왜냐하면 누군가 오래 전에 나무를 심었기 때문이다.

5 행복할 때 약속하지 마라. 화날 때 대응하지 마라. 슬플 때 결정하지 마라.

해설

1 내용상 '웃는 법을 모르면'이란 뜻이 되어야 하므로 '~하지 않는 한'의 의미인 unless가 적절하다.

2 내용상 '경기를 마지막으로 개최한 이후로'가 적절하므로 since가 들어가야 한다.

3 내용상 '나중에 얘기할 것을 까먹을 경우에 대비하여'가 적절하므로 '~인 경우에 대비하여'의 의미인 in case가 들어가는 것이 적절하다.

4 '누군가 오래전에 나무를 심어서 누군가 그늘에 앉아 있다'는 내용으로 이유의 접속사 because가 적절하다.

5 내용상 '~할 때[~한 경우에]'의 뜻을 나타내는 when이 적절하다.

E

1 박쥐는 굴을 나갈 때 항상 왼쪽으로 돈다.

2 당신은 일을 덜 해야 합니다. 다시 말하자면 휴가를 얻어야 합니다.

3 당신의 꿈을 따르세요. 그것이 혼자 서있는 것을 의미할 지라도.

4 우리가 유럽에 있으니까, 우리는 룩셈부르크를 방문해야 한다.

5 네가 다른 사람들이 성공하도록 돕지 않는다면 너는 진정한 성공한 사람이 아니다.

해설

1 when 다음에 they are가 생략된 구문이고, bats가 동작의 객체가 아니라 주체이므로 능동의 현재분사인 exiting이 적절하다.

2 i.e.는 '즉, 다시 말해서'의 의미이고 e.g.는 '예를 들어서'의 의미이다.

3 as if은 '마치 ~처럼'이란 의미이고 even if는 '(설령) ~일지라도'의 의미이므로 내용상 even if가 적절하다.

4 now that은 '~이니까'의 의미이고 in that은 '~라는 점에서'의 의미이다.

5 unless는 if ~ not의 의미이다. 선택지 다음에 not이 있으므로 내용상 if가 적절하다.

F

1 Usain은 매우 빨리 달려서 그는 기록을 또 깼다.

2 네가 내일 여기 올 때, 나는 너에게 저녁을 한턱내겠다.

3 Janet은 그녀의 핸드백 속을 들여다보는 척하는 동안 그 쪽지를 썼다.

4 네가 그를 일으켜 주지 않는다면 절대 누군가를 내려다보지 마라(깔보지 마라).

5 당신이 깔끔하든 지저분하든 당신의 작업 공간은 당신의 성격에 대해 많은 것을 드러낼 것이다.

해설

1 '매우 ~해서 …하다'의 의미인 「so + 형용사/부사 + that」 구문이므로 very를 so로 고쳐야 한다.

2 시간부사절에서는 현재형이 미래를 대신하므로 will come을 come으로 고쳐야 한다.

3 while she was pretending에서 she was가 생략된 것으로 while이 적절하다. during 다음에는 시간명사가 온다.

4 문장에 not이 있으므로 unless를 if로 고쳐야 한다.

5 whether ~ (or)는 양보의 부사절을 이끌 수 있지만 if는 그렇지 못하다. 따라서 If를 Whether로 고쳐야 한다.

◀ Review Test ▶ Unit 18~19 .... p. 110

A **1** 1) slowly   2) long   **2** find   **3** that   **4** for
   5 1) that   2) such   **6** 1) When   2) that   **7** or
   8 Although
B **1** 1) ×   2) nor → or
   2 1) Because → Because of   2) has come → came
   3 1) Such → So   2) ×   **4** 1) ×   2) ×
   5 1) the professors → do the professors   2) ×
   6 1) that → whether[if]   2) be changed → change
   7 1) If → Whether   2) wait → waiting
   8 1) sending → sent   2) returned → returning
C **1** ①, ⑤   **2** ①, ③, ⑤

A

1 네가 멈추지 않는 한 얼마나 느리게 가는 것은 중요하지 않다.

2 갖고 있지 않은 것에 대해 생각하지 말고 해결책을 스스로 찾도록 하라!

3 난 날씬해 보이는 유일한 방법을 알아냈다. 뚱뚱한 사람들하고 돌아다녀라.

4 그녀는 고지서를 열어 보기가 두려웠는데, 모든 치료비를 지불하려면 자신의 남은 생애 전체가 다 걸릴 것이라고 확신했기 때문이었다.

5 그 부자는 노예가 아주 대단한 사람이어서 사자가 그를 죽이지 않았다고 생각했다.

6 내가 소년이었을 때, 난 누구나 대통령이 될 수 있다고 들었다. 난 그것을 믿기 시작했다.

7 컴퓨터들에 대한 마법적인 것은 없으며, 그것들은 확실히 우리의 환경에서 '정신'이나 '영혼'은 아니다.

8 토성이 우리 태양계에서 두 번째로 큰 행성일지라도, 그것은 가장 가벼운 행성이기도 하다.

해설

1 1) go를 수식하려면 부사가 필요하므로 slowly가 적절하다.
   2) '~하는 한'의 뜻이 들어가야 하므로 as long as가 적절하다. as soon as는 '~하자마자'의 뜻이다.

2 and를 기준으로 stop과 병렬구조를 이루고 있으므로 find가 적절하다. 병렬구조는 해석으로 찾아야 한다.

3 found의 목적어 역할을 하면서 완전한 구조의 문장을 유도하는 접속사 that이 적절하다. whether는 비단정적·불확실할 때 사용한다.

4 고지서를 열어보기 두려웠던 이유가 나오고 있으므로 이유를 나타내는 등위접속사 for가 적절하다.

5 1) 완전한 구조의 문장을 유도하면서 thought의 목적어 역할을 할 수 있는 that이 적절하다. if는 비단정·불확실할 때 사용한다.
   2) 「such + a(n) + 형용사 + 명사」, 「so + 형용사/부사 + that」 구조로 쓰이므로 such가 적절하다.

6 1) 두 문장을 연결해야 하므로 접속사 역할을 할 수 있는 When이 적절하다.
   2) that 이하가 완전한 구조의 문장이므로 was told의 목적어 역할을 할 수 있는 접속사 that이 적절하다.

7 neither는 nor와 어울리고 두 문장을 연결할 수 없으므로 neither 또는 nor보다는 or가 적절하다.

8 두 문장을 연결해야 하므로 접속사 역할을 하는 Although가 적절하다. Despite는 전치사이므로 뒤에 명사가 와야 하고, Nevertheless는 부사이므로 두 문장을 연결하지 못한다.

B

1 에너지는 다른 형태로 바뀔 수 있으나 새로 만들어지거나 파괴될 수 없다.

2 사고로부터의 상처 때문에 그의 선수 경력은 1999년에 조기 종료되었다.

3 그 지진은 너무 파괴적이어서 그 나라가 회복하는 데는 적어도 10년이 걸릴 것이다.

4 누군가 너에게 재미로 무엇을 하는지 묻기 전까지 너의 인생이 얼마나 지루한지 너는 결코 깨닫지 못한다.

5 이 문제에 관해서는 교수들은 그 나름대로의 생각이 있을 뿐 아니라, 학생들 역시 자신들의 생각을 가지고 있다.

6 변화하는 사람들은 변화가 가능한지를 묻지 않으며 변화할 수 없는 이유를 찾지 않는다.

7 당신이 은행, 슈퍼마켓, 또는 놀이공원에 있든, 아마도 줄을 서서 기다리는 것은 당신에게 전혀 재미있는 생각이 아니다.

8 그러다 1969년과 1972년 사이에 미국은 우주비행사들이 달을 연구하고 암석 표본을 지구로 가지고 오기 위해 그들을 달에 보냈다.

해설

1 1) Energy가 change의 대상이므로 수동형인 be changed는 적절하다.
   2) nor와 어울리는 neither가 없으므로 never A or B의 구문으로 nor를 or로 고쳐야 한다.

2 1) injury from the accident의 명사구만 왔으므로 Because를 Because of로 고쳐야 한다.
   2) in 1999라는 명백한 과거 표현이 있으므로 has come을 came으로 고쳐야 한다.

3 1) 형용사인 devastating을 수식하므로 Such를 So로 고쳐 써야 한다. The earthquake was so devastating의 도치 구문이다.
   2) to recover의 의미상의 주어를 나타내는 for는 적절하다.

4 1) 시간·조건 부사절에서는 현재형이 미래를 의미하므로 asks는 적절하다.

2) what do you like가 문장의 일부가 된 간접의문문으로 you like는 적절하다.

5 1) Not only가 문두로 이동하면 도치가 일어나므로 의문문 어순인 do the professors로 고쳐 써야 한다.

2) not only ~ but also 구문에서 also 대신 too가 문미에 쓰인 but은 적절하다.

6 1) question은 '묻다'라는 뜻의 동사이고, change is possible 이하가 '~인지 아닌지'에 해당된다. 따라서 의문을 나타내는 '~인지 아닌지'의 의미로 whether 또는 if로 고쳐 써야 한다.

2) change의 주체는 they이고 they는 people을 가리킨다. 따라서 people이 change의 주체이므로 능동인 change로 고쳐야 한다.

7 1) whether ~ (or)는 양보의 부사절을 이끌 수 있지만 if는 그렇지 못하다. 따라서 If를 Whether로 고쳐야 한다.

2) wait in line이 주절이 시작하는 부분이며 술어동사 is가 있으므로 주어 역할을 할 수 있는 동명사 waiting으로 고쳐 써야 한다.

8 1) the United States가 주어이고 이에 따르는 술어동사가 없다. 따라서 sending을 시제에 맞게 sent로 고쳐야 한다.

2) 해석상 and를 기준으로 studying과 병렬을 이루고 있으므로 returned를 returning으로 고쳐 써야 한다.

C

1

> 최근 내 아내와 나는 친구의 집에 갔었다. 우리는 우리 친구가 전화로 통화를 하면서 동시에 초인종에 응대하고, 저녁 준비를 하고, 그녀의 아기의 기저귀를 가는 것을 지켜보았다. 우리 대부분도 마찬가지이다. 우리는 다른 사람에게 말을 걸면서 마음은 다른 데 가 있다. 이것이 일어날 때면, 우리는 현재 우리가 하는 일에 상당히 흥미를 잃을 뿐만 아니라, 또한 점점 집중하지 못하고, 효과적이지도 못하게 된다. 이것을 극도로 가져가면(과장해서 말해), 당신이 면도를 하고, 커피를 마시고, 신문을 읽으면서 고속도로를 운전하고 있다고 가정해 보자. 당신은 곧 사고를 초래할 수도 있다. 무엇을 할 때, 당신이 바로 하고 있는 그것에만 집중하도록 하라.

해설

① answering ~, checking ~, and changing의 병렬구조이다. 주절과 종속절이 병렬구조를 이루지 않는다.

⑤ whether도 전치사의 목적어가 될 수 있지만 내용상 what이 적절하고, whether 다음에는 완전한 문장 구조가 나온다.

2

> 어떤 연사들은 연설을 하는 동안에 자주 시계를 들여다본다. 그들은 그들에게 허락된 시간을 넘기는 것을 원치 않기 때문에 아마도 이러한 행동을 할 것이다. 그러나 연사가 시계를 힐끗 쳐다보면, 청중 속에 많은 사람들도 같은 행동을 한다는 것이 입증되었다. 이러한 행동은 청중이 그 연설에 완전히 집중하지 않게 되기 때문에 방해가 된다. 그러므로 시계를 당신 앞의 탁자 위에 놓거나, 당신의 시선을 방 뒤에 있는 시계에 두도록 하라.

해설

① 주어가 Some speakers이고 give의 동작의 대상이 아니라 주체이므로 giving이 적절하다. while they are giving their speeches가 원래 문장이다.

③ 주어는 Many이고 이것은 Many people을 뜻하므로 does를 do로 고쳐야 한다.

⑤ 「명령문 or 명령문」 구문은 명령문의 연속으로 '~해라 또는 ~해라'로 해석한다.

Unit 20 ▶ 수일치 · 시제일치　　p. 112

A

01 나는 모든 사람과 장소가 흥미롭다고 생각한다.

02 나는 그 이후로 십년이 흘러갔다는 것을 믿을 수가 없다.

cf. 지난 10년은 잃어버린 10년이 아니다.

03 EU는 위조지폐의 수가 증가하고 있다고 말한다.

cf. EU는 많은 위조지폐가 유통되고 있다고 말한다.

04 대다수의 그 마을 사람들은 문맹이다.

cf. 그 섬의 대부분은 국립 공원으로 선포되었다.

05 다양한 음식들이 매일 필요하다.

cf. 다양한 음식은 비슷한 일일 식단보다 훨씬 더 좋다.

cf. 모든 것들의 다양성이 기쁨을 자아낸다.

06 단지 소수의 사람들만이 신경 쓴다. 나머지들은 단지 궁금한 것이다.

cf. 왜 내 방은 춥고, 집의 나머지는 따뜻하지?

07 아름다운 것은 유용한 것만큼 유용하다.

수능 pick 1

♦ 상업 광고를 보는 사람들의 숫자는 감소하고 있다.

B

01 프랑스어와 영어가 퀘벡에서 말해진다.

02 그녀의 아들 아니면 그들의 엄마가 매일 그 개에게 먹이를 준다.

03 그 또는 그녀의 친구들도 숲에서 돌아오지 않았다.

04 사자뿐만 아니라 곰들도 동물원에서 탈출했다.

C

01 모든 물이 얼어붙었다.

cf. 경쟁자들 모두는 역경을 맞이했다.

02 부모님들은 한 분이나 두 분 모두 불면증으로 고생하신다.

03 해변의 3/4이 태풍에 의해 파괴되었다.

cf. 구성원 중 2/3이 소년들이라면 1/3은 소녀들이다.

04 우리 각각은 비를 다르게 느낀다.

cf. 각각의 사과는 개별적으로 종이에 포장되어 있다.

05 너의 답안(두 개) 중 한 개는 틀린 것 같아.

cf. (둘 중) 어느 시계도 작동하지 않는다. 그것들은 고장났다.

06 너의 친구 중 누구도 너의 유튜브 채널을 보고 있지 않아.

D

01 다른 이들을 아는 것은 총명함이나, 자신을 아는 것은 진정한 지혜이다. (노자)

02 to부정사로 문장을 시작하는 것은 아주 일반적이지는 않다.

03 검은색 옷을 입은 남자들은 천천히 그들의 뒤로 이동하고 있었다.

04 일요일로 시작하는 모든 월은 13일의 금요일이 있다.

05 나에게 처음으로 생각난 것(들)은 가상 사무실(들)이었다.

수능 pick 2

♦ Jessie는 우리 학생들 중 대통령상을 받은 유일한 학생이다.

E

01 그는 그녀가 더 착했다고/착하다고/착할 것이라고 생각한다.

02 그는 그녀가 착했다고/착했었다고/착해질 것이라고 생각했다.

03 나는 Sally가 매일 쇼핑을 간다고 들었다.

04 우리는 빛이 직선으로 이동한다는 것을 배웠다.

05 나폴레옹이 워털루에서 패배한 것을 알고 있니?

06 그는 지금보다 훨씬 더 강해 보였다.

PLUS

Bentley씨는 그가 여전히 똑같은 트럭을 몰고 있다고/몬다고 말했다.

◀ Grammar Practice ▶ ─────────── p. 114

A **1** 수 **2** The **3** 형용사 **4** 복수 **5** 단수

B **1** F **2** F **3** T **4** T **5** F

C **1** were, scattered **2** Each, day, is **3** is **4** rich, poor
5 both, hands

D **1** is **2** have **3** is **4** is **5** has

E **1** was **2** are **3** are **4** is **5** are

F **1** are → is **2** was → were **3** lie → lies
4 involves → involve **5** ✕

B

1 그녀의 매니저들과 그 가수는 파티에 가는 중이다.

2 그의 부하뿐만 아니라 그 장군도 피로를 내보이고 있었다.

3 다양한 요인들이 고려되었다.

4 약한 자들은 죽을 것이고, 강한 자들은 살 것이다.

5 구조대원들은 처음에 그녀가 차 안에 있었던 것을 몰랐다.

해설

1 주어는 단수명사인 the singer이고 along with her managers가 수식어구이므로 is는 적절하다.

2 B as well as A 구문에서 수일치는 B인 the general에 해야 하므로 were를 was로 고쳐야 한다.

3 「A variety of 복수명사/단수명사 + 복수동사/단수동사」가 오므로 were는 적절하다.

4 「the + 형용사」가 '~한 사람들'이라는 복수보통명사를 의미할 수 있으므로 적절하다.

5 종속절이 더 먼저 일어난 사실이므로 is를 had been으로 고쳐야 한다.

C

해설

1 단일 개념이 아니므로 복수 취급하여 시제와 태에 맞게 were scattered로 써야 한다.

2 '각각의 새로운 하루'라고 했으므로 Each를 쓰고 each 다음에는 단수명사와 단수동사가 오므로 day와 is를 써야 한다.

3 every는 A and B로 이어져도 단수 취급하므로 is로 써야 한다.

4 「the + 형용사」가 복수보통명사를 표현할 수 있으므로 각각 rich와 poor를 쓰면 된다.

5 양손의 검지와 중지로 V자를 만들라고 했으므로 둘을 뜻하는 both를 쓰고 복수명사 hands를 쓰면 된다.

D

1 당신 자신만의 그림 그리는 방식을 탐색하는 것이 중요하다.

2 제가 지난달에 주문한 신발들이 아직 배달되지 않았습니다.

---

3 너의 평점은 지금보다 훨씬 더 나빴어. (나에게 고맙다고 말해.)

4 교수들을 화나게 하는 가장 확실한 방법들 중에 하나는 그들의 바람과는 반대로 그들의 이름을 부르는 것이다.

5 Briggs 여사나 그녀의 딸인 Myers 양 어느 누구도 심리학 분야에서 어떤 자격도 가지고 있지 않다.

해설

1 your personal drawing styles는 목적어이고 주어는 동명사 exploring이므로 단수동사 is를 쓰면 된다.

2 주어인 The shoes와 I ordered 사이에 목적격 관계대명사가 생략된 형태로 주어는 the items이므로 어법에 맞게 have를 쓰면 된다.

3 비교하는 시기에 따라 종속절에 현재형, 주절에 과거형을 쓸 수 있으므로 is를 쓰면 된다.

4 of the surest ~ professors까지가 주어인 one을 수식하므로 어법상 단수동사인 is가 적절하다.

5 neither A nor B는 B에 수를 일치시키므로 어법에 맞게 has로 쓰면 된다. Ms. Myers는 her daughter의 동격이다.

E

1 그는 지구가 평평하다는 것을 입증하려고 애썼다.

2 염료 또는 페인트는 옷을 물들이는데 사용된다.

3 마음속으로는 젊은이들이 노인들보다 더 외롭다.

4 두 사람 사이의 최악의 거리는 오해이다.

5 너무 빨리 그만두는 사람들의 97%가 결코 포기하지 않는 3%에 의해서 고용된다.

해설

1 지구가 평평하다는 것은 일반적 진리가 아니므로 주절과 시제를 일치시켜야 하므로 was가 적절하다.

2 either A or B는 B에 수를 일치시켜야 하므로 are가 적절하다.

3 「the + 형용사」가 사람들을 나타낼 때는 복수 취급하므로 are가 적절하다.

4 between two people이 the distance를 수식하고 주어는 the distance이다. 따라서 is가 적절하다.

5 「분수 + of + 명사」 표현에서 명사가 복수이면 복수 취급한다. 따라서 복수동사 are가 적절하다.

F

1 야생 동물의 다양성은 생물 다양성이라 불리고 각 서식지마다 고유하다.

2 인터뷰한 대다수의 사람들은 유전자 변형 식품을 지지했다.

3 가능한 것과 불가능한 것의 차이는 그 사람의 결심에 있다.

4 한 보고서는 15세~24세 사이에 의해 야기된 치명적인 자동차 추돌 사고의 50 퍼센트 이상이 술과 관련이 있다고 한다.

5 우리에게 필요한 것은 도시를 새로 만들고자 하는 소망과 어휘력을 갖춘 더 많은 비평가, 즉 시민 비평가이다.

해설

1 the variety는 '다양성'을 의미하므로 단수 취급하여 are를 is로 고쳐야 한다.

2 people과 interviewed 사이에 「주격관계대명사 + be동사」가 생략된 구조로 주어는 복수인 the majority of people이다. 따라서 was를 were로 고쳐야 한다.

3 주어는 단수인 the difference이므로 단수동사인 lies로 고쳐야 한다.

4 「more than one + 분수 of + 복수명사」는 단수가 아닌 복수 취급하므로 복수동사인 involve로 고쳐야 한다.

5 주어는 단수인 the difference이므로 단수동사인 lies로 고쳐야 한다.

A 1 is 2 1) faced → facing 2) allow → allows 3 was
  4 1) where 2) wrote 5 1) reaches 2) having earned
  6 1) venture 2) room 7 1) Most 2) experience
  8 1) are 2) are
B 1 1) × 2) × 2 1) × 2) that → which
  3 1) stated → stating 2) × 또는 would be arriving
  4 1) × 2) × 5 1) try → tries 2) is → are
  6 1) graduated → graduating 2) grows → grow
  7 1) looks → look 2) a → the
  8 1) prefers → prefer 2) picks → pick
C 1 ④, ⑤ 2 ②, ③

A

1 농구 코트의 절반 이상이 배구 연습으로 쓰인다.

2 포식자는 눈이 앞쪽을 향하도록 진화하였고, 이것은 양안시(兩眼視)를 허용한다.

3 수 세기 동안, 유럽의 과학과 일반 지식은 라틴어로 기록되었다.

4 Nicolson's 카페는 J. K. Rowling이 *Harry Potter*의 많은 부분을 썼던 곳이다.

5 비록 그것이 그의 잘못은 아니지만, 요즘의 많은 아이들이 단 한 푼의 돈도 벌어 보지 못한 상태로 선거 연령에 도달한다.

6 필리핀에서 시골의 가난한 사람들은 농작물을 위한 (재배) 공간을 만들기 위해 숲을 개간하려고 가파른 산악 지역에 위험을 무릅쓰고 들어간다.

7 카페인에 민감한 대부분의 사람들은 에너지의 일시적인 증가와 기분의 상승을 경험한다.

8 우리는 단지 한 가지 또는 두 가지 음식을 먹을 수 있을 때보다 다양한 맛있는 음식을 먹을 수 있을 때 훨씬 더 많이 먹는다.

해설

1 「half of + 단수」는 단수동사를 쓰므로 is가 적절하다.

2 1) 「with + 목적어 + 분사」 구문으로 eyes가 face하는 동작의 주체이므로 facing이 적절하다.
2) 관계대명사 which가 의미하는 것이 eyes가 아닌 with eyes facing forward, 즉 어구이므로 allows가 적절하다.

3 주어는 European science and knowledge인데 라틴어로 번역된 단일 개념으로 쓰였으므로 was가 적절하다.

4 1) the place를 선행사로 하고 완전한 문장이 이어지므로 where가 적절하다.
2) J. K. Rowling이 과거에 해리포터를 썼던 것이 사실이므로 단순과거형인 wrote가 적절하다.

5 1) 「many a + 단수명사」는 의미상 복수이지만 단수 취급하므로 reaches가 적절하다.
2) 투표 연령에 도달하는 것보다 돈을 버는 것이 앞선 일이므로 완료동명사형인 having earned가 적절하다.

6 1) the rural poor는 '시골의 가난한 사람들'이란 뜻으로 복수명사이다. 따라서 복수동사 venture가 적절하다.
2) room이 관사 없이 쓰이면 '공간, 여지'의 뜻이다. 여기서는 '공간'이란 뜻이므로 room이 적절하다.

7 1) 명사를 수식할 수 있는 것은 most(대부분의)이므로 most가 적절하다.
2) who ~ caffeine이 복수 주어인 Most people을 수식하므로 복수동사 experience가 적절하다.

8 1) 「a variety of + 복수명사」는 복수동사를 쓰므로 are가 적절하다.
2) A or B에 일치하는데 one or two types에서 two types가 복수이므로 are가 적절하다.

B

1 목록에 있는 것들은 만족스러운 삶의 근본 요소들이다.

2 그 주민들의 약 50%가 유럽 출신인데, 그것은 약 47,000명이다.

3 오늘 아침, 나는 그 품목들이 도착할 것이라고 명시하고 있는 이메일을 제조업자로부터 받았다.

4 예를 들어 더 많은 사람은 더 많은 종류의 질병을 의미하는데, 특히 그 사람들이 한 곳에 정착해 있을 때 그렇다.

5 본질적으로 전체의 철학은 철학자들 간의 싸움이다. 그들 각각은 나머지가 바보라고 입증하려고 노력한다.

6 불행하게도, 대학을 졸업하는 젊은 사람들은 재미없고 기초적인 수준의 일에는 금방 짜증을 낸다.

7 당신을 바라보는 사람들의 숫자로 당신의 아름다움을 판단하지 말고, 오히려 당신에게 미소 짓는 사람들의 숫자로 당신의 아름다움을 판단해라.

8 미국인 독자들의 4/5 이상이 책을 빨리 구하기를 원할 때 전자책을 선호하는 반면, 1/10이 조금 더 넘는 독자들은 인쇄된 책을 선택한다.

해설

1 1) what이 the things which의 의미로 쓰여서 are도 적절하다.
2) life가 satisfy의 동작의 대상으로 쓰였으므로 satisfied는 적절하다.

2 1) population은 단수와 복수 취급 둘 다 가능하므로 is는 적절하다.
2) that은 계속적 용법에 쓰이지 않으므로 which로 고쳐야 한다.

3 1) manufacturer가 state의 동작의 주체이므로 능동의 현재분사 stating으로 고쳐야 한다.
2) 주절이 과거이지만 여전히 앞으로 일어날 사실이므로 will be arriving은 적절하다. 물론 would be arriving으로 고쳐도 된다.

4 1) 문맥상 more people이 복수로 '사람들'이 아니라 의미·개념(더 많은 사람들이 존재하는 것)을 말하므로 단수가 적절하다.
2) 관계부사의 계속적 용법으로 완전한 문장을 유도하는 when은 적절하다.

5 1) 「each of + 복수명사」는 단수 취급하므로 try를 tries로 바꿔야 한다
2) the rest가 the rest of philosophers 즉, 복수를 지칭하므로 is를 are로 고쳐야 한다.

6 1) young people이 graduate의 동작의 주체이므로 현재분사인 graduating으로 고쳐야 한다.
2) graduating ~ quickly가 복수명사인 young people을 수식하므로 복수동사인 grow로 고쳐야 한다.

7 1) who looks at you의 선행사는 the number가 아닌 people이므로 looks를 look으로 고쳐야 한다.
2) 내용상 '당신에게 미소 짓는 사람들의 숫자로 판단해라'이므로 the number of가 적절하다.

8 1) 「부분표현 of + 명사」에서 명사가 복수이면 복수동사를 써야 하므로 prefers를 prefer로 고쳐야 한다.
2) 단수 취급을 하는 「more than one + 단수명사」 표현이 아니라 「more than + 분수(one-tenth)」이므로 picks를 복수동사인 pick으로 고쳐야 한다.

C

1

> 19세기 후반기 이후로 과학과 기술은 상당히 많이 변했다. 세상도 역시 변했다. 그것은 더 복잡해졌고 점점 더 전문화되어 가고 있다. 알아야 할 것이 모든 분야에서 훨씬 더 많다. 이제 전문 교육이 필요한 사람은 과학자나 컴퓨터 전문가만이 아니라, 정부 관리와 회사 경영자도 마찬가지이다. 게다가, 대학 졸업자 수의 급격한 증가는 일자리를 얻기 위한 경쟁을 과거보다 훨씬 더 치열하게 했다. 최고의 자격을 갖춘 사람, 즉 전문가만이 이기게 된다.

해설

④ not only A(the scientist and the computer) who need ~ but also B(the government official and the business manager) 구문으로 선행사는 A, 즉 복수이다. 따라서 need로 써야 한다.

⑤ has made의 주어는 in the number of college students가 꾸며 주는 a rapid increase이다.

2

> 해저에 있는 수송관을 가로질러 헤엄치는 물고기 떼를 상상해 보라. 단순히 먹이를 찾는 살아 있는 물고기들이 아니라, 이것들은 수송관 손상을 순찰하는 로봇들이다. 로봇 물고기들은 잠수부가 순찰할 수 없는 장소들에 적합하다. 최신형은 길이가 5~18인치이고 약 10개의 부분으로 이루어져 있다. 합성 물질로 만들어진 이 로봇들은 꼬리가 잘 구부러지도록 설계되어 있다. 그 물질의 동작은 실제 물고기의 헤엄 동작을 모방한다. 이 최신형 물고기가 첨벙거리는 것에 꽤 가깝게 접근했지만, 그것들은 아직 호수나 바다에서 헤엄치지는 못한다.

해설

③ 주어는 The newest (Robo-fish)가 맞지만 여기서 fish는 복수로 쓰였다. 이어진 문장인 and have about ten parts에서도 have로 쓰인 것을 알 수 있다. 따라서 is를 are로 고쳐야 한다.

CHAPTER 15 특수구문

Unit 21 강조와 도치 p. 118

A
01 사람들을 매력적으로 만드는 것은 바로 열정이다.
02 내가 가장 존경하는 사람은 바로 척준경이다.
03 당신이 당신의 내일을 더 좋게 만드는 것은 바로 오늘입니다.
04 Cindy가 돼지를 키웠던 곳이 그녀의 방 안이었니?
05 우리가 배울 때는 우리가 아플 때이다.
06 모든 꽃이 달콤한 냄새가 나는 것은 아니다.
07 도대체 네가 나한테서 원하는 게 뭐야?

수능 pick 1

♦ 폭발하지 않는 성냥을 발명한 것은 헝가리 화학자였던 János Irinyi였다.

B
01 나는 Ara를 정말 좋아한다. 그리고 나는 Nova도 그럴 거라고 장담한다.
02 "조용히 해, 모두!"라고 그녀가 미친 듯이 말했다.
03 Elly가 하는 것은 인공 지능 회사를 위해 일하는 것이다.
  → Elly는 인공 지능 회사에서 일한다.
04 명확한 거절이 가짜 약속보다 항상 훨씬 더 좋다.
05 단연코 최고의 증거는 경험이다.
06 알렉산더 대왕 자신도 한때는 우는 아기였다.

수능 pick 2

♦ 그 나무들이 소음의 양에는 거의 영향을 주지는 못했지만, 고속 도로의 모습이 보이지 않게 했다.

C
01 그녀는 애정과 인간적인 따뜻함을 거의 느끼지 못한다.
02 그녀는 깨자마자 배고픔을 느꼈다.
03 네가 이 문제를 풀 수 있을 때만, 너는 입학될 것이다.

04 그 지프차는 느렸을 뿐만 아니라, 매우 불편했다.
05 3일째가 되어서야 그는 의식을 회복했다.

수능 pick 3

♦ 그들은 자신들 앞에서 어떤 것도 볼 수 없었을 뿐만 아니라, 지치고 병이 들었다.

D
01 야! 네 핸드폰 여기 있어.
02 나무 관에 금화들이 있었다.
03 우리가 함께 앉은 순간은 행복했다.
04 귀하께서 요청하신 파일이 첨부되어 있습니다.
05 그는 단 한마디도 말하지 않았다.
06 사자는 모든 야생 고양이과 동물들이 그러는 것보다 더 크게 포효한다.
07 그가 빨간 선을 자른다면, 우리 모두는 곤경에 처할 것이다.
08 Kennishi는 많은 작은 아이들처럼 들떠 있었다.
  cf. 추웠을지라도, 우리는 같은 방에서 안심했다.
09 그는 매우 화가 나서 채팅방을 나갔다.
10 바람은 매우 세서 우리는 걸을 수 조차 없었다.
11 나는 완벽하지 않다. 난 완벽하길 바라지도 않는다.

수능 pick 4

♦ 샘을 따라 떠다니던 백조들은 떠났고, 마찬가지로 관광객들도 떠났다.

◀ Grammar Practice ▶ p. 120

A **1** 부사 **2** do **3** 의문문 **4** 안한다 **5** 「동사＋주어」
B **1** F **2** F **3** F **4** T **5** F
C **1** were **2** so, can, you **3** Enclosed **4** it, is, who
  5 did, know
D **1** did, text **2** did, become **3** that **4** are **5** does, look
E **1** send **2** does **3** that **4** Politely **5** Posted
F **1** × **2** was → were **3** what → that
  4 blood defines → does blood define
  5 Mellon will → will Mellon

B
1 안개 속으로 기사들이 사라진다.
2 더 이상 나이가 지긋하다는 것은 존경할 만한 특징이 아니었다.
3 꽃은 피기 위해서 시간이 필요합니다. 당신도 그렇습니다.
4 우리가 온라인 수업을 시작한 것은 바로 화요일이었다.
5 내가 역에 도착하자마자 지하철이 왔다.

해설

1 The knights disappear into the mist.에서 부사구가 문두로 이동한 것으로 disappear는 적절하다.
2 Being elderly was no longer honorable distinction.의 도치구문으로 주어는 being elderly이다.
3 앞 문장이 긍정문이므로 Neither나 Nor가 아닌 So로 고쳐야 한다.
4 「It be ~ that」 강조구문에서 that은 관계사의 역할을 하므로 when으로 고쳐도 된다.
5 Hardly로 전환할 수 있으나 과거완료형이 오고 의문문 어순이 되어야 하므로 I had를 had I로 고쳐야 한다.

C

해설

1 Only 포함 어구가 문두로 나오면 의문문 어순이 된다. 주어가 복수인 Mel and Mini이므로 were로 쓰면 된다.

2 「So + 조동사 + 주어」 구문으로 앞 문장에 조동사 can이 쓰였으므로 so can you로 쓰면 된다.

3 Copies of ~ are (enclose).의 도치구문으로 사본과 영수증이 동봉된 것으로 Enclosed로 쓰면 된다.

4 「It be ~ that…」 강조구문인데 강조어구가 사람이고 주어진 어휘가 who이므로 it, is, who를 쓰면 된다.

5 부정어 Little이 문두로 나왔으므로 의문문 어순으로 쓰면 된다. 따라서 did와 know를 쓰면 된다.

D

1 그래, 난 너에게 전화를 하지 않았어. 그렇지만 난 정말 너에게 문자했어.

2 1950년대까지 식기세척기는 인기 있지 않았다. (1950년대가 되어서야 식기세척기는 인기 있게 되었다.)

3 비로소 혼자 있을 때만 당신은 당신이 어디 있는지 깨닫는다.

4 42번가의 타임스 광장의 바로 서쪽에는 주요 브로드웨이 극장들이 있다.

5 leaf fish는 나뭇잎처럼 보일 뿐만 아니라, 물속에서 떠다니는 잎의 움직임을 흉내낸다.

해설

1 texted의 동사 강조로 did를 쓴 후 동사원형을 쓰면 된다.

2 부정어구가 문두로 오면 의문문 어순이 되므로 did와 become을 쓰면 된다.

3 「It be ~ that…」 강조구문에서 절을 강조하고 있다. 따라서 빈칸에 맞게 that을 쓰면 된다.

4 Just west of Times Square on 42nd Street는 장소를 나타내는 부사구가 문두로 이동해서 도치된 문장이다. 주어는 the major Broadway theaters이므로 복수동사 are를 쓰면 된다.

5 Not only가 문두로 이동해서 도치된 구문이며 의문문 어순으로 써야 하므로 does, look을 쓰면 된다.

E

1 구매자: 그 중고 가방 아직 못 받았는데요.
판매자: 정말 보냈어요.

2 우리가 두려워하는 것은 거의 일어나지 않는다.

3 보이는 것을 만드는 것은 바로 보이지 않는 것이다.

4 그는 공개적으로 예의바르게 행동할지라도, 그는 사적으로는 매우 무례할 수 있다.

5 근처에는 "주의: 고릴라 동상은 뜨거울 수 있음."이라고 쓰여 있는 표지판이 붙어 있다.

해설

1 동사강조 did 다음에는 동사원형을 쓰므로 send가 적절하다.

2 부정어구가 문두로 오면 의문문 어순이 된다. 주어가 the thing이므로 does가 적절하다. the thing과 we 사이에 목적격 관계대명사 which가 생략되어 있다.

3 「It be ~ that…」 강조구문이고 절을 강조하므로 which를 쓸 수 없으므로 that이 적절하다.

4 양보절의 부사가 문두로 이동한 구문으로 동사 behaves를 수식해야 한다. 따라서 부사인 Politely가 적절하다.

5 도치 이전의 문장은 A sign was [posting / posted] nearby이다. 선택지가 a sign의 동작의 대상이므로 Posted가 적절하다.

F

1 발코니의 중앙에 의자 두 개와 한 개의 탁자가 있다.

---

2 표가 매우 비싸서 그들은 그 갈라 쇼에 참석할 수 없었다.

3 성공은 마지막이 아니다. 실패는 치명적이 아니다. 중요한 것은 계속하려는 용기이다.

4 피는 사람의 성격을 규정하지 않는다. 우리는 우리의 피가 아니라 행동에 의해서 만들어진다.

5 하지만 Duveen은 그의 친구들에게, "Mellon은 나에게서 미술품을 살 뿐만 아니라, 나로부터만 그것들을 살 것이다."라고 말했다.

해설

1 In the center of the balcony의 부사구가 문두로 이동한 문장으로 주어는 a lone table이다. sits는 적절하다.

2 「so + 형/부 + that」 구문에서 So expensive가 문두로 이동한 것인데 주어가 복수인 the tickets이므로 was를 were로 고쳐야 한다.

3 「It be ~ that…」 강조구문에서 the courage to continue를 강조하는 구조이다. 따라서 what을 that으로 고쳐야 한다.

4 부정어구가 문두로 이동했으므로 의문문 어순으로 도치해야 한다. 따라서 blood defines를 does blood define으로 고쳐야 한다.

5 Not only 부정어가 문두로 이동했으므로 의문문 어순이 되어야 한다. 따라서 Mellon will을 will Mellon으로 고쳐야 한다.

Review Test Unit 21 ──────────── p. 122

```
A  1 1) me      2) recognized    2 1) begun    2) falling
   3 1) were    2) made    4 1) can we    2) whether
   5 1) Little   2) that    6 1) did    2) that
   7 1) if      2) Nor    8 1) read    2) don't
B  1 1) ×       2) worn → wearing
   2 1) This → It    2) make → makes
   3 1) reliably → reliable    2) do → are
   4 1) as → more    2) ×
   5 1) reading → read    2) we received → did we receive
   6 1) Painting → Painted    2) ×
   7 1) ×       2) lie → lies
   8 1) has the last tree → the last tree has
     2) we will → will we
C  1 ③, ④    2 ②, ④
```

A

1 내 앞에는 내가 책자에서 본 기억이 있던 풍경이 펼쳐져 있었다.

2 연극이 시작되자마자, 그녀는 졸기 시작했고 앞으로 넘어졌다.

3 여기저기에 수정처럼 맑은 유리로 지어진 것처럼 보이는 주택의 무리들이 있었다.

4 오직 우리 자신을 시험함으로써 우리는 우리가 정말로 이해하고 있는지 아닌지를 실제로 결정할 수 있다.

5 그는 아들에게 평생토록 지속할 열정을 불어 넣고 있다는 사실을 거의 알지 못했다.

6 Hubble은 멀리 떨어져 있는 많은 다른 은하계를 발견했을 뿐만 아니라, 그 모든 은하계가 우리에게서 멀어져 가고 있다는 것도 알아냈다.

7 우리는 우리의 후손들이 혹시 화성에 살게 될지 아닐지 알지 못한다. 우리가 우리의 죽음을 소생시킬 수 있을지 없을지 또한 알지 못한다.

8 연구에 따르면 대부분의 사람들이 설명서를 읽기를 좋아하지 않으며, 우리가 정말로 읽는 것의 많은 것을 우리는 무시하거나 이해하지 못한다는 것을 보여주었다.

해설

1 1) a view was before ~가 도치된 것으로 before는 전치사이다. 따라서

목적격 me가 적절하다.

2) that 이하가 a view를 수식하는 관계사절이고 동사가 필요하므로 recognized가 적절하다.

2 1) 부정어구가 문두로 이동해서 the play had begun이 도치된 것으로 begun이 적절하다.

2) 연결사 역할을 하는 표현 없이 두 문장이 이어질 수 없으므로 분사인 falling이 적절하다.

3 1) 부사구 Here and there가 문두로 나온 것으로 주어는 복수형인 groups of houses이다. 따라서 were가 적절하다.

2) houses가 make의 동작의 대상이므로 made가 적절하다. seemed (to be) made에서 to be가 생략된 것으로 봐도 된다.

4 1) Only ~ 어구가 문두로 나왔으므로 의문문 어순이 되어야 한다. 따라서 can we가 적절하다.

2) '~인지 아닌지'의 의미인 if는 or not과 나란히 쓸 수 없으므로 whether가 적절하다.

5 1) 부정어가 도치된 구문으로 동사를 수식해야 한다. 따라서 little이 적절하다. few는 셀 수 있는 명사를 수식하는 형용사 또는 '극소수'라는 뜻의 대명사로 쓰인다.

2) a passion이 선행사이고 뒷문장이 불완전한 구조이므로 주격 관계대명사 that이 적절하다.

6 1) 일반동사가 포함된 Hubble not only discovered의 도치구문으로 did가 적절하다.

2) found의 목적어 역할을 하면서 완전한 구조의 문장을 이끄므로 접속사 that이 적절하다.

7 1) 단정적인 진술에는 that이 비단정적인 진술에는 if가 어울리므로 if가 적절하다.

2) Nor는 and not의 의미로 문장을 유도할 수 있지만, neither는 그렇지 못하다. 따라서 Nor가 적절하다.

8 1) Much of what we read까지가 목적어절로 문두로 이동되었고 일반동사 read를 강조하기 위해 do가 쓰였으므로 read가 적절하다.

2) either A or B 구문에서 B에 일반동사 understand가 있으므로 부정은 don't가 적절하다. 목적어 much of what we do read가 문두로 이동한 구문이다.

B

1 문간에 하와이안 셔츠와 화이트 진을 입은 턱수염이 더부룩한 남자가 서 있었다.

2 사람들이 도박을 하도록 만드는 것은 돈 그 자체라기보다는 돈을 걸 때의 흥분감이다.

3 그 과정은 100퍼센트 전부 믿을 수 없으며, 연구원들 또한 100퍼센트 전부 객관적이지는 않다.

4 고립된 남자들은 친한 사회적 유대 관계가 있는 남자들보다 죽을 확률이 두세 배 더 높을 것 같다.

5 우리는 대부분의 대행인들이 서신을 읽었기를 바랐지만, 우리는 어떠한 직접적인 회신도 거의 받지 못했다.

6 회색 판자 위에 DRAKE라는 이름이 페인트로 쓰여 있었다. 그것은 구명보트 중 하나의 일부였다!

7 프랑스의 Burgundy의 Solutré-Pouilly 근처의 절벽 바닥에는 한 무더기의 화석화된 말뼈들이 있다.

8 마지막 나무가 베어지고, 마지막 고기가 잡히고, 마지막 시내가 오염될 때에만, 우리는 우리가 돈을 먹을 수 없다는 것을 깨달을 것이다.

> **해설**

1 1) 부사구 In the doorway가 문두로 이동된 구문으로 동사 stood는 적절하다.

2) the heavily bearded man이 wear의 동작의 주체이므로 worn을 능동의 현재분사 wearing으로 고쳐야 한다.

2 1) the excitement ~ itself가 강조된 「It be ~ that」 강조구문으로 This를 It으로 고쳐야 한다.

2) 선행사가 단수명사인 the excitement이므로 make를 makes로 고쳐야 한다.

3 1) be동사 is의 보어 자리이므로 reliably를 형용사인 reliable로 고쳐야 한다.

2) nor가 문두로 오면서 도치된 구문으로 보어로 쓰인 objective를 연결할 수 있도록 do를 are로 고쳐야 한다.

4 1) 뒤에 than이 있으므로 비교급이 와야 한다. 따라서 as를 more로 고쳐야 한다.

2) 비교급 than 다음에 도치가 일어난 문장으로 were men with close social ties는 이상이 없다.

5 1) hope 다음에 접속사 that이 생략된 것으로 동사가 필요하다. 따라서 reading을 read로 고쳐야 한다. 여기서 While은 though(~일지라도, ~이지만)의 뜻으로 쓰였다.

2) 부정어구 seldom이 문두로 나왔으므로 we received를 의문문 어순인 did we receive로 고쳐야 한다.

6 1) 분사를 포함한 부사구가 문두로 이동하여 도치된 문장으로 주어는 the name DRAKE이다. 주어가 동작의 대상이므로 Painting을 Painted로 고쳐야 한다.

2) 구명보트의 일부였던 것이 더 먼저 일어난 일이므로 과거완료형은 적절하다.

7 1) near가 형용사 '근처의'란 뜻으로 적절히 쓰였다.

2) A the bottom ~ France가 문두로 나가면서 도치가 된 구문이다. 주어가 a pile이므로 lie를 단수동사인 lies로 고쳐야 한다.

8 1) Only 포함 어구가 문두로 도치될 때 「Only + 절」 구조에서 절 안의 주어 동사를 도치하지 않으므로 has the last tree를 the last tree has로 고쳐야 한다.

2) 「Only + 절」이 도치된 주절이므로 we will를 will we로 고쳐야 한다.

C

1

> 우리 식당 벽에는 액자에 넣은 글귀가 있었다. "길가에 있는 집에서 살며 사람들의 친구가 되게 해주세요." 그것은 색다른 곳에서 온 새로운 사람들을 만나는 것에 대한 수많은 어린 시절의 꿈을 나에게 불러 일으켰다. 나는 절실하게 다른 사람들과 관계를 맺기 원하는 어린아이였다. 우리는 Keene과 Portsmouth 사이에 난 9번 도로의 '도로변에' 실제로 살았었지만 너무 외진 곳이어서 '사람들에게 친구가' 되기에는 매우 어려웠다.

> **해설**

③ 강조구문이 아닌 a child를 선행사로 하는 주격관계대명사이다.

④ 과거형 일반동사의 강조는 「did + 동사원형」으로 쓰므로 lived를 live로 고쳐야 한다.

2

> 잉카의 지배자는 자신의 거대한 권력을 신들로부터 받았다. 지배자가 자신의 지배권을 가장 영리한 아들에게 전수해 주는 것은 바로 태양신으로부터였다. 토지는 광대했고 풍요로운 농지와 모직을 위한 양모를 가진 동물들이 있었다. 귀금속들이 매우 풍부해서 이러한 금속으로부터 두드려서 만들어진 우상과 장식품들의 부족이 없었다. 공급을 다시 채울 수 있는 더 많은 황금이 늘 광산에서 나왔다. 권력의 절정기에 잉카 지배자가 후계자를 지명하지 않은 채 죽었다. 1493년에 두 아들이 왕위를 놓고 치열한 투쟁을 시작했다. 그 다음 40년 동안, 그 제국은 내란으로 인해 어둠 속으로 빠져들었다.

> **해설**

② So plentiful이 문두로 이동된 도치구문이고 주어가 복수인 precious metals이므로 복수동사인 were로 고쳐야 한다.

④ 「전치사 + 동명사 + 목적어」 구문으로 without naming his successor가 바른 순서이다. 「with + 목적어 + 분사」 구문이 아님에 유의한다.

맨처음
수능 영문법

개념이해책